心理劇入門

理論と実践から学ぶ

日本心理劇学会　監修

土屋明美・茨木博子・吉川晴美　編著

慶應義塾大学出版会

刊行によせて

本書は「日本心理劇学会」の中心になって活動を進めている人たちが総力をあげて刊行したものである。本書の「日本への導入と展開」を読まれるとわかるが、1950年に外林大作氏と松村康平氏がモレノのサイコドラマを我が国に紹介した。松村氏は1956年に「心理劇協会」を設立、外林氏は、時田光人氏と教育関係の人たちを対象にした「千葉心理劇研究会」（後の千葉ロールプレイング研究会）を1962年に設立している。付け加えれば、筆者が神奈川県三浦市の治療共同体による全開放の初声荘病院（現在の福井記念病院）で精神科医として初めての心理劇を試みていたのもその頃である。創始者のモレノが没したのは1974年だが、その頃九州では、矯正関係の佐伯克氏と精神科医迎孝久氏との出会いから、「九州心理劇研究会」（後の西日本心理劇学会）が誕生する。筆者は、栃木県の精神衛生センターに赴任し台利夫氏と出会い「日本臨床心理劇協会」を設立した。1981年に来日したザーカ・モレノ女史との出会いを契機に、磯田雄二郎氏や高良聖氏らと共に「東京サイコドラマ研究会」（現・東京サイコドラマ協会）を設立したのである。その後も、さまざまな経緯があって「プレイバックシアター」の活動も始まる。このようないろいろな立場の人たちが、モレノの技法を基にひとつにまとまったのが1995年で、「日本心理劇学会」が発足した。それから25年が経って本書が刊行された。それぞれの違いを超えて、1冊の本にまとめることができるとは思ってもみなかっただけに、こんなに嬉しいことはない。

モレノから学んだ技法を通して人間の幸福を求めていこうとする試みは、今もって継承されている。九州を拠点とする西日本心理劇学会は精神科の病院を中心に発展したので、最近「日本臨床心理劇学会」として臨床に関わる人たちを対象にした学会として新発足した。一方、さまざまな人たちが集まって構成している「日本心理劇学会」は、一般市民を含めた多くの人たちの幸福を求めている。それだけに、高く、深く、広くなる。最近、evidence basedということが重視され、そのためにさまざまな研究発表が難しくなってきている。このようなときに、松村氏が「心理劇は参加者すべてが共同研究者だ」と常々言っておられたことを思い出す。そのような基盤のもとに、より高く、より深く、より広い試みが、本書を刺激剤として広がってほしいものである。

天国で見守っている松村氏が、本書の刊行を一番喜んでおられるのではないだろうか。そして、その遺志を継いでさまざまな可能性を、現在のシステムの中で推し進めていきながら若くして亡くなった高良聖氏も松村氏と共に喜んでいるに違いない。本書が刺激となり、幅広い研究や実践が広がっていくのを楽しみにしておられる笑顔が目に浮かぶ。

世界的なレベルで相互理解の深まりの必要性を感じていたモレノは、自分のつくり出したメソッドの可能性を信じていた。今、新しい感染症のもとで人々も社会も大きく変わろうとしているが、それへの回答とまではいかなくても、そのヒントを本書は差し出すのではないだろうか。筆者が「グランドホテル形式」と言っているのと同じである。我々は地球という大きなグランドホテルの利用者なのだから。

今、世界全体が大きく変わろうとしているなか、心理劇が新しい世界の創生に役立つことを多くの天国の仲間と共に期待している。

2020年9月

増野　肇

はじめに

今日の社会において、情報技術の高度化が加速し、インターネットや携帯電話など、コミュニケーションツールが普及する一方、家庭や学校、職場等で、現実に起こる人間関係の問題は複雑で多岐にわたり、その解決には困難を極めることが多い。心理劇では、この現実の人間関係の問題にどう対応するのだろうか。本書は心理劇について、その理論と実際を述べ、特に人間関係の問題への対応の仕方、有効な方法を具体的に示すものである。

演劇による社会改革を志向したモレノ（Moreno, J.L.）は、即興的手法を主とする心理劇を構築した。彼は“Every true second time is the liberation from the first”と述べている（*Psychodrama*. Beacon House, 1964, p28.）。the first（1度目の時）とは現実の出来事、体験である。second time（2度目の時）とはモレノが構築した心理劇である。言い換えれば、真の（本当の）2度目が実現されるすべての心理劇は、1度目（現実）からの解放となる、ということであろうか。ここでの「時」（プロセス）とは、生きた人間同士の関わり合いをとおして、自発性が発揮され、新しい役割が演じられる時である。そこには創造、瞬間の誕生があり、真実の時間と空間の統合があるという。この「2度目の現実、すなわち1度目の現実を超える体験」をもたらす心理劇とは何か、本書を通して、ともに探求していきたい。

モレノは個人を対象とする精神療法に対し、新しく集団による方法としての心理劇、集団精神療法、ソシオメトリーを創出した。十分にウォーミングアップされた、安全、安心できる集団のなかで、ドラマの形式を用いて自発的、即興的に自分を表現させることにより生じるカタルシスや気づき、共感が、人間の心や行動に大きな影響をもたらすと考えた。

それでは、私たちが現場で実際に心理劇を行う場合は、どのような方法があるのだろうか。モレノは「サイコドラマ」を「単一の方法ではなく様々な臨床的方法（治療的サイコドラマ、ソシオドラマ、価値劇、ロール・プレイング、分析的ドラマ、それらが様々に修正されたもの)」と説明している。「サイコドラマ」は日本に導入されたときに「心理劇」と翻訳され、現在、教育・福祉領域、心理・社会的支援、精神科医療において、また対人援助職者の養成、自己理解・人間理解を促す方法というように、様々な展開をしている。本書では「心理劇は、サイコドラマ、ロール・プレイング、ソシオドラマ、プレイバックシアター等、即興的技法やアクションメソッドを用いて行う治療的、教育的集団技法の総称である」(日本心理劇学会会則)との定義に基づき、様々な方法を一括して「心理劇」と表記している。

日本心理劇学会が設立されて四半世紀がたち、本書ではあらためて心理劇の本質、理論と方法を問い直し、危機を乗り越え、問題の解決に寄与していきたい。

本書の発刊の目的としては次のことが挙げられる。

1. 現時点での心理劇研究、実践の現状を集大成する。
2. 心理劇実践者の研修に必須の基礎知識を提示する。
3. 心理劇の初学者への入門書として活用する。
4. あらためて心理劇の本質や方法を明らかにし、今日の危機や問題を解決する方法としての有効性を問う。

本書は、大きく二部構成となっている。第Ⅰ部は心理劇の基本、第Ⅱ部は心理劇の実践事例である。なお、第Ⅱ部に掲載されている事例は、本質を保持しつつも個人が特定されないよう倫理的配慮を行っていることをおことわりしておく。

本書を手にして、多様性と可能性を秘めた心理劇について多くの学びを深められ、各々の場において心理劇の実践、活用がなされていくことを願うものである。

2020年9月

編者一同

目　次

第Ⅱ部　心理劇の実践

第Ⅰ部　心理劇の基本

J. L. モレノ*

舞台（Beacon Model, 1936）**

* Moreno, J.L. *The International Handbook of Group Psychotherapy.* Philosophical Library, N.Y., 1966.
**Moreno, J.L. *Psychodrama, First Volume Fourth Edition with Introduction.* Beacon House, N.Y., 1972, p270.

第１章
心理劇とは何か

心理劇は、第一次世界大戦後の混乱したオーストリア社会におけるモレノの多感な学生時代からその予兆が始まる（第1節）。1936年には、アメリカのビーコンヒル・サナトリウムの開設、サイコドラマの劇場のオープンにより、思想、理論と方法の実証が本格的に展開されていった。モレノは、演じること、そのこと自体に人間的成長の可能性を見出し、後に、それを心理劇として体系化し、誰でもが自分の人生の主人公になれる舞台を創るに至った。本章は、このモレノによる理論を中心として構成されている。

第2節では戦後日本への導入の歴史を紹介する。ロジャーズによるカウンセラーとクライエントの1対1のカウンセリングが日本に導入された頃とほぼ同時期に、集団状況において振る舞うことによる成長を目的とする心理劇が、どのように展開し、広がっていったかを垣間見ることができるであろう。では、心理劇とは何であろうか。

第3節では、心理劇の特性とねらいに心理劇の包括的定義が提示され、続く心理劇と集団精神療法については、両者が不即不離の関係にあり心理劇を学ぶ者は集団精神療法も学ぶことが推奨されている。また、最近の動向として、余剰現実の概念を日常生活に楽しく活かす生活を豊かにする心理劇や、ひきこもり・不登校など、現代社会における個人と集団の問題を心理劇により援助することへの実践研究などが提示される。

第4節では、先の第2節で紹介した諸活動のその後の展開が紹介され、現在の日本心理劇学会につながる。

第1節　心理劇のはじまり

プロローグ

心理劇の歴史は、第一次世界大戦中の当時、哲学および医学の学生であったモレノ（Jacob L. Moreno; 1889-1974）がウィーンの街の公園で、子どもたちと行った即興劇と自発的表現の遊戯から始まった[1)]。モレノが、大きな木の根元に座り子どもたちに物語を聞かせると、子どもたちはまるでおとぎの世界へ引き込まれるように夢中になるほど、魅力的な語り手であった。子どもたちとの即興遊びのグループをつくり、ルソーやペスタロッチ、フレーベルらの教育思想を知りながらも、宇宙的規模による幼稚園[2)]であるとし、子どもたちに自発性と創造性の力を与え、既成の価値観への挑戦を導いた。モレノが新しい創造のモデルをつくるとき、この子どもたちとの純真な世界はいつもモデルになっていた。

心理劇の創始者であるモレノは、ルーマニアのブカレストに出生し、6歳頃にオーストリアのウィーンに移住した。ウィーン大学で当初は哲学、後に医学部に在籍した。文筆家としても活躍し、宗教、文学・演劇、社会活動に奔走し、社会的弱者へのあつい想いは、「即興人」[3)]としての彼の人生の通奏低音として常に鳴り響いていた。

心理劇は、モレノが社会において活動をしながら、自らの人生や人々の人生に向き合い、さまざまな人々と現実を体験し、理解者を増やしていくプロセスと密接に絡み合いながら形づくられてきた。本節前半は、オーストリアでの青年期のモレノ、後半はアメリカでの人生を基軸にして、心理劇の形成過程をたどることとする。

1　ソシオドラマ（自発性の劇場）から サイコドラマ（治療的劇場）へ

第一次世界大戦（1914-1918）のさなか、モレノはオーストリアの難民キャンプ内の子ども病院を担当し、グループ内の人間関係を観察しソシオメトリー（後述）の基礎となる着想を得た。終戦後、ウィーン近郊のフェスラウ市の公衆衛生官、家庭医となり、家族療法や地域医療の元祖ともいえる「相互扶助劇場」の運営に携わった。1920年、宇宙の共同創造者としての人間を讃え、宗教と科学の統合を試みた長編詩『父なる神の遺言』（後に『父なる神の言葉』として英訳）を出版。ここには心理劇の真髄とされる、出会い、自発性、創造性、余剰現実、役割交換などが詩的に表現されている。

1921年、第一次世界大戦が終わり、なお混とんとしたオーストリア社会に真の民主主義をもたらすという情熱から、ソシオドラマの最初のデモンストレーションといわれている「自発性劇場」を上演する。王の椅子が置かれた壇上（舞台）に観客が上がり、彼らが、王、リーダーになり社会改革への想いを演じるという、従来の演劇では考えられない全く新しい試みであった。しかし、壇上に上がる人はおらず観客は去り、失敗に終わった。その翌年、俳優のグループが観客から提示されたものに従って自発的に上演する「生きている新聞（リビング・ニュースペーパー）」という技術を使って日常のニュースを「再演」し、即興的に演じるグループのリーダーとなった。ここでの「女優バルバラと劇作家ジョルジュ」（注1）の体験から、舞台上で葛藤を行動化することの意義を見出すことができた。サイコドラマとはまだ呼ばれていなかったが、治療的役割を演じることの効果、役割交換とダブル、シェアリングなどの意義が明確になってきた。しかし、主役や補助自我、観客の役割、カタルシスをどう扱うか、行動化の限界をどう理解するかは本当にはわかっていなかった[4)]。これらの経緯から、ソシオドラマ（自発性の劇場）からサイコドラマ（治療的劇場）への道筋をたどることができる。

モレノ自身が発するエピソードとして、補助自我の役割やウォーミングアップの大切さを示唆する「落ちた神のサイコドラマ」(注2)、精神分析に対して、「今、ここ」の現実に向き合おうとするモレノの立場を際立たせる「フロイトとの出会い」(注3) が挙げられる。

2　ソシオメトリー・集団精神療法・心理劇の体系化へ向けて

オーストリアで蒔かれた幾多の種は、アメリカの地で育てられ、やがて開花を迎える。1925年、モレノは新天地を求めてアメリカに渡った。アメリカ市民となり臨床医のライセンスを取得し、新たな生活が始まった。

アメリカではアクションを伴うアプローチは関心をもって好意的に受容され、学校や教会、大学でのデモンストレーション、大人への即興劇場などを行い、アカデミズムの世界で認められる足がかりを得た。1930年代から40年代にかけては、ソシオメトリー、心理劇による集団精神療法と技法の確立に力を注ぎ広く認められるようになった。

また、グループ・ワークへの関心を深め、社会学者ジェニングズの協力を得て、ニューヨーク州のシンシン刑務所での受刑者集団内の対人関係の質的量的研究に着手した。1932年にアメリカ精神医学会においてその研究結果を発表し、精神医学と犯罪者再教育の分野に集団精神療法を導入することを提案した。これがモレノの功績による「集団精神療法」の公式の出発点と考えられている[5]。モレノは続けて女子矯正施設で、ソシオメトリーを図化するソシオグラムの作成に着手し、人間関係の変容をめざして少女たちにロール・プレイングや心理劇を適用し始めた。治療目的を明確にして行動予測をして行動変容を助けるこの方法は、すぐさま他の施設や分野に広がっていった。これらの努力は1934年、ソシオメトリーの記念碑的著作でもあり、モレノの哲学を表した『だれが生き残るか？ (Who Shall Survive?)』[6] に結実した。この書は当初、精神医学者より社会学者、社会心理学者の間に広まっていった。やがて、モレノは精神医学者には精神医学を土台として理解を図ることが必要であるとの考えから、サナトリウムを開設するに至った。

3 ソシオメトリー、心理劇、集団精神療法の確立

1936年、ニューヨーク州ビーコンヒルにビーコンヒル・サナトリウムが開設され、サイコドラマの劇場がオープンし、モレノの思想と仮説のための開かれた場となった。さらに、1942年にはニューヨークに心理療法用の劇場とソシオメトリーの研究所を設立した。1940年代の初め、モレノは毎週ハドソン湖畔を1時間余かけてビーコンヒルからニューヨークまで出かけて行ったという。研究所は、後にゲシュタルト療法を提唱するパールズ（Perls, F.S.）、交流分析を創始したバーン（Berne, E.）、グループアナリシスのフークス（Foulkes, S.H.）、リーダーシップ理論を確立したリピット（Lippitt, R.）のような好奇心のある研究者が集い、社会心理学者レヴィン（Lewin, K.）の社会的場に関する理論も、モレノのソシオメトリーに出会って後に発展したとされている[7)]。

自発性劇場や地域医療の体験から発展させてきた治療的方法としての心理劇は、サナトリウムや劇場という実証の現場をもち、同時に訓練生を引き受けるというなかで整えられていった。戦争による多数の犠牲者への治療が必要となり、心理劇はアメリカ合衆国のいたるところで行われるようになった。1941年、公立病院である聖エリザベス病院は心理劇劇場を開設し、集団療法の技術としての心理劇の利用と養成の指導的立場をとるようになった。

1947年、“Psychodrama”を発刊。ソシオメトリー・心理劇・集団精神療法の概念と方法が体系化された。集団精神療法の考えは徐々に精神科医のなかにも普及し、モレノは名声を博すようになった。1964年、第1回心理劇国際会議がパリで開かれ、以後、世界各地でモレノの理論と方法が発展していった（ちなみに、1972年第7回国際会議は東京で開かれた）。1966年、モレノは21章からなる『集団精神療法の国際ハンドブック』を編集し、精神医療の第3の革命として、集団とアクションの活用、特に集団精神療法と心理劇の貢献を挙げている[8)]（心理劇と集団精神療法については1章3節-2参照）。

モレノは、姉の治療のためにサナトリウムを訪れたザーカ（Zerka T. Moreno; 1917-2016）と1949年に結婚。"Psychodrama"の第2巻（1959）と第3巻（1969）は、ザーカが共著者として名を連ねており、ザーカは、モレノの妻、ミューズであると同時に共同治療者、共同研究者であり、公私ともにモレノの補助自我であった。

1974年、軽い脳卒中にみまわれ部分的な麻痺を残したモレノは、もはや創造的であることはできないことを認識し、人生の旅を終わらせる決心をし、以後3週間、食を断ち水しか口にしなかったという。1974年5月14日、創造者としてのモレノは静かに穏やかに亡くなった[9)]。お別れの会には世界各地から人々が集い、そこには「空き椅子」が用意され、モレノへの想いが語られた[10)]。ザーカは、モレノ没後も事業の運営を担い、世界中でサイコドラマの教育と研究に貢献した。

注1：治療的劇場
清純役を得意とする女優バルバラと劇作家のジョルジュが結婚してしばらくして、ジョルジュがモレノのもとに相談に来た。バルバラは、家では悪魔にとりつかれたような振る舞いをして暴力もふるう、と。そこでモレノは治療を引き受け、バルバラに汚れ役に近いものを配役すると、彼女はみごとに演じきった。それを繰り返すなかで夫婦の関係は穏やかに変わっていった。次第に2人のリアルな生活を舞台にのせるようにすると、共感を得て観客への治療も認められるようになった。2人はその後離婚し、5年後にジョルジュは自殺した。
注2：落ちた神のサイコドラマ――4歳半頃のエピソード
両親が出かけていたある日、モレノと近所の子どもたちは、地下室のテーブルの上に椅子を天井まで届くほど高く積み上げて天国をつくった。神様になったモレノが上に上がるまでは皆が助けてくれた。下では子どもたちがテーブルの周りを天使のように回っている。「私は一番上で気持ちよく座っている」。すると、突然一人の子が「どうして飛ばないの？」「私は腕を伸ばして飛ぼうとして、次の瞬間床に落ちている自分に気づいたのだった。私は右腕を折った」。モレノは後に、この体験を「落ちた神のサイコドラマ（The Psychodrama of the Falling God）」と呼んでいる。
注3：1912年、ウィーン大学において、既に世界的な承認を獲得していたジグムント・フロイトの講義が終わった後、何をしているのか質問されて「私は、あなたがやめたところから始めます。あなたは人工的なオフィスで人々に会いますが、私は街や彼らの家で、彼らの自然な状況のなかで会います。あなたは彼らの夢を分析しますが、私は再び夢見る勇気を人々に与えます。私は人々に、いかにして神を演じるかを教えます」と答えた。

引用・参考文献

1）Leutz, G.A. *Mettre sa vie en scène: Le psychodrame.* Editions Desclée de Brouwer, 1985., EPI.
グレーテ・アンナ・ロイツ（野村訓子訳）『心理劇　人生を舞台に――モレノの継承と発展』関係学研究所、1989、p10.
2）Moreno, J.L. J.L.Moreno's Autobiography. *Journal of Group Psychotherapy Psychodrama and Sociometry,* 1989 Spring, p37.
3）Moreno, Jonathan. *Impromptu Man: J.L. Moreno and the Origins of Psychodrama, Encounter Culture, and the Social Network.* Bellevue Literary Press, 2014.
4）Marineau, R.F. *Jacob Levy Moreno, 1889-1974: Father of psychodrama, sociometry, and group psychotherapy.* Tavistock/Routledge, 1989, p17.
ルネ・F. マリノー（増野肇・増野信子訳）『神を演じつづけた男――心理劇の父モレノの生涯とその時代』白揚社、1995.
5）前掲書4、p111.
6）Moreno, J.L. *Who Shall Survive?: Foundation of Sociometry, Group Psychotherapy and Psychodrama.* Beacon House, 1934（1978年版）.
7）前掲書1翻訳書、p14.
8）Moreno, J.L. ed. *International Handbook of Group Psychotherapy.* Philosophical Library, 1966, p151-165.
9）前掲書4、p153.
10）お茶の水女子大学大学院ゼミナールにて、モレノのお別れの会に参列した松村康平からの聞き語りより、1974.

（編者）

第2節　日本への導入と展開

戦後、日本の心理学研究者のなかで、ゲシュタルト心理学研究者としていち早く活躍した外林大作と松村康平は、モレノ門下のゲシュタルト心理学研究者らによる書物からサイコドラマに出会い、サイコドラマは字義どおり「心理劇」と訳出された。外林は1950年11月にモレノと出会いワークショップに参加し、体験記を残している[1)]。その後、外林、松村、石井哲夫らによる「心理劇研究会」が発会した。研究会の記録をたどると、現在もなおテーマとなる事柄に先人たちが当初から取り組んでいることがわかる[2)]。当時画期的であった心理劇は、公開研究会・研修会を通して心理・福祉・教育・保育・看護・矯正・産業の関係者らに広まっていった。精神科医療の現場においては、慢性の精神疾患患者への治療技法が模索されるなかで、集団心理療法としての心理劇がさまざまな工夫を経て徐々に体系化され、その効果が認められるに至った。現在では、海外との人的な交流も進み心理劇の適用領域・理論研究ともに広がり、心理劇技法も多々開発されている。

本節では日本における心理劇研究・実践者のパイオニアによる心理劇への貢献について、それぞれに縁のある著者が紹介する。

（編者）

1　心理劇の導入からロール・プレイングへの展開——外林大作

外林大作（そとばやしだいさく）（1916-2012）は、東京帝国大学在学中にケーラー（Köhler, W.）の『心理学の力学観』[3)]、レヴィン（Lewin, K.）の『トポロギー心理学の原理』[4)]（松村康平と共訳）を翻訳するなど、若くしてゲシュタルト心理学の研究者として活躍した。レヴィンの集団力学やアクション・リサーチの研究を通して、ソシオメトリー、サイコドラマの創始者モレノを知り、1950年性格診断の一技法としてサイコドラマをわが国に紹介した[5]。同年に特殊教育視察のため文部省よりアメリカに派遣され、その機会にモレノのサイコドラマ研究所を訪れ、彼のワークショップに参加した。1954年わが国の心理劇研究の原典ともいうべき『心理劇』[6]を著し、1956年に松村、石井らと心理劇研究会を発足させ、心理劇の研究、実践、普及に尽力した。外林は、単なるモレノの紹介者にとどまることなく、役割理論の観点からサイコドラマをとらえなおし、人間理解のための心理劇、すなわち自発性、役割創造を強調するロール・プレイングを発展させ、学校教育、心理臨床、司法矯正の現場にロール・プレイング導入の道を拓いた。その後、研究志向の違いから外林、松村、石井は、それぞれ独自の道を進み、外林はロール・プレイング、松村は関係学、石井は自閉症の臨床のための心理劇を開拓した。

ロール・プレイングの流れでは、1962年外林に指導を受けていた千葉大学附属小学校の時田光人が千葉心理劇研究会を発足させ（1975年に千葉ロール・プレイング研究会と改称）、学校教育にロール・プレイングを導入し、発展に貢献した。横浜市立大学では、1970年川幡政道が横浜ロール・プレイング研究会を立ち上げ、精神分析を基軸にした心理学の研究法として、また心理臨床の技法としてロール・プレイングを発展させた。栃木では、時田と大木みわの指導を受けた金子賢が、1976年栃木県ロール・プレイング研究会を組織した。各研究会の成果としては、『教育の現場におけるロール・プレイングの手引き』[7]『過去の再演を越えて――精神分析的ロール・プレイング』[8]『教師のためのロールプレイング入門』[9]などがある。外林のものとしては、彼のロール・プレイングの思想をまとめた『賞罰をこえて――ロール・プレイングのテクニック』[10]がある。

後年、外林は、主要な研究領域を精神分析に転じ、心理学の立場から精神分析の理論を読み直し，『フロイトの読み方』[11]などを公刊したが、ロール・プレイングへの関心は終生衰えることはなかった。役割に関する思索を深め、S. フロイトが役割という概念を使って精神分析を書いたら精神分析はどう変わっただろうか、ロール・プレイングは自由連想にならなければいけない、またモレノの夢の考え方を高く評価し、夢は登場人物に役割を与えて演じさせるロール・プレイングである、など心理劇の重要な研究テーマとなる示唆的な発言をしていた。

外林は、夢は絵文字で書かれており、見るものではなく読むものであるとフロイトの言語思想を語っていたが、実践より理論を志向する外林に倣えば、心理劇は行為言語で演じられるものであり、行為言語として読む技術、すなわち演技を象徴として解釈する技術が研究されなければならないといえるだろう。

（川幡政道）

2 「共に育つ心理劇」の構築——松村康平

心理劇の導入をめぐって、外林大作、松村康平（まつむらこうへい）（1917-2003）の両氏により、対話の形で次のようなエピソードが述べられている[12]。「1950年代はじめに、大戦を挟んで取り組んでいた心理学に関する研究文献のなかに、『モレノ』の文献が引用されていたのでそれに引かれた」と。心理劇の日本への導入の背景には、20世紀初頭からの欧米の人間科学の関心が「個」を取り巻く「集団」や「社会」へと向かう大きな潮流があり、両氏の鋭敏な選択性がモレノの「サイコドラマ」へと到達していったといういきさつは興味深い。1956年には、外林、松村そして石井哲夫らによる「心理劇研究会」の発足を機に、人間変革の理論・技法として心理劇への関心が集まり、日本各地に飛躍的に伝播、拡大していった。その後、全国各地で多様な特色ある心理劇が発展していったが、1995年に心理劇の研究・実践の発展や情報の交換の機運が高まり日本心理劇学会が設立された。

松村は、心理劇による実践活動を1953年頃に開始し、研究・実践を本格的に進めることをめざし、1955年2月にはお茶の水女子大学の児童臨床研究室に心理劇の舞台が整備された。そこを拠点として日本の心理劇の導入とその基盤を築いた多くの研究・実践者が啓発され、また養成されていった。1961年には松村を会長とする「日本心理劇協会」が組織化され、「月例会」および「研修会」が開催されて現在に至るまで継承されている（現会長：土屋明美）。

心理劇の日本への導入と普及、そしてその発展に力を尽くした松村のはたしてきた役割、あるいは松村が何をめざして行為し続けてきたのかを一言で述べるのは難しい。あえていうならば、松村は、モレノの生き方について、「実践即研究の立場で行為しつつ、しかも独創的である人」と述べている[13]。松村の歩みをこれになぞらえていえば、「心理劇における〈理論〉即〈技法〉即〈実践〉活動を促進する枠組みの構築をめざして行為しつつ、しかも独創的である人」といえるであろう。

松村は、「人間は関係的存在である」を基本命題に、1950年代より複雑な人間諸現象を解明する理論科学の構築に力を注ぎ、「関係学」として体系化してきた。松村の心理劇の〈理論〉構成は、「関係学」で開発された「かかわり」（関係）構造の枠組み、例えば関係状況における「自己・人・もの」「個人・集団・社会」など「相即的認識」「三者関係の原理」などを共通の理念にしている。しかし、彼はかねてからその根幹は心理劇から得ているとして「心理劇」と「関係学」は車の両輪に喩えられると述べている[14]。

〈技法〉については、心理劇という関係状況で、参加者において「いま・ここで・あたらしく」体験されたさまざまな変容をどうとらえるかなどが、熟達した職人技のように伝承されていくという側面もあるが、客観的に実証可能な枠組みが提示されながら受け継がれていくことが大切であるとして、伝来の心理劇技法も踏まえて、さらに技法の開発（空気のボール、ローリング技法など）とその体系化にも力を注いだ。松村は「どこでも・だれとでも・いつでも」展開可能な心理劇の〈実践〉普及に大きく貢献した。それは「共に育つ心理劇」「平和のための心理劇」[15]と呼ばれて、医療・看護、心理臨床、教育、矯正など多様な領域において引き継がれている[14]。また、アルゼンチンやドイツ、アメリカの心理劇研究者・実践者との学術交流を積極的に推進し、翻訳・紹介の労をとっている[16,17]。1972年には、第7回心理劇と社会劇国際会議、第2回東洋会議を主宰している[18]。

松村はモレノとの親交も深く、モレノの死を悼んで詩を献じたが、彼のモレノへの敬愛の念の深さがうかがえる。

（武藤安子）

3　精神科医療における展開──迎孝久

外林大作、松村康平、佐伯克らによってわが国に導入され、「心理劇」と名称を改めたサイコドラマは、関東地方を中心に広がっていったが、九州では独自の発展を遂げた。それは佐伯と精神科医の迎孝久（むかえたかひさ）（1923-2008）という精神科医との出会いから始まった。

法務省に所属し少年院での矯正教育に携わっていた佐伯は、日本人としていちはやくサイコドラマにふれる機会をもった外林や、東京大学で先輩だった松村らと共に心理劇を研究していた。1961（昭和36）年、佐伯は赴任先の大分少年鑑別所にて矯正心理劇を行い、それを『矯正心理劇入門（刑政）』という著書にまとめた。しかし矯正教育は治療ではなく刑法の範疇にあるため、佐伯の立場からは心理劇という技法を広く世に知らしめることはかなわなかった。佐伯が迎に出会ったのは、彼が大分県から福岡矯正管区の矯正研修所の教頭として赴任した1964（昭和39）年だった。

迎は福岡県立筑紫保養院（現福岡県立太宰府病院）で精神科医として慢性化した統合失調症者の治療に取り組んでいた。当時の精神科医にとって統合失調症者の自閉症状は、問題意識を抱えていたものの成す術はなかったというのが実情で、迎は論文で垣間見た心理劇が治療の役に立つのではないかと期待し、佐伯に教えを乞うたのである。

太宰府病院にて佐伯の指導を受けながら、慢性化し意欲の低下した統合失調症者に対する行動改善のアプローチとして心理劇の研究、実践を始めた迎だったが、当時はモレノやその弟子からサイコドラマの指導をされた日本人はまだ少なく、指導する佐伯も受ける側の迎も対象者の反応を観つつ手探りでの試みだった。サイコドラマは元々神経症を対象とした治療が出発点で、参加者の治療動機や主体性が不可欠だが、当時のわが国の精神医療は長期入院を余儀なくされた統合失調症者が中心で、刺激の少ない入院生活の結果、自閉症状が進行し治療や社会復帰への意欲は乏しかった。入院の集団生活のなかで患者たちは規則に従うことを要求される場面が多く、必然的に彼らの主体性は著しく損なわれていた。そのような病者へのドラマへの導入は治療者がいかに注意していても、結局のところスタッフの指示に従うだけの消極的なものでしかなかった。このような病者たちを対象として心理劇を行おうとした迎は、カリスマ的なディレクターの強力な吸引力よりも、エネルギーの乏しい病者が思わず参加してみたいと思えるくらいの雰囲気がなくてはならないと考えていた。あるとき迎は、普段ほとんど言葉を発さない患者が劇のある場面では主体的な行動や発言をするのを発見し、意図的にこの状況をつくるべく苦心するようになった[19)]。そして統合失調症の慢性化は自発性が低下した状態だと位置づけ、その自発性を引き出すためにはディレクターの指示にて運営されるサイコドラマは直接的だとし、病者が自ら自然に劇に参加できるよう参加スタッフへの補助自我訓練やディレクターのモノローグを重視し、これを「間接誘導」と名づけた[20,21)]。

その後、太宰府病院で行われる心理劇には、心理劇を学びたいという福岡県下の医師や心理学部の学生らが徐々に増えていった[22)]。当初はその名称を福岡心理劇研究会としていたが、1975（昭和50）年に迎を会長とし九州心理劇研究会（後の西日本心理劇学会、現・日本臨床心理劇学会）が発足した。当時は九州大学心理学部の学生で、後に九州では指導的立場になる楠峰光、金子進之助、針塚進、高田弘子らが学んだ。この研究会には病院臨床を担う精神科医も数名所属しており、1982年に事務局が福間病院に移って以降、それぞれの医師も自らの施設で心理劇を行うようになり、福岡県下の複数の施設で精神科臨床での実践が積まれていった。

福岡県を中心として発展した九州の心理劇に携わる者は皆、迎の考えに大なり小なり影響を受けているといえるだろう。その一人である高原朗子は迎の研究会に初期から参加していた楠の指導の下、長く自閉症児の心理劇に取り組み、2007年にその成果を著書『発達障害のための心理劇』[23)]として著した。それに続くかのように、日本各地で発達障害に対する心理劇の試みが報告されるようになった。従来、対象を認知しない自閉症は心理劇どころかカウンセリングでさえ困難と考えられていたが、心理劇的アプローチはそれを可能にすることが証明されつつある。主体性の乏しい病者への飽くなき探求心がそれを可能にしたのであろうし、その出発点が太宰府病院の一室で行われた心理劇であったことはいうまでもない。

なお、本稿執筆にあたり、針塚進先生、高田弘子先生、金子進之介先生へのインタビュー（2018年7-8月）を参考にした。

（諸江健二）

4　心理劇の心理臨床への実践と理論化——台利夫

台利夫（うてなとしお）（1927-）は、少年鑑別所に勤務していたころ、非行少年への言語的関わりに限界を感じ行為的な働きかけの必要性を認めて、心理劇の実践を始めた。また、当時鑑別所に心理検査用具として備えられていたMAPS（絵物語作製人格投影検査）に注目して、慢性入院統合失調症患者用に改訂して「MAPS自発性テスト」を作成し、さらに卓上心理劇風に精神障害患者の治療に導入している[24]。また統合失調症患者への心理劇の実践のなかから、特に自発性の乏しい重度の慢性統合失調症の患者への心理劇には、ウォーミングアップとドラマの間をつなぐ「プリドラマ」と名づけた媒介段階を設けることが必要であると提唱し、患者の自我をある程度構成化された場面で支えながら、十分な注意をもっていくらかでも自発性を促し、自我を強化することの重要性を強調している[25]。

さらに、心理劇の立場から学校の教育現場の教師や生徒の関わりをとらえ直し、教育や相談場面に活用できるロール・プレイングの技法を具体的に紹介し、ロール・プレイングの研修のあり方、ロール・プレイングの査定と効果についても述べている[26]。このように台は、心理劇を非行少年、統合失調症患者、教育場面へと幅広く実践し、対象の特性に応じた心理劇の技法の開発を行った。

また、理論的背景としては、ゲシュタルト心理学とレヴィンの場理論の影響を受け、モレノの考え方に近づく素地になったと述べている[27]。そして、レヴィンの場理論とモレノの理論の二つの立場の統合を媒介するものとして、一般システム理論を取り上げ、サイコドラマ、集団力学、一般システム理論の間を関連的に把握する必要性を論じている。そのなかで、アガザリアン（Agazarian, Y.）の多次元的思考は、個人の「見える」行動の一つひとつに「見えない」集団の役割機能を見て取ることができ、個人の行動変容と集団発展とをあわせて進められ、レヴィンの場理論を一般システム理論に発展的に吸収して心理力学と集団力学の対比を止揚し、治療実践の枠組みを与えるものとして評価している[28]。さらに、精神分析とサイコドラマの二つの技法の統合を図り、対象関係論とサイコドラマの実践の関連を示したホームズ（Holmes, P.）の著書の翻訳本も出版している[29]。また、心理劇を中核におきながら、心理臨床全般にわたる示唆に富む理論的考察がなされている著作や[30,31]、科学のなかの人間的意味づけや無名の科学者の担う役割について論じた著作も出版している[32]。2012年の日本心理劇学会第18回大会では、「加齢に応じる生活の中の役割演技」というタイトルの特別講演で、ライフサイクルの各段階における役割演技の発達と、発達上あるいは想定外の危機場面での役割演技の発展、さらに歴史的視点からの役割創造について、理論上の検討課題とともに論じた。今日まで一貫して心理臨床実践を大切にし、同時に、心理学や人間科学についての理論的論考を追究している。

（島谷まき子）

5　誰もが手がけられるドラマをめざして――増野肇

増野肇（ましのはじめ）（1933-）は、東京慈恵会医科大学の先輩である大原健士郎（おおはらけんしろう）（1930-2010）に勧められて心理劇に出会う。同じ昭和8年生まれで親交の深かった浅利慶太（あさりけいた）（1933-2018）が活動を始めたのもこの時期であり、氏が演出するジロドゥの世界に熱中。後に第41回の芸術療法学会の折に対談をはたした。

開放病棟をめざす初声荘病院の設立当初から関わり、学生と見学に訪れた上智大学の心理臨床学者霜山徳爾（しもやまとくじ）（1919-2009）の応援を得て、演劇的な心理劇をめざす。1981年のザーカ・モレノ（1917-2016）による古典的サイコドラマの「モレノショック」を受けた人たちと東京サイコドラマ研究会を設立し、1996年の東京サイコドラマ協会へとつないだ。1995年、松村康平・

台利夫・迎孝久・外林大作らと共に日本心理劇学会を創設し、初代理事長を務める。1999年日本芸術療法学会賞受賞。この間、東京サイコドラマ協会、代々木の森診療所、相模病院、ストレス対処法研究所、地域生活支援センターなどでサイコドラマを実践する。森田療法[33,34]・内観療法にも造詣が深い。

［どこでもドア］［タイムマシン］［守護天使］［曼荼羅］［思い出横丁（レストラン・シアター）］［魔法のレストラン］［もう一つの地球］［グランドホテル形式］等々。増野が考案したサイコドラマの技法である[35,36]。これらの技法を編み出しながら、現在は誰もが楽しめるグループをめざし、歌やダンスを取り入れたミュージカル形式の［増野式サイコドラマ］を展開している。

「先生のは名人芸、それも国宝級だから真似できるものじゃない」と愛弟子で高良聖（1953-2017）の弟分、佐藤豊（1962-）は言う。持ちネタ、各ディレクターの特徴を表す［藁人形シリーズ］では、増野を次のように表現する。「藁人形は、何でできていますか？　そう藁です！　では、みんなで藁を刈りに行きましょう」に始まり「藁人形作家による藁人形の作り方教室」を開き、「人が滅多に来ない山奥の案内人」を立て、ようやく目的の木に到着。「では釘を打ちますよ！　トン、トン、トーン!!」。恨み骨髄でいたはずが、ピクニック気分に変わる。これが増野マジックなのだ。

いつもどこかに人の助けがあり、共に歩む人の存在を温かく思い出させる。そのなかで怒りや悲しみがほどけてゆく。わけへだてなく、可能性を信じて進む意識にブレがない。各人の言葉をのんびり聞いているように見えて、最後にすべてを編み込み、皆がつながるように構成する。

ルーテル学院大学退職にあたっての最終講義ではソシオドラマが行われた。予定の前日に東日本大震災が起こったため、その後被災地を巡りながらサイコドラマにできることを問い続け、1年かけて原発の問題を入れたソシオドラマに書き換え上演した。

現在はご家族の協力を得て、［増野式サイコドラマ］の普及に邁進している。翻訳[37,38]も多数あり、共訳者である妻の信子（1938-2004）も存命中はスタッフとしてドラマの逐語録を取り、参加者への気配りをしていた。

さまざまな情報や参加者の声を取り入れ、その技法は今も呼吸し進化している。誰もが手がけられる仕組みを模索し、共鳴しながら命への賛歌を謳い続けている。

（小林ひとみ）

引用・参考文献

1) 川幡政道「文献探訪　外林大作著『心理劇』」、『心理劇』24巻1号、2019、p62.
2) 松村康平『心理劇――対人関係の変革』誠信書房、1961、索引p17-28.
3) W.ケーレル（外林大作訳）『心理学の力学観』生活社、1941.
4) レヴィン（外林大作・松村康平訳）『トポロギー心理学の原理』生活社、1942.
5) 外林大作『性格の診断――プロジェクティブ・メソッド』牧書店、1950.
6) 外林大作『心理劇』光風出版、1954.
7) 外林大作監修、千葉ロール・プレイング研究会著『教育の現場におけるロール・プレイングの手引き』誠信書房、1981.
8) 川幡政道『過去の再演を越えて――精神分析的ロール・プレイング』春風社、2013.
9) 金子賢『教師のためのロールプレイング入門』学事出版、1992.
10) 外林大作『賞罰をこえて――ロール・プレイングのテクニック』ブレーン出版、1984.
11) 外林大作『フロイトの読み方』誠信書房、1983.
12)「特集　教育講演」、『心理劇』1巻1号、1996.
13) 松村康平『心理劇――対人関係の変革』誠信書房、1961.
14) 松村康平監修『関係学ハンドブック』関係学研究所、1994.
15) 松村康平「平和のための『関係心理学』」、乾孝編『平和のための心理学』法政大学出版局、1967、p19-42.
16) Blatner, H. A. *Acting-In.: Practical Applications of Psychodramatic Methods.* Springer Publishing, 1973.
H. A. ブラットナー（松村康平監訳）『アクティング－イン――サイコドラマの方法の実践的活用』関係学研究所、1987.
17) グレーテ・A. ロイツ（野村訓子訳）『人生を舞台に――モレノの継承と発展　心理劇』関係学研究所、1989.
18) 日本心理劇協会『平和のための心理劇――第7回国際心理劇・社会劇会集録』ソシオ・サイコ・ブックス、1972.
19) 迎孝久「我が国における心理劇の現状」、『九州心理劇研究会誌』No.11、1989.
20) 迎孝久「間接誘導（indirect inducement）――慢性精神分裂病者に対する心理劇として」、『九州心理劇研究会誌』No.3、1979、p5-10.
21) 迎孝久「即興劇場」、『九州心理劇研究会誌』No.4、1980.
22) 迎孝久「心理劇の非言語的側面」、『心理劇研究』16巻、1992、p62-70.
23) 髙原朗子編著『発達障害のための心理劇――想（おもい）から現（うつつ）に』九州大学出版会、2007.

24) 台利夫『心理臨床のためのMAPS人格投影法』、日本文化科学社、1975.
25) 台利夫『心理劇と分裂病患者』、星和書店、1984.
26) 台利夫『新訂 ロールプレイング』日本文化科学社、2003.
27) 台利夫「心理劇：歩いて来て、歩いてゆく道」、『心理劇』第16巻第1号、2011、p11-19.
28) 台利夫『集団臨床心理学の視点——心理劇を軸にして』、誠信書房、1991.
29) Holmes, P. *The Inner World Outside.* Routledge, 1992.
ポール・ホームズ（台利夫・小川俊樹・島谷まき子訳）『心の世界と現実の世界の出会い——サイコドラマと対象関係論』ブレーン出版、1995.
30) 台利夫『参加観察の方法論——心理臨床の立場から』、慶應義塾大学出版会、2007.
31) 台利夫『心理療法にみる人間観——フロイト、モレノ、ロジャーズに学ぶ』、誠信書房、2011.
32) 台利夫『科学の中の人間のかおり』創造出版、2015.
33) 増野肇『不思議の国のアリサ——マッシー教授の精神保健講義』白揚社、1996.
34) 増野肇『森田療法と心の自然治癒力——森田式カウンセリングの新展開』白揚社、2001.
35) 増野肇『心理劇とその世界』金剛出版（精神医学文庫）、1977.
36) 増野肇『サイコドラマのすすめ方』金剛出版、1990.
37) ルネ・F. マリノー（増野肇・増野信子訳）『神を演じつづけた男——心理劇の父モレノの生涯とその時代』白揚社、1995.
38) P.F. ケラーマン（増野肇・増野信子訳）『精神療法としてのサイコドラマ』金剛出版、1998.

第3節　心理劇の特性とねらい

1　心理劇とは何か

心理劇を実施する際、初めての参加者には「心理劇とは何か」「何のために行うのか」、すなわち心理劇の定義と効果を簡潔にわかりやすく説明する必要がある。この説明によって、参加者は心理劇が自分に役立つと思い、参加動機を高める。

ケラーマン（Kellerman, P.F.）は、サイコドラマ（psychodrama）の端的で正確な定義の必要性として3つ掲げた[1)]。1つめはサイコドラマのプロセスや効果の実験的研究を指導するために、この方法を他のものと区別する必要があること、2つめはクライエントや社会にサイコドラマを紹介するとき、そこから何が期待でき、何が期待できないかを明らかにする必要があること、そして3つめは、さまざまな流派の実践家の間で議論が促進されるためには、一般的に認められた定義が必要であること、と述べている。すなわち、ケラーマンは、一般的に認められた定義とサイコドラマ独自の方法、およびその効果について挙げている。そこで、「心理劇とは何か」をケラーマンのいう3つの必要性に従い、(1) 心理劇という「用語」、(2) 心理劇独自の「構成要素」と「すすめ方」、(3) 心理劇の「効果」の3つの視点から論じる。

(1) 心理劇という「用語」について

モレノ（Moreno, J.L.）によって創始されたサイコドラマは、1950年代はじめに外林、松村によって「心理劇」と直訳され[2)]、紹介された輸入語である。物質的なものの輸入は法的規制が加えられるが、抽象的概念の輸入は物質的なものと異なり、その価値を認めた人が自由に輸入し利用する。外林も松村もさらに「サイコドラマ」をとらえなおし、外林は「ロール・プレイング」、松村は「共に育つ心理劇・関係学」として独自の道を切り拓き、心理劇は、「日本」の土壌に根づく形で医療・教育・福祉・矯正等さまざまな分野で活用され、展開していった（1章2節参照）。そこに、ザーカ・モレノ（Zerka T. Moreno）によって紹介された「サイコドラマ」が根を下ろし、「心理劇」という用語は、複雑で多面性をもつようになった。

このようななか、さまざまな領域で多様な活動を発展させた日本心理劇協会、日本臨床心理劇協会、九州心理劇研究会、東京サイコドラマ研究会、各地のロール・プレイング研究会などが、1984年に日本心理劇連合会を発足させ活動を行ってきた。当連合会は10年間の活動を行った後、発展的に解消され、1995年に日本心理劇学会が設立された。こうした経緯のなか、日本心理劇学会はそれぞれの流派、立場を超え、「心理劇とはサイコドラマ、ロール・プレイング、ソシオドラマ、プレイバックシアター等即興劇的技法やアクションメソッドを用いて行う治療的、教育的集団精神療法の総称」[3)]であると定め、この定義がケラーマンのいう「一般的な定義」として認められるようになった。

(2) 心理劇独自の「構成要素」と「すすめ方」

精神療法には、手段として「言語」か「非言語」か、また形態として「個」か「集団」かの組み合わせによって多種多様な技法がある。モレノは、精神療法の場では患者は一対一で治療され、自分の抱えている問題をどう感じているか話していくが、人間関係の治療、とくにサイコドラマの形式では言葉で表現するだけではなく、ジェスチャーや動きで表していく[4)]と述べている。心理劇の定義でも「即興劇的技法やアクションメソッドを用いて」とあるように、心理劇は、言語的、非言語的コミュニケーションを用いて集団で行う。心理劇を構成する要素は「監督」「補助自我」「主役・演者」「観客」「舞台」の5要素（2章4節-3参照）で、そのうち監督は、「ウォーミングアップ」「ドラマ」「シェアリング」の3つの手順（2章4節-1参照）に従って心理劇をすすめる。この構成要素とすすめ方がまさに心理劇を心理劇たらしめ、ケラーマンのいうように、他の方法と区別される点である。

ところで、心理劇は「言語」だけではなく、身ぶりやアクションといった「非言語」を用いて自己表現するため、自分の抱えている問題が表出されやすい。そこが心理劇の特性であるが、すすめ方に留意しなければならない点でもある。

(3) 心理劇の「効果」

心理劇は何のために行うのか、参加によってどのような効果が期待できるのか。モレノは、サイコドラマとはドラマ的方法によって真実を探求する科学であり、対人関係と私的世界を取り扱う[5]と述べたが、「自発性」（2章1節-1参照）についても言及し、多くの人間の精神病理、社会病理は自発性が十分に発達していないところにあるとして「自発性の訓練」の必要性を説き、ウォーミングアップが自発性を操作的に表出する過程であると述べた[5]。このことから、心理劇は人間関係をめぐる諸問題の解決と、自発性を高める効果が期待できる。またその過程のなかで「普遍性」（自分一人が悩んでいるのではない）や「愛他主義」（他者を助けて、自分が役に立っている）、「模倣行動」（人の真似をしながら自分の行動を考える）といった集団精神療法の治療的因子[6]が効果的に作用し、自尊心や安心感、行動変容がもたらされる。

以上から、心理劇の包括的定義として「心理劇とは、即興劇的技法やアクションメソッドを用いて行われる治療的、教育的集団精神療法であり、監督はウォーミングアップ、ドラマ、シェアリングの手順に従って自発性を高め、人間関係をめぐる諸問題を、参加者と共に解決へと導く」とまとめることができる。

（編者）

2　心理劇と集団精神療法

集団精神療法と心理劇の関係性

心理劇ならびにそれと関係する営為（ここでは、プレイバックシアター[PBT]、ドラマセラピー等といった心理劇の直接的な影響下に生まれた技法を指す）と集団精神療法（以下、心理療法ではなく、精神療法の用語を用いるのは、筆者の日常的な用語だからであってそれ以外に他意はない）とは深い関係があることは常識となっている。ではその両者がどのように関わっているのかについては、なかなか理解するのが困難である。これに関わる事実は以下の通りとなる。

① モレノは、そのウィーン時代から、さまざまな形でグループでの活動に関わってきたこと[7]。

② その根本には「人は個人として権威をもつのではなく、集団を代表するときに権威をもつ」という信念があったこと[8]。

③ それがのちにウィーンでの自発性劇場の創設につながったこと[9]。

④ 自発性劇場における「ジョルジュとバルバラ」のエピソードが心理劇を生み出したこと、そしてモレノ自身がそれを心理劇と呼んだこと[10]。

⑤ モレノは1925年に渡米し、1936年に、ニューヨークの郊外に、ビーコンハウスサナトリウムをつくり、そこでの精神療法、特にサイコドラマでの治療を開始したこと[11]。

⑥ 1945年アメリカ精神医学会において集団についてのシンポジウムが開催されて、その場で初めてモレノが個人の精神療法に対立する概念として、集団精神療法（Group Psycho Therapy）を提唱したこと[12]。

⑦ その後もPearls, F.、Rogers, K.、Slavson, G.など集団の治療的営為に興味をもち、それを実践する治療者（医師のみならず、心理学者、社会学者等々、多様な人々が関わりをもったとされる。その事実はモレノが晩年の著書“Psychodrama, vol.2”においてサイコドラマの実践を各分野の集団治療に興味をもつ実践家たちに見せたうえで、討論することを

行っている）と交流をもっていたこと[13]。

⑧ その結果として1968年にパリで開催された集団精神療法家の集会において、言語的な集団精神療法の泰斗であったフークス（Foulks, S. H.）とモレノとが手を握って、その結果、1973年に現在の国際集団精神療法学会（IAGP）が発足したこと（注1）。

これらの事実は、単にモレノが集団精神療法という用語の発祥の人物であったというのみならず、集団精神療法という言葉とサイコドラマとの深い関係性の存在が示唆されているといえるだろう。

しかしこれらのことは、両者の関係性を示すエピソードを列記しただけではない。筆者の考えるところでは、心理劇は集団精神療法と相互に包含し合う関係となっている、と表現することができよう（注2）。ここでは単純にA＝Bという表記をせず、むしろAとBとは別個の側面と、相手を広く包み込む側面とをもつことから、あえて相互包含関係とする。

このことは、一つにはモレノがいうアクションメソッズの5本柱としては、モレノの著作をまとめると[14]、ソシオメトリー、ロール・プレイング、サイコドラマ、ソシオドラマ、集団精神療法が記載されており、またここでいう集団精神療法以外の4つの方法はすべて心理劇のセッションのなかで展開されるものであり、したがって集団精神療法を例外とする理由はないこと。もう一つには、逆に心理劇家は集団精神療法のセッションにおいても、状況に応じて、心理劇的な手法を用いることができること、である。実際にAnzieu, D.[15]は子どもの集団の精神療法において、心理劇的手法（ここでは先に挙げたアクションメソッズの5本柱を意味するが）を用いて効果を上げていることを報告している。日本心理劇学会の定義は心理劇的な手法を用いるすべての集団を「心理劇」と名づけるのであるから、集団を対象とするのであれば、治療であれ、教育であれ、自己啓発であれ、すべてが心理劇の範疇に含まれるだろう（注3）。

モレノの自伝を読むと（そこでは事実がさまざまに修飾されていることは、Marineau, R.[7,11]の研究により、つとに知られているが）、彼がウィーン時代から、集団そのものに興味を抱きそれに対する働きかけを重視していたことがわかる。彼はウィーンの小公園で、子どもを集めて〝お話しごっこ〟を行った[16]ほかに、ウィーンの娼婦の互助組合作りに尽力し、その子どもたちの無償教育を行っていた[17]。こうした経験は、彼に集団による治療的な効果について体験を積ませたに違いない。だからこそ彼には1945年のAPA（アメリカ精神医学会）での集団精神療法（Group Psycho Therapy）という用語の提起が可能になったのである。注意しておかねばならないことは、この時点ではモレノはすでにアメリカでの医師免許を所有しており、ビーコンハウスサナトリウムも1936年に開設されて、そこにはサイコドラマ劇場も建設され、そこでの治療活動も行われていたことである。それらのもとにあったのは、ウィーン時代の体験であり、具体的には「ジョルジュとバルバラ」のエピソードであり、それ以後の自発性劇場での体験をもとにしている。そしてそれらにアメリカでの体験（具体的な体験はフォックスの名編集によるモレノ著作集“Essential Moreno”, 1987に詳しい）が加わっている。そしてフークスとの偶然的な出会いは、心理劇を集団精神療法の世界に確実に位置を占めさせてくれたといえる。

実際、筆者自身の経験したところでは、欧米の集団精神療法家中でもヨーロッパ系の治療者には心理劇（というよりは「サイコドラマ」と書くべきだろうが、ただここでは心理劇的手法全体をさしている）と集団精神療法の一派であるGroup Analysisをどちらも学ぶ人物が多くみられるのである。これは両者に通底した共通の基盤があり、一見別個に思われる両者を学ぶことで、より優れた治療者となりうると考えられるからである。

一見したところ、全く別個にみえる両者ではあるが、歴史的にも、実際的にも、理論的にも両者には共通の基盤が存在することが確認できるであろう。それこそは「グループの力」「集団力動」という用語で表現されるものである。集団力動を無視しての集団運営はあり得ないし、それを理解しないで、心理劇的手法を用いることもまたあり得ないことである。

そういう意味においても、心理劇と集団精神療法は不即不離の関係にあるといってもよいであろう。心理劇を学ぼうとするならば、集団精神療法もまた学ばねばならないことを強く主張しておきたい。

注1：ただし、フークスは1971年以降はIAGPに関心を失っていったといわれている。
注2：ただし、数学上の概念からいえば、集合Aと集合Bとが相互に包含し合う関係であるということはA＝Bであることを意味するが、ここではあえて、A＝Bという関係性の表現を取らないこととする。
注3：この認識は単に筆者個人の思考によるだけではなく、筆者が学んだAANZPA（オーストラリア・アオテアロア=ニュージーランド・サイコドラマ協会）での教育の共通認識でもある。

（磯田雄二郎）

3　毎日の生活を豊かにする心理劇

モレノが重視している概念の一つに“surplus reality”という言葉がある。モレノは当時、マルクスがつくった言葉“surplus value”（余剰価値）を参考にして、造語とした。「舞台」と呼ばれる世界は、余剰として与えられたもう一つの世界なのである。それは、人間のみがつくることができる世界であるし、心理劇の重要な要素でもある。現実の世界のほかに、このような世界をもつことが許されているのは人間の特権といわれるし、それを体験できることが心理劇の大切な要素であるともいえる。イマジネーションの力を借りて、舞台は過去や未来にもなるし、月世界にもファンタジーの世界にもなる。

ちょうどこれを書いているときに、ある感染症が世界的に広がって、人々はどこへも行くことができなくなっている。そのようなときでも、想像力があれば、我々は「どこでもドア」を開いて好きなところに行くことができる。そのような世界的な事件でなくても、精神科の病気になると、病院に閉じ込められて好きなところに行けない状態になる。そんなときでもグループメンバーのなかにディズニーランドへ行ったことがある人がいれば、皆でディズニーランドを楽しむこともできるし、たとえ行ったことがなくても、ファンタジーの宇宙旅行を味わうこともできる。

これを一人だけの世界でやっていると空想であり、妄想にもなる。しかし、良いグループがあって、そのなかで皆が一緒にその体験に付き合ってくれれば、それは舞台の上でのひとつの体験となるのである。そのためには、各メンバーが補助自我として、協力できないといけない。全員が主役をやることを前提とした「増野式サイコドラマ」では、各人が少しずつ主役を体験する。そのことにより、参加メンバーはいろいろな世界を体験し、それによって生活は豊かになり広がりをもつことができる。メンバーの各人が、毎月のように集まり、少しずつでも、自分の世界を紹介していると、そのグループは家族のようになる。

あるセッションでは、「自分は家族から虐待を受けて、皆で夕食を食べたことがないからそのシーンを演じたい」と言って、家族で食卓を囲むシーンを演じ、その喜びを語った人がいる。もう一人は、「自分は家族がいない環境に育ったけど、このグループに参加していると、ほかの人たちが自分の家族のように感じる」と言って、グループに参加する幸せを語った。ある精神科の病院では、「ここに入院をして、この心理劇のグループに参加したことで、ここが自分の家のように思えて安心できた」という発言する人がいた。それらが妄想と違うのは、多くの人が補助自我として参加し、そこで体験したことが現実の体験となっているところにある。先日の合宿では、フォークシンガー笠木透の『私に人生と言えるものがあるなら』を歌いながら、自分の一番輝いていた時代を紹介してもらった。自分一人では限られた生活しかないけれど、10人以上の人たちの人生を体験できるのが心理劇の醍醐味でもある。

ある支援センターで実践している心理劇では、増野式サイコドラマの「トーク＆シェア」と呼ばれるウォーミングアップのひとつを自分たちにやらせてほしい、という当事者からの申し出があった。そこで、1周めで自分の近況を話し、2周めでは他の人の発表に対するシェアリングを行う技法のところを当事者に任せてみた。他の支援センターでも、そのような申し出があったが、最初のところでは、簡単なドラマのディレクターも自分たちでやりたいと言い出した。いつも人に世話をされているので、誰かに役立つ役を演じたいのだという。「ベテルの家」の当事者研究に準じた技法として今後に期待する面も感じられた。

ザーカ・モレノ女史を成田まで送って行ったときに、飛行機が出発するまでの数時間おしゃべりをしたことがある。ザーカは、息子と喧嘩するときには、直ちに、相互に「役割交換」をするようにモレノによって指示された、と言っていた（“The First Psychodramatic Family”）。筆者も、家庭のなかでの日常生活の心理劇を試みているが、今のところうまくいっていない。ディレクターの役割を誰が行うかが難しい。家族のなかでディレクターをやれる人が2人以上いれば、日常生活のなかでも有効な手段のひとつになるのではないかと考えている。「オープンダイアローグ」で紹介されているガイドラインなども参考にして何か役立つものがつくれたら今後の発展も期待できる。それが今の筆者の夢である。

（増野　肇）

4　現代社会と心理劇

現代社会の人々の生活や人間関係においては、SNSの発達などによって現実的な対人関係の希薄化が進んでいるといわれている。特に教育の領域では、不登校が大きな問題である。それは、学習という側面ではなく、他者との関係がもてないという問題である。さらにもうひとつは、不登校からのひき続きも多いとされる「ひきこもり」の問題である。もちろん、これは不登校だけではなくさまざまな要因が関連していると考えられるが、青年から成人までの人たちであり、家族以外の他者との関係性をもたずに暮らしている。また、勤め先での対人関係などから、「うつ病」となる人への支援も課題である。ここではこのような問題と心理劇によるアプローチの可能性を考えてみたい。

(1) 現代社会における個人と集団の課題

小中高校の不登校の子どもは、文部科学省統計データ（2019年）によれば、小学校4万4841人、中学校11万9687人、高校5万2723人となっている。これらの児童生徒は、家庭にいる者、適応指導教室やフリースクールに行っている者、通信制または退学となっている。なぜ不登校になるのかの理由や原因は多様であり、児童生徒の情況や特性も多様であるため、原因等を明らかにして対応することは難しいといわれている。また、現在の学校では、他の子どもたちとの関わりといった集団への適応の困難性をもつ発達障害といわれる子どもたちが在学しており、他児との交わりの困難性などから不登校に至る場合も増加している。これらの子どもは他児とだけでなく、教師との関わりにも難しい場合が多い。

角田は、適応指導教室では子どもたちを集団化することが効果的であり、学校での集団の場とは異なる自発性がみられるという[18)]。そして、子ども同士の相互作用の効果が非常に大きく、子どもが変容していくことが多い、という。

蔵本によれば、15～39歳までの「ひきこもり」の人は約54.1万人だとされる[19)]。これらの人は両親などのごく限られた人としか関わりがないため、その支援は家族支援として行われ、ひきこもり家族の支え合いが重要である。それには、同じような問題をかかえる家族の問題だとして、相互に理解し合える関係性の形成が必要である。つまり、仲間としての親和性を形成することと個人の自発性が育まれる場を保障することであろう。

精神科病院などにおけるうつ病者のリワークやアルコール症などのアディクションのある人へのデイケアでの支援も現代社会での心理的支援と関わり、要支援者が社会に復帰するための支援の大きな課題である[20)]。

教育領域では学校適応の問題が大きいテーマであるが、他方で、より良く社会的に生活していくことをめざす「道徳」が教科として導入された。それは、自己が他者や社会とどのように関わるかが課題となっている。そして、その授業のなかでの方法として「ロール・プレイング」が挙げられている。この教育の方法のあり方の検討も必要である。

(2) 現代社会と心理劇

心理劇は、モレノによって創始された集団心理療法のひとつであり、とくにロール・プレイング（役割演技）を用いた方法により、個人の創造的自発性を育み、他者との関係の中でより適応的な行為ができるように援助する方法だと考えられる。しかし、心理劇はセラピーという視点だけではなく、教育、福祉、司法・犯罪、産業などの領域での教育活動や対人援助実践における対人的な相互理解や自己理解の方法でもある。

以上のよう視点から、最近の心理劇の実践・臨床的研究は、以下の通りである[21)]。

・教育領域における実践研究

① 「知的障害特別支援学校の道徳におけるロール・プレイングを教材に用いた対話学習」

② 「自閉的特徴のある男児の姉と母親に対する母子グループの実践」

③ 「発達障害児への個別ロール・プレイングの導入と工夫」

・医療領域における実践

① 「精神科入院病棟における心理劇的ロール・プレイング――自閉症スペクトラム症候群の男性の事例」

② 「精神科入院患者に対する心理劇の導入」

・地域・福祉領域における実践研究

① 「放課後デイサービス事業における心理劇の適用の意義」

② 「地域若者サポートステーションにおける集団心理的支援の効果」

③ 「ドラマに託された肢体不自由児者のイメージの世界」

(3) 第一段階のW・Uの重要性

私たちは、両親、兄弟姉妹、友達、先生、職場仲間等の関係において異なる自己表現をする。すなわち、関係のなかでの役割により自分を表現して(演じて)関わるが、必ずしもこの関わりがスムーズにできるものではない。それゆえ、関わりの難しさをもつ人への支援は、自発的に自分の思いを自由に表現しつつ他者と関わることのできる場を提供することである。

心理劇は、基本的には「ウォーミングアップ(W・U)」という第一段階を設けて、そこで参加者がその場で体を動かしたり言葉を発したりしながら少しずつ他者と交わりをもち、相互に親和感をいだけるように凝集性も高めるように工夫をしている。この段階を通して個人であった参加者の自発性が高まり他者と関わり合える集団となり、そして何らかの役割をもって他者と関われるようになってくる。このW・Uは、要支援者にとって支援の場に参加するという段階での動機づけや防衛的な構えを減じる過程でもあり、自発性を高める基盤である。この言葉によるコミュニケーションとともに非言語的な行為（アクション）による手段は極めて重要である。この段階を経て「劇化（ドラマ）」「シェアリング」の段階に進み、参加者が他者との関係における役割を演じつつ関わり、自分の気持ちの理解や他者への共感性が深まり、自発性を高めることができる。このような心理劇の過程を振り返ると、心理劇の実践・臨床への適用上においてW・Uが十分になされるかは極めて重要であろう。

（針塚　進）

引用・参考文献

1）Kellerman, P.F. *Focus on Psychodrama: The Therapeutic Aspects of Psychodrama.* Jessica Kingsley Publishers, London, 1992.
ケラーマン・P・F（増野肇・増野信子訳）『精神療法としてのサイコドラマ』金剛出版、1998.

2）日本心理劇学会編「日本心理劇学会会則名称第1条」、『心理劇』1巻第1号、1996.

3）外林大作・松村康平・迎孝久・台利夫「わが国の心理劇を振り返る——21世紀の心理劇に向けて」、『心理劇』1巻1号、1996、p1-16.

4）Moreno, J.L. *Psychodrama.* vol. 1, 3rd ed. Beacon House, Beacon, N.Y., 1964.
モレノ・J・L（増野肇監訳）『サイコドラマ——集団精神療法とアクションメソッドの原点』白揚社、2006.

5）Moreno, J.L. *Who Shall Survive?: Foundations of Sociometry, Group Psychotherapy and Sociodrama.* 3rd ed. Beacon House, Beacon, N.Y. 1978.

6）Yalom, I.D. *The Theory and Practice of Group Psychotherapy.* 4th ed. Basic Books, N.Y. 1995.
ヤーロム・I・D（中久喜雅文・川室優監訳）『ヤーロム　グループサイコセラピー——理論と実践』西村書店、2012.

7）Marineau, R. F. Chapter 3: The University Days. In *Jacob Levy Moreno 1889-1974,* The University Days. Tavistock/Routledge, London, 1989, p25-49.

8）Moreno, J.L. Chapter 17: The Man in the Green Cloak. In *The Essential Moreno,* edited by Fox, J., Springer Publishing, N.Y., 1987, p205.

9）前掲書2、p210-211.　Springer Publishing Company, N.Y.

10）前掲書 2、p212.　　Springer Publishing Company, N.Y.
11）Marineau, R.F. Chapter 8: Group Psychotherapy and Psychodrama. In *Jacob Levy Moreno 1889-1974,* Tavistock/Routledge, London, 1989, p122-144.
12）Moreno, J.L., Chapter 4: Group Psychotherapy. In *The Essential Moreno,* edited by Fox, J., Springer Publishing, N.Y., 1987, p32-36.
13）Moreno, J.L. *Psychodrama.* vol.2, Beacon House, Beacon, N.Y., 1959.
14）磯田雄二郎『サイコドラマの理論と実践』誠信書房、2013、p70.
15）Anzieu, D. *Le psychodrame analytique chez l'enfant et l'adolescent,* Presses Universitaires de France, Paris, 2004.
16）前掲書 8、p206.
17）前掲書 13 に同じ。
18）角田和也「適応指導教室の現状と課題――適応指導教室指導員への面接調査から」、『国立オリンピック記念青少年総合センター研究紀要』第 4 号、2004、p1-15.
19）蔵本信比古「引きこもり支援の現状と課題」、『教育と医学』68 巻 2 号、2020、p4-11.
20）横山太範「サイコドラマの新しい発展：リワークデイケアで行われた成人発達障害者のためのサイコドラマ――11 週間の介入で有意に症状が改善したグループ治療の一考察」、『心理劇』21 巻 1 号、2016、p19-24.
21）第 45 回日本臨床心理劇学会大分大会事務局『第 45 回日本臨床心理劇学会大分大会抄録集』、2020、p12-25.

第4節　日本心理劇学会と心理劇の普及

本章第2節で紹介されているように、心理劇研究・実践のパイオニアたちは、大学や精神科医療機関など、それぞれの拠点をもち各地で研究会や研修会を開催して心理劇の普及につとめた。やがて、多様な領域において心理劇が導入され、理論・実践研究が進展していった。

本節では、日本心理劇学会と関連の深い日本集団精神療法学会設立経緯、本学会設立の経緯、現在に至るまでの経過、認定資格について述べる。

(1) 日本集団精神療法学会設立経緯と心理劇

1978年当時、国際集団精神療法学会の次期会長であるグレーテ・ロイツ（Gretel A. Leutz、ドイツのモレノ研究所所長）が日本心理劇協会の招きで来日したのを機会に、集団精神療法を実践していた医師らを中心に日本集団精神療法学会の前身である集団精神療法研究会が発足した。その後、1981年には、ザーカ・モレノ（Zerka T. Moreno）を招き、3日間のワークショップが開催された。各日とも、午前中は増野、松村、台によるワークショップ、午後はザーカ・モレノによるワークショップという2本立て形式ですすめられた。ここで初めて、ザーカ・モレノによる、過去に戻り葛藤を探求しシェアリングを重視する、いわゆる垂直的方法のサイコドラマを目の当たりにして、多くの参加者が衝撃を受けたという。

この2人の来日が契機ともなり、1983年「日本集団精神療法学会」が国際集団精神療法学会に正式承認され、翌年には第1回学術大会が開催された。

(2) 日本心理劇学会設立まで

第8回国際集団精神療法学会（1983年）において、サイコドラマ部門を創設する動きがあり、日本からは増野が連絡担当になった。翌1984年「日本心理劇連合会」が発足。連合会の準備委員として、松村、増野、台、迎、深山富男（事務局：土屋明美）が名を連ねている。同連合会は全国各地の諸研究会の緩やかな連合をめざして活動を展開。設立趣意書には「新たに生れるサイコドラマ関係活動、グループ及び個人の活動の主体性の尊重の基に、情報交換、国際的学術交流、研究実践の推進、資格認定、等を目指す」などが、述べられており、現在の心理劇学会の土台となっている。毎年1回全国各地で研修交流を重ね、1994年沖縄での第11回総会をもって連合会は発展的に解消され、翌1995年「日本心理劇学会」が誕生した[1)]。

(3) 日本心理劇学会と資格認定

学会設立第1回のテーマ「現代の危機と創造——心理劇の可能性を探る」からは、心理劇による現代社会への貢献に関する熱い思いが彷彿とされ、モレノによる社会変革への願いと通じるものがある。以降、第10回までのテーマは、「心理劇の現況とこれからの展開」「心理劇の創造——演じる・かかわる・生きる」「21世紀をひらく——個人・集団・社会と心理劇」「アクションメソッドとしての心理劇」「新しい地平を求めて」「教育と心理劇」「心理劇における集団と個人」「心理劇の多様性と可能性」「心理劇の過去・現在・未来」と、続く。そして、2013年（第19回）に「心理劇の理論・技法・実践と資格問題」が大会テーマとなり、心理劇学会会則第11条「正会員は別に定める細則により、心理劇ディレクターの認定資格を得ることができる」がクローズアップされるに至った。

2019年9月現在、資格認定に関する細則（案）が整い、日本心理劇学会会員による最終的意見・承認を待つばかりとなっている。ここでは認定資格の概要として次の2つを掲げる。すなわち、

①認定資格には、学会認定心理劇ディレクター、学会認定心理劇スーパーバイザーの2資格を設ける、

②資格取得のための要件は3本の柱から構成されている。1つめは心理劇の理論・倫理を学ぶこと、2つめは心理劇を体験すること、3つめはスパービジョンを受けること、である。

これらの細則（案）については日本心理劇学会総会で承認され次第、学会ホームページ等で公告する予定である。心理劇を知りたい・体験したい、監督や補助自我の訓練を受けたい、などのご希望をお寄せいただき、皆様と共に創る心理劇学会でありたいと願っている。

なお、本書はモレノによる基礎理論に依拠して編集されており、資格取得の研修においても指定テキストとして用いられる予定である。

引用・参考文献

1）日本心理劇連合会事務局編集『日本心理劇連合会のあゆみ（1984 ～ 1994年）』日本心理劇連合会事務局、1995.

（編者）

第２章
心理劇の基礎理論

心理劇のルーツは、モレノが近所の子どもたちと行った「落ちた神のサイコドラマ」、いわゆる「神様ごっこ」に遡ることができる。誰もが経験したことのある「ごっこ遊び」は、現実から守られた空間で、即興で役割を自由に演じていく。この営みにより、子どもは他者の心を理解する気持ちを育み、他者との関係性を深め広げていく人間関係を学ぶ。モレノは、この「ごっこ遊び」の発想から、後に自らの演劇活動と医学、医療を結びつけ、理論化し、「人間関係の探求に必要な道具」として心理劇を確立した。

そこで本章では、モレノの心理劇に対する基本的考えを理解するため、モレノに依拠した基礎理論を4つの節から紹介する。第1節は、〈自発性、創造性〉〈役割〉〈余剰現実〉など5つの概念を取り上げるが、これにより、なぜモレノは心理劇を創始したのか、その理由がわかるであろう。

ところで、「心理劇」は日本心理劇学会の定義から、〈サイコドラマ〉〈ソシオドラマ〉〈ロール・プレイング〉〈アクションメソッド〉〈プレイバックシアター〉の総称として多様な展開をしてきた。第2節ではそれらの技法を紹介するが、各技法の特性、違いを理解し、対象や目的によって技法を選択する手がかりが得られるであろう。第3節では、モレノにおける心理劇の基本技法として〈ダブル〉〈ミラー〉など6つの基本技法を紹介する。いずれも心理劇のなかで活用され、「気づき」や「洞察」を促す。そして第4節では、心理劇のすすめ方と構成要素を紹介する。「心理劇のすすめ方」については、モレノの基本に従いつつもさまざまな展開・応用があり、「第Ⅱ部 心理劇の実践」で紹介されている。

第1節　心理劇の基礎概念

1　自発性、創造性

「自発性」（spontaneity）の語源は、ラテン語のsponteで、自由意志という意味である。モレノは、「自発性とは、自律的かつ自由、すなわちいかなる外的影響からも、またコントロールのできない内的影響からも自由な状態である」と述べている[1)]。自発性は、心理劇のバックボーンとなる思想であり、治療目標を指し示す思想である。自発性は、生得的なものであるが、個人の能力というより対人的相互交渉において生じる社会的能力である。

自発性の原型は、自然発生的な共同作業による赤ん坊の誕生（出産）である。誕生においては、赤ん坊も母親も、自分がどう振る舞えばよいのか何も知らない。それにもかかわらず、両者ともその場にふさわしい適切な応答をすることができる。相互に相手の意図を汲み取り、啐啄同時の相互交渉の関係が生まれる。誕生後も乳児は、依拠する経験もモデルももたずに次々と新しい状況に遭遇する。自発性とは、こうした「新しい状況に対して適切な応答をすること、また古い状況に対して新しい応答をすること」[2)]である。換言すれば、状況に応じて、適切な役割を即興的、創造的に演じることである。

モレノは、ベルクソン（Bergson, H.L.）の創造的進化や生の飛躍の思想に影響を受け、障害に遭遇したとき、人間には予期せぬ仕方で創造的な力が現れ、障害を乗り越え環境に適応することができると考えた。モレノにとっては、こうした自発的な行為を行うことが人間のあるべき本来の姿なのである。ところが自発性は、人間にとって最も発達しなかった心的能力であるとモレノはいう。人間の文化が、自発性の発達を阻害するからである。自発的だった子どもも、経験が増え知識と記憶が組織化されると、既存の知識に依存した生活をするようになり、ステレオタイプな役割を演じるようになる。知識は更新されず、カルチュラル・コンサーブ（文化的遺産）となり、自由を拘束するようになる。自発性、創造性がつくる文化によって生活は豊かになるが、人間は自由を失い、自発性は文化的遺産という缶詰の中で身動きができなくなる。

「自発性は、新しい状況に適切に出会う主体の能力である」[3]から、自発性を失うと新しい状況に出会うことができなくなる。そこで文化という缶詰に閉じ込められた自発性を解放することが重要となり、心理劇が求められる。「舞台」という自由空間のなかで、演技を拘束する台本から解放され、即興的に役割を演ずることによって、演者は「今、ここ」において適切な瞬間に適切な活動ができるようにウォーミングアップする。演者は自分の内面に隠されている欲望や感情を演劇的に表現することによって、自己を洞察し、自発性を阻害しているものを乗り越え、より高い自発性を獲得していく。こうして自発性→創造性→文化形成（文化的革新）という回路が再び始動するようになる。

自発性と創造性は、その概念内容はほぼ同じで、自発的行為は発達を促進し、治療効果をもつと見なされやすいが、実は自発性は多様な現れ方をするもので、衝動的なものと同列の病的な自発性もある[4]。自発性が過剰になれば幼児的、退行的な行為になるし、創造性を欠けば統合失調症の症状的行為と同列になる。こうした属性から、自発性は、リビドーと類似の概念であるともいえる[5]。精神分析の観点からいえば、創造的自発性は、性的リビドーが昇華されたものである。精神分析を乗り越えたと主張するモレノであるが、用語は異なるものの心理劇のなかには精神分析の考え方が数多く取り入れられている。モレノのように、自発性を創造性につなげることが肝要である。

（川幡政道）

2 役割

心理劇を行うことは、役割を演じることにほかならない。だから、心理劇によって自発性を具体化しようとするとき、役割理論が必要となってくる。リントン–パーソンズの系列では「役割とは、地位に付随する形で集団や社会によって期待される行為パターンを意味する」[6]と定義されるが、モレノの心理劇では「役割は、他の人物や対象が関わるある特定の状況に対して応答するとき、個人が引き受ける機能的形式である」[7]と定義される。社会学では、役割は社会から個人に与えられるものと考えられる傾向があるのに対し、モレノは、役割は個人と個人が対人的交渉過程のなかで主体的、相互的につくるものであると考える。抽象的な集団や社会ではなく、「今、ここ」の具体的な交渉相手との関係で役割がつくられるというのである。

だが、このような役割であっても、社会的な圧力を受けると役割を自発的、創造的に演じ続けることは難しくなる。「人はみな自らの公的役割を生きるように期待される。先生は先生らしく、生徒は生徒らしく振る舞うことが期待される」から、期待が重荷になり役割に束縛され、「人はみな自分に認められた役割以上の役割を演じたいと切望する」ようになる[8]。過去の役割行為を反復するだけのロール・テイキングから抜け出し、個性的、創造的なロール・プレイングをしたいと願うようになる。しかし、こうした願望をもつと、さまざまな役割葛藤に直面せざるをえなくなり、心身の不調に陥ることもある。このような状況におかれたとき、葛藤を象徴的に再現し、閉じ込められている自発性を解き放ち、心の自由を回復するのが心理劇である。

モレノは、人間は生まれながらのロールプレイヤーであり、役割は誕生とともに出現すると考える。原初的なロール・プレイングは、誕生（出産）に典型的に示されるように、身体を通して行われる。役割はそこから発達し、自己が形成される。彼は、人間は本来関係的存在であり、始めに存在するのは自己ではなく役割関係であり、役割から自己が生じると考える[9]。乳児は、飲む人、排泄する人、眠る人といった心理身体的役割によって、補助自我としての母親と相互交渉する。母子交流は、この心理身体的役割を通して行われる。乳児は、そうした心理身体的ロール・プレイングを通して、自分の要求や心身のリズムに共感する母親、また「ダブル」（二重自我）や「ミラー」（鏡映自我）（第2章3節）などさまざまな補助自我を演じる母親の役割を取り入れ、同一化する。こうして乳児は、他者の役割を取得し、自己をつくっていく。乳幼児期早期の相互交渉のなかでつくり出した役割関係は、その後の社会的相互交渉過程における役割形成の原型となる。

幼児が、ダブル、ミラー、そして役割交換のロール・プレイングを自在に演じることができるようになると、新しい世界が開かれ、自己と他者、現実と空想が分化し、心理身体的役割から心理劇的役割と社会的役割が分化する[10)]。それぞれの役割から心理身体的自己、心理劇的自己、社会的自己がつくられ、これら次元の異なる部分自己が統合され、全体的自己が形成される。

心理劇を心理治療として用いるとき、主役（患者）に与えられる役割は、主役が自発的に演じることができなくなった役割である。機械的に過去の役割を反復するロール・テイキングを役割創造につながるロール・プレイングに変えることが、心理治療の目標となる。

モレノは、ミード（Mead, G.H. 1863-1931）のロール・テイキング（役割取得）の概念を固定的で変化させる自由がないと厳しく批判したが、社会学では自己の形成過程を明らかにする概念として高く評価されてきた。また、ミードを淵源とする象徴的相互作用論では、役割は、他者の役割期待によって完全に規定されるものというより、相互作用のなかで主体的に形成されるものと考えられるようになり、社会学の役割理論のなかには、モレノの役割理論に近づいてきているものもある。

（川幡政道）

3　余剰現実（サープラス・リアリティ）

モレノは、サイコドラマなどが体系化される以前、自身の哲学的立場を1920年に発刊した著書『父なる神の言葉』に表明している。そのなかには、余剰現実、自発性、創造性、出会い、そして初めには集団がある、などモレノによる理論体系の基礎となる概念が内包されている。モレノは1966年に「20世紀の精神医療—普遍的概念の機能——時間、空間、真実、そして宇宙」において自らの哲学的思索を集大成している[11]。

モレノはこの著書の第3の普遍的概念として「現実（reality）」について3つの段階を想定して述べている[12]。1つめは、下位現実（infra-reality）とされるもので、単に想像したり、感じたりするレベルにとどまるもの。次は、毎日の人生の現実であり、家や職場で、どのような関係で生きているかということ。しかし、そこに変化を求めるとき、第3の段階、すなわち余剰現実（surplus reality）と名づけられる概念が必要とされる。

この言葉は、マルクスが『資本論』のなかで資本家が労働者の剰余利益を収奪することを指摘するために用いた造語「剰余価値」（surplus value）から影響を受けている。しかし、モレノは「精神療法における『余剰現実』は同じ意味というわけではなく、余剰現実は用語が類似しているだけに過ぎない。われわれの余剰現実が意味しているのは、生きるということに関する『現実』には完全には経験することや表現されることのない、目に見えないある種の次元が存在するということであり、だからわれわれは、その次元を治療環境において明らかにするために『余剰』法や『余剰』手段を用いる必要がある」[13]と述べている。すなわち、「現実」には経験することも見ることも不可能だが、「余剰現実」では可能になる。

さらにモレノは、「われわれは重要な人々との関係のなかで、新しい生き方を求めて変化させたいと思うこともあるだろうが、変化は恐怖であり、きわめて困難なものであるのかもしれない。それゆえ人々が、重大な結果や、悲劇を体験することなく、生活の新しいテクニックを身につけることができるようにするためには、現実を模倣できるような治療状況が必要なのである」[14]としている。すなわち、「現実」には経験することも見ることも不可能だが、「余剰現実」ではそれが可能になる。それゆえ、実際に悲劇を体験しなくてもすむように余剰現実で新しい生き方をやってみる、変化を体験してみることが重要であり、それが治療的なのである。

以上から、心理劇の舞台は、余剰現実として演者（主役と補助自我）と観客によって、不可能なことを含め何でも起こりうる空間である。監督が主役に「ここは心理劇の世界です。ですから、あなたは何でもできます。あなたがしたいと思うことをやってみましょう。さあ！」と言うとき、これが「余剰現実」である。過去に戻って、やり残したままになっていることをやり遂げることもできるし、本当にやりたかったことや言いたかったことに挑戦することもできる。やり直しもできる。別の世界で別の人生を体験することもできる。現在の人間関係を修復するために、現実世界では難しい行動を試してみることもできる。未来の自分に会うこともできるし、未来の自分からのメッセージを、現在の自分が受け取ることもできる。また主役にとって大切な物や自然（山、木など）になって主役に声をかけることも可能である。これらすべて「余剰現実」の世界である。

具体例を挙げる。「周囲の人とうまく関係を結べず、気づけば孤立している。本当は皆と楽しく会話がしたい」と言って主役を希望した人がいた。主役の現在の状況を再現するなかで、主役自身が壁をつくっている状況が明らかになってきた。自分から皆を避けていたのである。「自分など皆に好かれるわけがない」という心の声が主役の行動を支配し、嫌われる前に自分から遠ざかっていたのである。主役の後ろでは「自分が好かれるわけがない」「嫌われる前に離れたほうが傷つかずにすむ」「こんな自分には生きる価値がない」いうロールが力強く主張し、その陰に隠れるように「私も皆と仲良くしたい」というロールが小声でつぶやいている。これらの声は幼少時から存在していたことがわかり、その頃のエピソードを思い出してもらった。そして主役の意向を確認したうえで、これらの声が生まれた頃の場面へと展開することにした。場面は小学校に上がる前、舞台の上には一人遊びをしている主役の姿がぽつんとあり、その周辺で両親はいつも忙しく不機嫌であった。幼稚園での出来事を話してもうるさがられ、園の先生がほめてくれたことを伝えてもほめてはもらえない。休みの日にどこかへ行きたいと言えば叱られた、というエピソードが演じられていく。そこで監督は「本当は親にどうしてほしいのか」「何を言ってほしいのか」「自分はどうしたいのか」を主役にたずね、「今（ドラマの中で）のあなたなら、やりたいと思うことはどんなことでもやれる」と励ます。すると主役は、一度でいいから一緒に行ってみたかった遊園地に親と行く、という場面を希望した。「言ったことのない我儘を言っても叱られず、遊園地の遊具に乗った主役が親に『私のこと好き？』と聞くと親は『大好きだよ』『大切だよ』と答える。そこには怒った顔しか見せたことのなかった親が、満面の笑みで主役を見ている」というドラマ体験をしたことで、主役は〝自分は誰からも愛されない〟を〝自分は愛されるに値する〟に変え、〝自分は生きる価値がない〟を〝自分には生きる価値がある〟に変えていくことができた。

このような、実際には聞こえるわけではない心の声（思いこみ）を表現し、過去に戻って現実とは違うストーリーに書き換えることのすべてが、余剰現実の世界である。もっとも一般的な余剰現実技法は、心理劇の中では役割交換技法であり、ロール・プレイング技法であるが、これらの技法に関しては、2章2節を参照されたい。

（小笠原美江）

4　ソーシャル・アトム

モレノは、集団の心理劇治療者の臨床的態度として、人間関係の構造に着目することの重要性を示した。「グループはどのような大きさのものであっても、最初のセッションから人間関係の特殊な構造をもっているが、それはすぐに表面に現れたりはしない。基礎的なソシオメトリーのマトリックスあるいはグループのマトリックスなのである」[15]と述べている。この基礎的なソシオメトリー（次項参照）のマトリックスがソーシャル・アトム（social-atom）に対応する。

ソシオメトリーには、集団行動を分析する立場と、個人と集団との関係を解明し治療へと向かうとする立場の2つの流れがある。モレノは、後者を解明するにあたって、原子論を唱えた古代ギリシャの哲学者デモクリトスに倣い、人間の精神世界に最小限のそれ以上に分かちえない形態「アトム」を想定した。ひとつは意識的・社会的存在である人間の現在の人間関係を表す「ソーシャル・アトム」であり、もうひとつは個人の役割がどのように発達・形成されたかを示す「カルチュラル・アトム」である[16]。

もっともモレノは、その後、両者の区別は人為的であり重要ではないとしている。モレノによれば、ソーシャル・アトムとは、「情緒的に相互に結び付いているすべての個人の核となるもの」「社会的世界のなかで情緒的に調和した人間関係様式の最小核」であり、それは「個人のテレの範囲とも呼ばれ、社会的構造のなかで重要な機能を果たしている」のである[15]。例えば、子どもは父親、母親やその周りの人々との関係におけるソーシャル・アトムのなかに誕生し、両親や緊密な接触がある重要人物との関係から影響を受けて成長する。したがって、その子を理解するにはその子のソーシャル・アトムを考慮することが必要である。ソーシャル・アトムは成長に従って拡大し深化し、別のソーシャル・アトムとつながり複雑な関係の連鎖をつくり、心理的ネットワークを結ぶ。このように、私たちは個人を中心として家族、職場、地域社会など、多層的な人間関係においてさまざまなソーシャル・アトムをもち、一生を通じて相互に関係し合い影響し合いながら、出会いや別れを経験している。

ソーシャル・アトムは「事実であり、概念的なものではなく」[17]社会集団における最小の機能的単位であり、目に見ることはできないが、ソシオメトリーやサイコドラマで見出すことができるのである。

紙と鉛筆があれば見つけられるソーシャル・アトムの例を紹介する[18]。まず最初に自分の知り合いの名前を数名挙げる。次に、三層の同心円を描き、内側の核に自分を置く。次に真ん中の円に、情緒的に近い人を重要さや距離感を踏まえて、女性は○、男性は△で位置させる。次いで外側の円にも位置させる。書き終えたら、自分にとっての意味などを話し合う。

次に、ソーシャル・アトムの意味をアクションで見つける方法を紹介する。

その主役は、職場の上司と上手くやれないことに悩んでサイコドラマに参加してきた。他の同僚とはそれなりにやれているとのことだが、自身の悩みを話せるほどの親しい人はいないとのことだった。そこでまず、実際の職場の状況を再現した。職場と同様の位置関係に椅子を並べ、ドラマに必要な人物を登場させた後、主役がドラマで取り上げたいと思っている、実際に交わされた会話や出来事を再現した。舞台上では、上司に呼ばれ、前日に提出した資料のミスを指摘された主役が、謝罪しうつむいてしまう姿が表現された。このときの主役の心のなかは、「なぜ自分ばかり些細なことで叱られるのか」「私は上司に嫌われているんだ」「他の皆も私のことを無能だと思っているに違いない」等々、口には出せないマイナス感情であふれていた。ここまでが出来事の再現である。

それを踏まえ、実際には目の前に座っている上司を〝今、どのくらいの近さ（遠さ）に感じるか〟、2人の会話を聞いているはずの同僚たちのなかで〝主役の近くにいてくれると感じるのは誰か〟〝遠ざかっていく感じがするのは誰か〟〝無関心なのは誰か〟を、現実の位置関係ではなく、主役の感じる距離（心理的距離）で表現してもらった。すると、上司は主役の目の前に立ちふさがるように立ち、日頃から主役の気持ちを理解してくれる同僚や上司に批判的な同僚は主役の近くに寄ってきて、主役に批判的な同僚や上司のお気に入りの同僚は主役から離れ、我関せずの同僚はそのままの位置で、と動かされていく。さらにはそれぞれの位置にいる同僚たちは、主役のほうを向いているのか背を向けているのか、といったことも表現に加えられる（心理的関係性）。近くに来てはいるが微妙に背中を向けている人もいれば、心配そうに寄り添う人もいる。遠くに離れて野次馬的な人もいれば、遠くで心配そうにしている人もいる。こういった人間関係の図式がソーシャル・アトムである。

ドラマはこの後、必要以上に萎縮し被害的となった結果、適切な対応ができず、そのことがさらに上司をイラつかせている、ということに主役自身が気づき、この状況で何ができるかを見つけ、それを試しにやってみて終了した。

主役はソーシャル・アトムで表現された自身の現在の人間関係を、そのなかで体験することもできるし、外から客観視（ミラー技法）することもできる。主役が、現在どのような人間関係の中で生きているのか、それをどうしたいのかを理解しようとするとき、有効な技法である。

（小笠原美江）

5　ソシオメトリー

(1)『父なる神の言葉』とソシオメトリーとしての展開

ソシオメトリー（sociometry）とは、心理臨床を対象とする集団事態に限らず、それを含めて地域社会に存在する集団事態において、それらの構成員全てを対象とした理論と方法である[19)]。その方法は、人間同士や人間と対象の間で起こる「テレ」（tele）としての「好み」や「拒絶」を表すことである。調査者はそこから社会のなかで基本的な構造を浮き彫りにする。また、ソシオメトリーの定義として、田中熊次郎[20)]によればソシオメトリック・テストによって調査し、かつ「ソシオグラム」によって描写される相互人間関係の量的研究」と「量的研究」を必要条件として、最も普及している定義としている。

モレノと同じ世代、宗教哲学者ブーバー（Buber, M.)[21)]は「我―汝関係」と「我―それ関係」といった二者関係から追求した。モレノは著書『父なる神の言葉』において、ブーバーと同じく「我―汝関係」から展開する。創造者としての「我」とその協力者である「汝」といった二者関係を中心とする。そして、すべての人間には無限の創造性が備わり、それに応じて宇宙における新しい秩序を立て直すべきだという。すべてに相互に独立し、相互に関わり合っている世界に生きている創造者と共同創造者なのである。そこではモレノは、かの聖典の冒頭の一説のように「はじめに行動があった」「はじめにグループがある」という[21)]。そこで「我―汝関係」に基礎を置きながら、最小単位としてのグループであるソーシャル・アトム（social-atom）を位置づけた。この「アトム（atom)」という表現に、探求の基本単位とした発想をみることができる。つまりモレノは、このソーシャル・アトムを基本単位として人間世界での研究としての理論と方法をソシオメトリーとして展開したことになろう。

(2) アメリカへの移住とシンシン刑務所等での実践

モレノは1925年にオーストリアからアメリカに移住した。その新天地でモレノを求めた人たちのニーズに応じるなかで、モレノの理論は常に実践から生まれる。2つの方向、つまりソシオメトリーと心理劇のなかで展開することになる。ソシオメトリーは社会学、人類学、社会精神医学の領域のなかで、心理劇の技法は精神保健の実践家のために発展させることになる。つまり、『父なる神の言葉』のなかの「神についての仮説」はアメリカにおいてソシオメトリーと集団精神療法として展開することになる[22]。

モレノはアメリカ精神医学会1932年の年次大会にて、集団精神療法（group psychotherapy）としての理論と方法による初めての報告をすることになる。それはニューヨーク州オシニングにあるシンシン刑務所での研究報告であり、その後ニューヨークのハドソン女子学園での大がかりな研究へと展開をみせる。これらはソシオメトリーとしての取り組みであるとともに、集団心理療法としての展開となる[22]。

シンシン刑務所での報告では受刑者を分類する仕事に着目した。面接や質問紙を受刑者に施行し、刑務所をよりよい社会集団にするという目的で、受刑者の新しいクラス分けを提案した。またハドソン女子学園では、少女たちのルームメイト、遊び仲間、リーダーの好みを研究するためのこれらの選択によるソシオメトリック・テストから、彼女たちの相互関係を表す図式である「ソシオグラム」を作成した。モレノはこの研究のなかでソシオメトリーからさらに先へと進め、少女たちの態度や行動を変えるために、ロールプレイやサイコドラマを使い始めた。集団による予防と診断、治療等での関係を扱う新しい科学治療と予防の両方の概念への探求を始めることになる[22]。

つまり、前出の田中熊次郎[20]が指摘する「量的研究としての展開」は、これらシンシン刑務所、ハドソン女子学園での報告から、モレノ以外の研究者のなかで社会心理的特性での研究に引き継がれていく。諸学者のなかでさまざまな定義がなされ、社会心理学等の社会科学のなかでそもそもその根本的な定義が曖昧になるほどさまざまな展開をみせることになる。

(3) 我が国でのソシオメトリーの展開

精神科医でもあるモレノは、ソシオメトリーとしての探求を心理臨床として展開していく。心理劇を「真実を探求する科学」と定義しているが、「舞台」という観察可能な治療構造は、ソシオメトリーとしての理論、方法の精緻化を図る場として展開する[19)]。

我が国では、田中熊次郎[20)]が主に教育分野での応用として、学級集団を想定したソシオメトリック・テストの内容、ソシオグラムから結果の整理、分析について具体例を含め紹介した。

しかしながら、1980年代から学校領域でのソシオメトリック・テストの活用そのものは衰退していく。その理由として保田直美[23)]は、特定の友人を選ぶことへの抵抗感、また、たいていの教員はあえて実施せずともクラスの関係性はわかるから、という。藤原武弘と小杉考司[24)]によれば、ソシオメトリーには集団への援助的介入と科学的研究を目的として相互人間関係を分析する道具としての2つの側面があり、モレノにとって後者の科学的研究としての活用は誤用以外の何ものでもないとする。田中熊次郎[20)]によれば、モレノは「神の本性は愛であり想像である」また「人間愛の手法がソシオメトリーの仮定である」とする。モレノがソシオメトリーとしてめざしたのは前者であり、モレノ自身はソシオメトリーとしての理論と方法を、主としてサイコドラマを通して探求を進めていくことになる。

（牧　裕夫）

引用・参考文献

1) J.L.モレノ（増野肇監訳）『サイコドラマ――集団精神療法とアクション・メソッドの原点』白揚社、2006、p92.
2) 前掲書1、p xiii 、p59.
3) 前掲書1、p92.
4) 前掲書1、p xiii.
5) ディディエ・アンジュー（篠田勝郎訳）『分析的心理劇』牧書店、1965、p44.
　外林大作『心理劇』光風出版、1954、p54.
6) 宮台真司「役割理論」、大澤真幸ほか編『現代社会学事典』弘文堂、2012、p1271.
7) 前掲書1、p v.
8) 前掲書1、p vi.

9) 前掲書 1、p ii .
10) 前掲書 1、p83.
11) Moreno, J.L. and Moreno, Z.T. *Psychodrama.* Vol. 3, Action Therapy and Principles of Practice, Beacon House, N.Y. 1969, p11-23.
12) 前掲書 11、p15-19.
13) ジョナサン・フォックス編著（磯田雄二郎監訳）『エッセンシャル・モレノ――自発性、サイコドラマ、そして集団精神療法へ』金剛出版、2000、p38.
14) 前掲書 13、p33.
15) Moreno, J.L. *Who Shall Survive?: Foundations of Sociometry, Group Psychotherapy and Sociodrama.* Beacon House, Beacon N.Y., 1953, p69.
16) 前掲書 1、p200.
17) 前掲書 13、p60.
18) Hale, A.E. *Conducting Clinical Sociometric Explorations: A Manual for Psychodramatists and Sociometrists.* Royal Publishing, Roanoke, V.A., 1981.
19) Moreno, J.L. *The Essential Moreno,* edited by Fox, J., Springer Publishing, N.Y., 1987.
20) 田中熊次郎『ソシオメトリーの理論と方法』明治図書、1967.
21) Buber, M. *Ich und Du: Zwiesprache.* Schocken Verlag, Berlin, 1932.
マルティン・ブーバー（田口善弘訳）『我と汝・対話』みすず書房、1992.
22) Marineau, R. F. *Jacob Levy Moreno 1889-1974,* Tavistock/Routledge, London, 1989.
ルネ・F・マリノー（増野肇・増野信子訳）『神を演じつづけた男――心理劇の父モレノの生涯とその時代』白揚社、1995、p235-262.
23) 保田直美「小学校の学級活動で用いられる技術の変遷――学校は心理学的な技術をどのように受容するか」、『佛教大学教育学部学会紀要』第 15 号、2016、p37-55.
24) 藤原武弘・小杉考司「社会的ネットワークの多次元的解析」、『関西大学社会学部紀要』第 98 号、2005、p33-41.

第2節 心理劇の技法（日本心理劇学会の定義から）

1 サイコドラマ

サイコドラマ（心理劇）とは何であろうか？　その答えは明快である。

① サイコドラマは、Moreno, J.L.（以下、モレノ）により開発された、アクションメソッズを活用する集団精神療法（注）のひとつであり、その成立には演劇、特に即興劇の影響が濃いとされる[1)]。

② サイコドラマではその主要な5個の要素として、主役、監督、補助自我、観客、舞台があげられる[2)]。サイコドラマにおいては主役とよばれる個人が自己の問題を提示し、演劇化することがその特色となる（主役を立てない場合、集団を対象とする場合はソシオドラマとよばれて、区別される）。

③ 主役は、単に自己の問題を提示するばかりではなく、主役が集団そのものの代表であることにより、主役の問題解決は同時に所属集団の問題解決につながる。主役の心的成長は、同時にサイコドラマに参加する観客すなわち集団の心的成長をもたらすものである[3)]。

④ サイコドラマは、ウォーミングアップ、劇化（enactment）、シェアリング[4)]の3つの位相からなる。特に、シェアリングはザーカ・モレノにより我が国に導入されたもので、これによって、集団成員は各人が、主役個人の問題から共感的理解と普遍性の体験（これらはヤーロム[5)]が指摘した、集団精神療法の治療的な11の要因の一部でもある）を通じて、共通する課題に直面する集団としての治療的側面を発揮することになる[2)]。

⑤ サイコドラマにおいては、時間、空間、といった次元のほか、真実と宇宙といった次元が取り扱われ、その結果、主役、監督、補助自我、観客は舞台という小宇宙のなかで、自由自在に時間、空間を移動することができる。そればかりではなく、こころの真実についてもさまざまな試みをすることが許され、その結果として新しい視座を獲得できるのである[6)]。

サイコドラマは「過去に戻ることが多い」としばしば批判を受ける。しかし、われわれの心はしばしば過去の亡霊（思い出）に引きずられている事実があり、それをモレノは文化的保続と名づけて、自発性の低下した状態と捉えた。自発性を解放することがサイコドラマでの我々の目的であるとすれば、サイコドラマは過去を目指さざるを得ないのである。

では実際のサイコドラマはどのようにすすめられるのか？

サイコドラマにおいては、まず集団が集まるところから始まる。監督は雑談をしつつ、あるいは各人を観察して、そのウォーミングアップを図る。集団が集まれば、この集団の目的を説明し、集団全体をまずウォーミングアップし、続いてその中の個々のメンバーの主役へのウォーミングアップを図る。主役の選択は、集団の力動にゆだねることが多い。

具体的には、各個人の抱える問題のなかで、「今、ここで」の集団を代表するメンバーを主役にすることが望ましい。その後は劇化の位相となるが、最初の場面は主役の頭のなかに浮かんでいる情景から始めることが、もっとも抵抗がなく、容易である。場面の展開のためには監督自身のさまざまな人生の体験や、それによって得られた知識が生かされる。したがって監督になる者は、直接的に関係する、演劇や、ミュージカル、映画、音楽といった分野ばかりではなく、さまざまな体験をすることが望まれる。そして、シェアリングを行いドラマが終了するのである。

注：ここでは精神療法を単に精神病理的現象を対象とするものに限定せず、より広く、こころの成長を促進するすべての営為が治療的である、という意味で療法という用語が用いられている。

（磯田雄二郎）

2　ソシオドラマ

(1) 前史

モレノは、ドラマ形式の構築について「最初は（社会的倫理的価値の探求に基づく）アクシオドラマ axiodrama（1918）、次に（社会変革の可能性を見出すための）ソシオドラマ sociodrama（1921）、そしてサイコドラマ psychodrama と、精神障害への適用は発展の最後の段階であった」と述べている[7)]。第一次世界大戦が終わり数年が経ってなお社会的に混乱を極めていたオーストリアで、1921年4月1日、真の民主主義のために「自発性劇場」を開いたのが最初のソシオドラマのデモンストレーションである。

モレノは後に「役割交換を通して理解と平和をもたらす見通しを得られること」「社会的、政治的葛藤を再演することによって、新しい社会秩序がもたらされる可能性があることを信じている」と述べている[8)]。

(2) ソシオドラマとサイコドラマ

ソシオドラマはしばしばサイコドラマとの対比で説明される。サイコドラマは対人関係と個人的なイデオロギーを扱う深い次元の行為法である。

「ソシオドラマはグループ間関係と集合的なイデオロギーを扱う深い次元の行為法である[9)]」。サイコドラマの「個人」に対応するのは「グループ」であり、問題に取り組むのは「全体としてのグループ group-as-a-whole」である。ここでいうグループとは、特定の数の人に制限されるわけではなく、どこにでもいる多くの人びとや同じ文化に属する人を表す。

ソシオドラマは主に教育的であり社会文化的志向をもち、サイコドラマは主に治療的であり心理的志向をもつ[10)]。ソシオドラマティストは森全体をみることを強調するが、サイコドラマティストは1本1本の木をみる、との喩えもある[11)]。

(3) ソシオドラマの展開

ソシオドラマには2つの流れがある[12]。どちらの立場もモレノによる初期の仕事に依拠しており、強調点をどちらにおくかの違いともいえる。

一つめの立場は、全体としてのグループを対象とする。実施にあたっては自由に動ける空間と音響装置などが必要とされる。ソシオドラマティストは大グループの集団特性が生じることを十分に認識し、さらにテーマについての知識をもっていることが必須である。

ここでのソシオドラマとして適用されるテーマと、焦点となる課題を（ ）内に記す。危機（集合的トラウマ）、政治（社会的分裂）、多様性（偏見）、葛藤への対処（対人間緊張）、対立後の和解への適用（正義と復権）が挙げられる。それぞれが理想とすることは、安全、平等、寛容、平和、共存である[13]。例えば、精神科の患者が、社会から不当に扱われ理由なしに入院させられていることをグループセラピーの場でセラピストに言っても、患者の心理や無意識に焦点を移動させてしまうであろう。しかし、「政治」をテーマにしたソシオドラマでは、現実的な外的要因をみて患者の可能性を狭めている社会共同体的問題への探求を助けることができる。「多様性」についてのソシオドラマでは、例えば、他者認知の経過において他者をどのように判断して好悪の選択をしているか、ということをアクションによる演習で経験することができる[14]。

もう一つの立場は、さまざまなロール・プレイングを教育や、産業、治療や演劇などに適用するソシオドラマである[15]。複数の主役が中心、あるいは課題が中心のアプローチであり、個人は集合的な役割と同時にグループの共通のテーマを表しているとみなされる。グループは仮説的な状況を選び、そこにある暗黙の問題点を探求して、〝例えば〟という状況を創造する。目的は、カタルシス、洞察、役割訓練であり、ウォーミングアップ、劇化、シェアリングの3段階のプロセスを経る。しかし、ソシオドラマは個人を超える社会的出来事、グループや共同体の探求が目的であり、これらは課題を中心とする、あるいはグループを中心とするサイコドラマであるとの意見もある[16]。アルゼンチンのZuretti, M.は、サイコドラマとソシオドラマは厳密には区別できないとして両者を融合した「ソシオ–サイコドラマ」を提唱し[17]、松村は第3回国際心理劇会議（1968）で立場を問われて、ソシオサイコドラマをしていると、表明している[18]。

ソシオドラマは、モレノの演劇への愛情、人間の出会いへの好奇心と社会的アクションへの関与から始まっている。虐待やDV、ハラスメントなど、人権の尊重されていない人間関係が社会問題化されている現代の日本において、一人ひとりの心の平和、安心して生活できる社会の実現のためには何が必要か、ソシオドラマによる探求が期待される。

（土屋明美）

3　ロール・プレイング

ロール・プレイングとは、モレノが心理劇の主要な技法としてあげたもので[19]、自発性を重要視し、過去に取得した役割を演じるように仕向ける圧力から自由になって創造的に演じるものである。モレノはさらに、ロール・テイキングを慣習的に確立した役割を演じることであり個人がそれを変えたりする自由がないものとし、自由に演じるロール・プレイングと区別した[20]。なお、ロール・プレイングが心理劇の技法のひとつなのか、ロール・プレイングの技法のなかに心理劇的ロール・プレイングがあるのかについては、古くから議論がある。コルシニ（Corsini, R.J.）は、ロール・プレイングについて、演劇上のもの、社会学上のもの、偽装的なもの、教育的なものと4つに分け、心理療法としては教育的なものに含まれるとしたうえで、自己理解の向上や行動の分析のために想像上の場面で演じること、現実に近い場面の中で演者が自発的に行動するのを観察することによってその人を理解し診断することと述べ[21]、心理劇とは治療的ロール・プレイングを包括的に言い表すものとしている。また台は、ロール・プレイングについて、心理劇と重なり合うが一層広い用語であるとしながら、練習的役割演技と区別して、心理劇を基盤とするロール・プレイングを「心理劇的ロール・プレイング」と呼ぶことを提唱している[22]。

なお外林は、社会的に望ましい役割を身につけさせる手法を「ロール・テイキング」として、ロール・プレイングとは截然と区別した[23)]。川幡によると、ロール・プレイングは、決められたシナリオ通りに演じるものではなく、主役は自分の抱えている心理的葛藤を即興的に演じ、筋書きのないドラマを即興的に創作するものとされている[24)]。また、監督はドラマが演じられたら演者や観客の感想を求め、新たな洞察が得られるような解釈を与えるとされる。外林は、ロール・プレイングを広い意味に解するなら幼児のごっこ遊びもそれに含まれると述べながらも、ごっこ遊びは適切な解釈を与える監督がいないのでロール・プレイングとは区別されるべきであるとする[23)]。川幡は解釈の重要性を指摘しているが、歯医者に行って怖い思いをした子どもが不安を克服するために自発的に歯医者ごっこをするといった場合もロール・プレイングといえるとしている[24)]。どちらにしても、ごっこ遊びにロール・プレイングの萌芽を見ることはできるだろうし、ロール・プレイングを行うことにより、自分の心のなかにあるものを直視することが重要だろう。

ロール・プレイングが意図することは、固定した役割しかはたせない人々に創造的な役割をはたせるようにすることである。しかし、創造的にといっても「今・ここで・新しく」行為することは難しく、われわれは実際には過去を再演してしまうものである。その過去の再演を超えて、「今、ここ」の対人関係の中で新しい役割関係を創造し、他者の発見を通して自己を創造するのがロール・プレイングである[25)]。外林は、大学生が教育実習の際に教員の役を演じるのはそれなりにロール・プレイングの成果を上げるとしながらも、ロール・プレイングは自分を知り相手を知ることにほかならない、と指摘している[26)]。つまり、ただ相手の役割を演じるのはロール・プレイングといえるのか、と疑問を呈している。

なお針塚は、ロール・プレイングが対人専門職の教育や研修にも用いられることが多いことを指摘し、医療、福祉・教育、矯正の領域での実践についてもふれている[27)]。具体的には、看護師などの専門職の研修においてサービスを提供する側と受ける側の両方の役割を演じ、その体験を通した相互の気持ちの理解をめざす例などを挙げている。

ただ、教育や研修に用いることのできる技法ではあるが、人間理解のための手法であり、人間が社会的拘束に縛られ自発性を失い自分の殻に閉じこもることによって生ずるさまざまな「心的現象を理解するためにも重要な技法である」[25] といえるだろう。

（浮田徹嗣）

4 アクションメソッド

(1) アクションメソッドの特性

モレノは、生活のなかで本人や他人に害となる非合理的予測不能な行動化と、体験を役立たせることができる治療者の指導の下で行われる、治療的に管理された行動化の、2つの異なったタイプの行動化を提示し、「行動化(acting-out)」の治療的な側面について述べている。

彼は、「内なるものを行動に示す行動化は治療をすすめる上で必要なことである」とし、「心理劇場面における行動化は、治療者に患者の行動を評価する機会を与えるだけでなく、患者自身にも自分を評価する機会を与えるのである」と述べ、行動によって患者に生じる洞察を「アクション洞察」と呼んだ[28]。

この「アクション洞察」への通路を開くのがアクションメソッドである。「身体感覚を通じての気づき」「情緒体験の活性化」「課題の視覚化と外在化」などが、その特性として挙げられる。

言葉だけでなく、さまざまな身体活動を通して心理劇場面で行われる実験的な作業は、身体感覚を刺激し、体にとどめられた記憶を想起させる。それは当人にとって未だ意識されていなかった感情体験を刺激し、言葉を用いるのとは別な次元の洞察を導く契機となる（心理劇の基礎技法である「ダブル」と関連が深い特性である）。

また、行動を通じて個人の内面にある対人関係や課題との向き合い方を視覚化・外在化する作業は、文字通り「目の前に見える形」として課題を明らかにする過程でもある。この過程は、課題解決にむけての新たな視点を当人に生み出す機会となる（心理劇の基礎技法である「ミラー」「役割交換」と関連が深い特性である）。

(2) 代表的な技法

思考と感情双方に働きかけ、時には主役の過去を取り扱う心理劇（サイコドラマ）は、多面的な治療要素を兼ね備えた統合的な精神療法である。しかし、教育や組織づくりなどの場面では、さほど時間がかからず安全感も高いアクションメソッドの技法が有用であることも多い。以下、代表的な技法を紹介する。

1）スペクトグラム

ある特定の課題についてのネガティブ・ポジティブなかかわり方を、行動によって示し視覚化する技法（例：「元気の度合いを表すとどれくらいでしょうか。一番元気がない人から一番元気がある人まで、順番に並んでみましょう」）。

「今、ここ」での自分の感情、活発さ、自発性の高さなどが視覚化され、課題に対する自己理解が促進される。

2）アクション・ソシオグラム

グループ内の対人関係ネットワークを理解するためのソシオグラムを、アクションを用いて実践する技法（例：「どのようなジャンルの音楽が好きですか。好きなジャンルごとに集まってみましょう」「このグループの中で、自分に近いなと感じる人を一人選んでみましょう」）。

いろいろなカテゴリーに関する個人の選択を明らかにすることで、グループ内のさまざまな構造を把握することができ、グループメンバーの多様な対人関係ネットワークの理解に役立つ。

3）アクション・ソーシャルアトム

自分と自分を取り巻く対人関係を、対人的な距離、自分に対するアクションなどを通じて視覚化する技法（例：「自分の役割をとってもらう人を補助自我として舞台中央に置き、心理的な距離の遠近に応じて、その周囲に重要な他者・物を配置していく。心理的な距離が定まったのちに、自分に対する態度、感情などを周囲の補助自我に振り当てる。最後に、自分の役割をとってもらった補助自我と位置を交代して舞台中央に立ち、そこで何を感じるかを体験する)。

自分を取り巻く対人関係について、認知的な理解と同時に感情的な理解が深まる。身体的な記憶も想起されやすい技法である。

(3) 活用にあたっての留意点

アクションを用いたグループ（アクショングループ）一般の注意点として、高良は、①オープンな雰囲気をつくること、②ゆっくりすすめること、③支配しないこと、④身体接触に配慮すること、⑤統合を目的とすること、⑥言葉で終えることの、6点を挙げている[29]。

これらの注意点は、アクションメソッドにそのまま当てはめることができる。セッションでは、未だ意識されていなかった感情体験が刺激され、さまざまなアクション洞察が生じる。参加者の感情や認識をまとめるためにも、グループを「言葉で終えること」は特に重要である。

今日のトラウマ治療における身体・アクションのもつ治療的な役割と重要性について、ヴァン・デア・コーク（van der Kolk, B.）はその著書で繰り返し語っている[30]。脳神経科学の知見が深まることによって、モレノが創始したサイコドラマ・アクションメソッドの包含している豊かな可能性は、今後さらに明らかにされ、再考されていくことだろう。

*

本項では、アクションメソッドの特性、いくつかの代表的な技法、そして技法を用いるうえでの留意点について述べた。

なお、心理劇と関連の深い即興的手法として、ジョンストン（Johnstone, K.）らによって創始され、教員研修や学校教育にも取り入れられるようになった「インプロ」[31]や、スポーリン（Spolin, V.）の「シアター・ゲーム」[32]、ボアール（Boal, A.）の「被抑圧者の演劇」[33]などがある。また、教育場面での即興的手法の使用に関しては浅野[34]がまとめたものが参考になる。紙幅の都合上、これらについて詳細に解説することができないため、関心のある方は、文献31～34を参照されたい。

（佐藤　豊）

5　プレイバックシアター

(1) 誕生

プレイバックシアターとは、テラー（teller）と呼ばれる観客の一人が、コンダクターと呼ばれる司会者によるインタビューによって自らの体験を語り、それをアクターとミュージシャンが即興で演じるものである。

1973年にジョナサン・フォックス（Jonathan Fox）はニューヨーク州ビーコンでサイコドラマに参加し、ザーカ・モレノが語るJ.L. モレノの自発性劇場の話に啓示を受けた。その後、1974年に31歳のフォックスが米国コネチカット州ニューロンドンのメイン・ストリートにあるコーヒーショップでプレイバックシアターのアイデアを結晶させたとき、それは親密な空間で観客の個人的なストーリーを即興で再現するというとてもシンプルなものであった。

それが演じられる部屋の奥は平らに続き、ステージになっており、アクターが横一列になって観客に向かって座る。上手にはミュージシャンが楽器に囲まれて座る。下手には椅子が2つあり、ひとつはコンダクター、もうひとつは観客のうちの有志がテラーとして座り、自分の体験を語る。コンダクターがいくつか質問をしたら、アクターにその話は託され、演技が始まるまで音楽が奏でられる。アクターはマイムや、動き、語りなどでテラーの話を即興で再現する。目的はその話の核心となるエッセンスをとらえ、表現することである。テラーは上演された自分の話を受け取り、観客席に戻る。そして次のテラーが招かれる。

このフォックスのアイデアは、あたたかい雰囲気になるように友人のダンススタジオを使って、フォックスが当時主宰していたIt's All Graceという劇団で始められた。その後、彼がスタッフとして関わり、後に職を得たモレノインスティテュートのあるニューヨーク州ハドソンバレーに引っ越し、

1975年11月13日にビーコンの教会の集会室で新たな劇団「プレイバックシアター」を立ち上げた。創立時のメンバーにはモレノインスティテュートの仲間であり、後にAmerican Board of Examiners in Psychodrama, Sociometry and Group Psychotherapyの議長となったJudy Swallowがいる。

(2) 技法と進化

プレイバックシアターは演劇であり、その目的は、テラーのストーリーを見ることで、共にそこに立ち会うことである。観客は患者でもクライエントでもなく、コミュニティである。活動の初期から、個人のストーリーを扱うことは、個人の心理を扱うことであるとし、それを開示表現することができる親密なグループをつくるために、フォックスはサイコドラマを通じてグループプロセスを学んだ。

70年代の劇団「プレイバックシアター」ではさまざまな表現形式が検討され、中心となる「動く彫刻」「ペアーズ」「ストーリー」の技法、音楽、さまざまな色の布の使用、そして「リチュアル」と呼ばれる様式が固定化する。

フォックスは、1979年に開催された学会で出会ったオーストラリアの教授の招聘により、劇団「プレイバックシアター」は、翌年初の海外遠征となるオーストラリア・ニュージーランド19日間の公演とワークショップを行い大成功を収めた。その後、シドニーでプレイバックシアターの劇団ができたのをはじめとして、各地でグループが生まれ、さまざまな表現形式が検討される。日本には1984年にもたらされた。

1990年International Playback Theatre Networkが創立され、1992年には第1回の世界大会がシドニーで開催され、表現はさらに豊かになる。表現はテラーのストーリーのエッセンスを、スリーサークルと呼ばれる、芸術性、社会的相互作用、リチュアルの3つの面から、適切に表現し得るかどうかで検証され、現在では、先の3つの技法を中心にさまざまな技法が存在する。

プレイバックシアターの公演は観客が自発的に次々と語る話によって構成される。リチュアルに従うことで、このプロセスは可能になる。この場では、観客と彼らの話は敬意をもって迎えられ、人の心をひきつける劇場となる。

*

プレイバックシアターは治療的、教育的、社会変革的成果をもたらし、それを目的として適用される場合も多くあるが、基本的にはスリーサークルという価値観をもった芸術としての即興劇である。

なお参考として文献35～40を挙げる。

（櫻井靖史）

引用・参考文献

1）Marineau, R.F. *Jacob Levy Moreno 1889-1974.* Tavistock/Routledge, London, 1989.
ルネ・F・マリノー（増野肇・増野信子訳）『神を演じつづけた男――心理劇の父モレノの生涯とその時代』白揚社、1995.
2）Moreno, J.L., Chapter 2: Psychodrama and Sociodrama. In *The Essential Moreno,* edited by Fox, J., Springer Publishing, N.Y., 1987, p13.
3）磯田雄二郎「第三章　サイコドラマの展開、1. サイコドラマの場所の議論――5つの基本要素」、『サイコドラマの理論と実践』誠信書房、2013、p66-69.
4）前掲書3、「第四章　サイコドラマの実践、3. シェアリングの段階」、p130-134.
5）Yalom, I.D. *The Theory and Practice of Group Psychotherapy.* Basic Books, N.Y., 1970.
6）Moreno, J.L., J. Chapter 1: Moreno's Philosophical System. In *The Essential Moreno,* edited by Fox, J. Springer Publishing, N.Y., 1987, p3-12.
7）Moreno, J.L. *Who Shall Survive?: Foundation of Sociometry, Group Psychotherapy and Sociodrama.* 3rd ed. Beacon House, N.Y., 1978, p xxvi.
8）前掲書1.（翻訳書）
9）Moreno, J.L. *Psychodrama.* 4th ed. Beacon House, Beacon N.Y., 1972, p352.
10）Leveton, E. eds. *Healing Collective Trauma Using Sociodrama and Drama Therapy.* Springer Publishing, N.Y., 2010, p21.
11）Kellermann, P.F. *Sociodrama and Collective Trauma.* Jessica Kingsley, London, 2007, p18.
12）前掲書11、p15-31.
13）前掲書11、p64.
14）前掲書11、p81-114.
15）Sternberg, P. and Garcia, A. *Sociodrama: Who's in Your Shoes?.* 2nd ed. Praeger Publishers, Westport, CT., 2000.
16）前掲書11、p17-19.
17）前掲書11、p29.
18）松村康平（1969）「世界における心理劇の動向」、『心理劇　集団心理療法　ロール・プレイング』第5巻、日本心理劇協会、1969、p1-13.
19）J.L. モレノ（増野肇監訳）『サイコドラマ――集団療法とアクションメソッドの原点』

白揚社、2006.
20) Moreno J.L. *Psychodrama.* 4th ed. Beacon House, Beacon N.Y., 1972.
21) レイモンドJ. コルシニ（金子賢監訳）『心理療法に生かすロールプレイング・マニュアル』金子書房、2004.
22) 台利夫『新訂 ロールプレイング』日本文化科学社、2003.
23) 外林大作「ロール・プレイング」、依田新監修『新・教育心理学事典』金子書房、1977、p798-799.
24) 川幡政道『ロール・プレイング』春風社、2008.
25) 川幡政道『過去の再演を越えて——精神分析的ロール・プレイング』春風社、2013.
26) 外林大作『賞罰をこえて——ロール・プレイングのテクニック』ブレーン出版、1984.
27) 針塚進「心理臨床におけるロール・プレイング」、『臨床心理学』10(3)、2010、p335-340.
28) 前掲書19、p x-xi .
29) 高良聖「アクショングループの効用と限界——使用上の注意点」、『精神療法』31巻4号、2005、p445-450.
30) ベッセル・ヴァン・デア・コーク（柴田裕之訳、杉山登志郎解説）『身体はトラウマを記録する——脳・心・体のつながりと回復のための手法』紀伊国屋書店、2016.
31) キース・ジョンストン（三輪えり花訳）『インプロ——自由自在な行動表現』而立書房、2012.
32) ヴィオラ・スポーリン（大野あきひこ訳）『即興術——シアター・ゲームによる俳優トレーニング』未來社、2005.
33) アウグスト・ボアール（里見実・佐伯隆幸・三橋修訳）『被抑圧者の演劇』晶文社、1984.
34) 浅野恵美子「カナダにおけるドラマ教育」、『心理劇』6巻1号、2001、p41-52.
35) Fox, J. *Beyond Theatre: A Playback Theatre Memoir.* Tusitala Publishing, N.Y., 2015.
36) 宗像佳代『プレイバックシアター入門：脚本のない即興劇』明石書店、2006.
37) Fox, J. and Dauber, H. *Gathering Voices: Essays on Playback Theatre.* Tusitala Publishing, N.Y., 1999.
38) Salas, J. *Improvising Real Life: Personal Story in Playback Theatre.* Kendall Hunt Publishing, Iowa, 1993.
39) Zagryazhskaya, E. et al. *Playback Theatre Practice: Selected Articles.* Vash Poligraphicheskiy Partner, Moscow, 2015.
40) International Playback Theatre. *Interplay* Vol.XII. No.1, Aug. 2001.

第3節　モレノにおける心理劇の基本技法

1　ダブル（二重自我法）とミラー（鏡映法）

モレノは、「ダブル」「ミラー」「ロール・リバーサル」の3つの技法を乳幼児期の発達の3段階になぞらえて、ダブルを同一性の段階、ミラーを自己認識の段階、ロール・リバーサルを他者認識の段階としている[1)]。ここでは、モレノによる基本技法について紹介する。

(1) ダブル（二重自我法）

まず、ダブル（double）とは、ある役割を演じている主役の傍らにつき、「もう一人の自分」になって一緒にその役割を演じる技法である（主役以外の演者にダブルがつくこともある）。ダブルは「もう一人の自分」として主役の内面にあるさまざまな感情や欲求や葛藤などを感じとって、主役が表現できにくいことや気づいていない感情、あるいは主役が表現していることとは対立する内面の感情などを独り言として呟き、主役の自己理解をたすける。また、必要に応じて主役の内面のある側面を誇張したり否定したりしながら、内的な問題を浮き彫りにして、主役の自己理解を促す。通常、ダブル役は1人であるが、状況に応じて複数のダブルを主役につけることもある。これをマルティプル・ダブル（複合的ダブル）と呼ぶ。主役に内在する複数の感情や欲求の各々を複数のダブル役が同時に演じることで、主役の葛藤を明らかにする[2)]。

このように、ダブルは主役の外界に対する表現のなかに含まれる内面の隠された内容を言語化し表現する技法であり、主役に内在する抵抗を理解するのに役立つ[3)]。したがって、ダブルは補助自我としての機能をはたす重要な技法のひとつである。ザーカ・モレノは、ダブルを独特な補助自我であるとして、次の5つの役割を挙げている[4]。

①ダブルは主役を表現するために、身体の動作、ボディランゲージ、姿勢、表情、声の調子など、あらゆる点で同じように振る舞うことを通して、演者の真のダブルとなる。

②主役が自身をどのように思っているかを感じとり、皆の前にわかるように表現する。

③主役に自分についての解釈を与える。

④カタリスト（抑圧された感情を解放する表現者）として主役のさまざまな部分をより大きな統合へと向かわせるように演じる。

⑤主役がより深いレベルでの自己発見と自己肯定にたどりついた後に、現実の世界へと戻ることを手助けする。

このように、ダブルの技法によって補助自我となった人には、相手役との関係において主役がどのような感情や葛藤を感じているか、それを相手役にどのように表出できているのか・できていないのかを敏感に感じとる感受性が必要とされる。そのため、心理劇が治療として行われる場合は、治療スタッフが主役のダブルになることが多いが、心理劇に参加している観客等がなる場合もある。

(2) ミラー（鏡映法）

次に、ミラー（mirror）とは、自分の役割を自分以外の他者に演じてもらって自分が演じた状況を再現してもらい、それをあたかも鏡に映し出された自分を見るかのように、少し距離を置いたところから自己を観察し客観視する技法である。この自己を観察する離れた位置を「ミラーポジション」と呼ぶ。アンジュー（Anzieu, D.）は、ミラーの技法の目的は、主役が他人に与えている印象のうち、主役が知らずに見落としているものを示して反応させることであると述べている[5]。例えば劇の途中で行き詰ってしまった場合、いったん主役をその場から離し、同じ状況を他の人が再現するのを観察してもらう。主役はその状況を観察するだけなので、個人の内面に不必要に侵襲的にならず[2)]、余裕のある状態で客観的な自己理解への気づきが得られる。

通常、ミラーの技法では、主役のダブルについている人が主役の代わりに主役を演じる。主役の「もう一人の自分」であるダブルが、主役を演じるのである。ダブルの技法を用いるときは、ダブルは主役の傍らにいて主役と共に演じるが、ミラーの技法を用いるときは、ダブルは1人で主役を演じ、主役はミラーポジションから演じられている「もう1人の自分」を観察する。主役が演じた問題状況（劇の主題や主役と他者との関係の有り様）が客観的にはどのように見えるかを示すことで、主役の自己理解、他者理解、自己と他者の関係性への理解を促す。主役はミラーの技法による客観的な自己観察を通して、現実とのよりよい関係性をもった形でいかに振る舞うべきかを学習する[1)]。

あるいは、主役が自ら演じることに抵抗を示した場合、主役の代わりに他の人（原則的にダブル）が主役となり、その場面を演じるのを観てもらうこともある。ミラーの技法によって、自分の代理役が相手役と関わる様子を観た後に、どのように思ったかを述べてもらう。このように、自ら演じなくても、自分の代わりに他の人が演じるのを観るだけでも、主役にはさまざまな気づきがもたらされる。そして、劇を観てコメントを述べるうちに、演じることへの自発性が高まり、舞台に上がって主役を演じることができるようになることもある。

（島谷まき子）

2　ロール・リバーサル（役割交換）

ロール・リバーサル（role reversal；以下、役割交換）とは、劇のなかで演者Aと演者Bの関わりが演じられた後、Aの役割をBが、Bの役割をAがとって、AとBの役割を交換して演じた後、再び元の役割に戻って演じる技法である。

例えば、母親と娘の葛藤が演じられ膠着状態になったとき、役割交換をして、母親は娘役を、娘は母親役をとって演じる。その際、まず交換前に娘が演じていた通りに母親が娘役を演じ、母親が演じていた通りに娘が母親役を演じるようにする。つまり、相手役を演じることを通して相手の内的体験を身をもって知るのである。さらに、母親が演じる娘役を見て、娘は母親が自分をどのように思っているかを知り、娘が演じる母親役を見て、母親は娘が自分をどのように思っているかを知る。その後、再度自分の役割に戻って演じる。役割交換では、他人の視点で自分を見ることになる[6]。

このように、役割交換の技法を用いることによって相互理解が促進され、次の新たな展開がもたらされることが少なくない。日常生活のなかで、相手の気持ちを理解しようとするとき、相手の立場に立って考えるということをするが、心理劇の役割交換の技法を用いると、相手の役になって演じるという行為を通して、相手の感情や体験を追体験して理解することができる。

磯田は、「困ったときの役割交換」という言葉があるほど、心理劇で場面が膠着状態になった場合に、視点を変えるという意味から役割交換の技法が有効であるとし、役割交換を用いる目的として、次の5つを挙げている[7]。①状況を理解し再現する。②相手の立場になって相手の気持ちを理解する。③自己の気持ちを確かめる。④相手の気持ちと自己の気持ちの統合がなされる。⑤実存的決断と自発性＝創造性が発揮される。また、モレノは「役割の交換によって他者の立場から目で見たり、口で話したり、物事を他人の立場から感じて初めて自己と他者との出会いが生まれる」と指摘している[8]。

一方、台は、自己の役割と他者の役割が複合している人は、自分の役割と他人の役割の切り換えができず、役割交換をしてもいつのまにか自分の役割をとってしまうことがあり、特に、統合失調症など自我境界が曖昧な患者は、役割交換することができにくいと述べている。また、病的な意味とは別に、日本人一般にもこのような傾向がみられるのではないかと指摘している[9]。高良も、日本人は一人称が曖昧な文化を背景にしているため、役割交換には多少のとまどいを覚えるかもしれない、と述べている[10]。

日本人のこのような傾向の対応策としても、役割交換は治療者の訓練として教育プログラムにも取り入れられており、磯田は役割交換のエクササイズとして、次の3つを紹介している[7]。①他己紹介をする。②3人一組で主役、補助自我、観察者になり、主役が話した後、役割交換し、補助自我が同じことを話す。観察者は違っていた点を指摘し修正させる。③同様に3人一組になり、観察者は一つひとつの語彙ごとに役割交換を行って見せるクイック・リバースを行う。

役割交換は、ダブルとミラーと合わせて、モレノの技法のうち最も基本的な技法であり、この3つの技法を場面の状況に応じて適宜用いて、心理劇をすすめていく。

（島谷まき子）

3　空き椅子（エンプティ・チェア）

空き椅子（empty chair）は、実際には誰も座っていない椅子に何ものかが着席していると見立てて、主役がその対象と会話する技法の総称である。主役は、象徴的な意味をもつ空っぽの椅子を相手に一人芝居を行う。

空き椅子は、サイコドラマの創始者モレノによって始められた。ザーカ・モレノは、人生の伴侶であるモレノがこの技法を考案し、椅子を「四つ足の補助自我」と表現したと説明している[11]。ゲシュタルト療法（gestalt therapy）の始祖パールズ（Perls, F.S.）は、モレノのセッションに参加した体験を参考にして、この療法に即した空き椅子の技法を開発しさらに発展させた[12]。現在では、空き椅子をはじめとするチェアワークは、ゲシュタルト療法の中核を担う技法として知られている。

心理劇における空き椅子は、関係の振り返りや新しい役割の創造に重きを置いて用いられる。具体的には、過去・現在・未来のさまざまな場や状況が取り上げられ、実在の人物や想像上の存在を中心とした幅広い対象との出会いと対話が繰り広げられる。この技法の代表的な目的には、①対人関係の葛藤の解決と新しい関係の創造、②内的葛藤の解消と自分らしい役割の形成、③感情・情動の解放、④欲求・願望の充足、⑤想像・空想の世界の現実化、などがある。

一方、ゲシュタルト療法における空き椅子は、過去や現在の未処理なままの葛藤に焦点を当て「今、ここ」で対話を行い、自己の統合を図ることを重視して活用される[13)]。言い換えると、葛藤相手や自分の分身などを空き椅子に座らせて現在形の会話を行い、自分を断片的にみるのではなく、全体性をもった単一の存在として理解し受容する姿勢を養ってゆくのである。

心理劇の劇化（enactment）の段階で、主役の問題解決を目的としてこの技法を用いる際の最も基本的な手順は以下の通りである[14)]。

① 椅子の配置：2つの椅子を対面させて置く。そして一方に主役が座り、他方は対話の相手を招くための椅子とする。

② 空き椅子の人物の選択：監督は主役に、「あなたは空き椅子に過去・現在・未来の自分や他者、想像上の人物などを招いて自由に会話することができます。あなたが抱えている問題を解決するために話し合いたい人物は誰ですか」とたずねる。主役は、監督との会話を通して自分の状況を検討し、演じる場面（対話の相手・時・場所・状況）を選択する。

③ 椅子の調整：主役は空き椅子の人物との心理的な距離を考えて、2つの椅子の物理的な距離を調整したり椅子の向きを変えたりする。

④ 最初の質問と役割交換：主役は質問を1つ選んで空き椅子の人物にたずねる。その後、空き椅子のほうに座り直し、話したいと思って選択した人物の役割を演じて、主役自身が先ほど発した問いに答える。

⑤ 役割交換の繰り返し：主役は2つの椅子を行き来して自分と空き椅子の人物の役割を交互にとりながら、納得するまで対話を続ける。

空き椅子は簡単に実施可能な技法であるが、役割交換が含まれているので主役の洞察は思いのほか深い。まず、空き椅子の人物への問いかけを通して、主役はその人物に対する自分の感情や評価の内容に気づく。次に、空き椅子の人物を演じて返答することにより、主役は相手の感じ方・考え方への共感的な理解を深めたり、より客観的な視点から自分を見直したりする。さらに役割交換を繰り返して対話を続けることによって、主役の自己・他者・関係への気づきは一層確実なものとなってゆく。

なお、空き椅子には、椅子を1つだけ使う手法や椅子を使わない手法もある。前者では、主役は立ったままで椅子に向かって問いかけた後に、椅子に腰かけて答えを返す。後者では、立った状態の主役が目の前に対話の相手がいると想像して問いかけた後で、体の向きを反転させて対話の相手の役割をとり応答する。さらに補足すると、ここでは空き椅子に招く対象を人間と仮定して実施手順を説明したが、実際には人間以外の生物・物体・概念などが選択されることもある。その場合にも空き椅子の実施手順は同じである。

また、ウォーミングアップや劇化の終結部分では、空き椅子は先述のものよりも簡略化された手順で実施されることもある。ウォーミングアップでこの技法を活用することは、参加者の自発性・創造性を高めるので、その後の活動の発展につながる。劇化の終結部分でこの技法を活用することは、参加体験の整理・統合を促進するため、円滑なシェアリングに結びつく。

（安藤嘉奈子）

4　未来投影（フューチャー・プロジェクション）

(1) 未来投影とは

未来投影（future projection）は、主役が自分の身に将来起こると考える場面や、自分の想像する未来の姿を取り上げて、実際に演じる技法である。この技法の効能について、ザーカ・モレノは、「考えられる未来の出来事を具象化することで、主役は実際の未来の状況でのある感情を得ることが可能となる」と述べている[15]が、まだ見ぬ未来を「今、ここ」で演じることは、主役に、①漠然たる未来への不安を軽減する、②自分の未来の姿について体感する、③体感されたイメージを参考に現実の新たな一歩を踏み出す勇気や現実感をもつ、といった効果をもたらすことが期待できる。

未来投影を適用するにあたっては、場面設定を具体的に行うことが極めて大切である。つまり、いつ、どんな空間で、主役は何をしているのか、他に誰がいるのか、周りに何があるのか、それらとどういう交流をしているのかを、補助自我や補助物（椅子・机など）を舞台上に置き、これらと役割交換（ロール・リバーサル）を行いながら、ていねいに場面を描出するようにするのである。

(2) 心理療法としての心理劇（サイコドラマ）における未来投影の適用

現在抱えている問題を解決することを目的とする心理劇（サイコドラマ）において、「未来」とは「問題を解決する新しい自分の姿」といえる。しかし、実際に問題を抱えている状況において、主役は問題を解決したくても心のなかに何らかのわだかまりがあり、身動きがとれない情況にある。そこでまず、今抱えている問題場面を再現して主役の態度や感情を舞台上に表した後に、同じような態度や感情を経験した、より原初的な体験を舞台上に取り上げながら、主役がその態度や感情に対する新しい意味を洞察したり、抑圧されていた感情を表現したりできるよう支援していく。そして、この一連のプロセスが完了したところで、未来投影が適用される。つまり、最後の一幕として、元の問題場面に対して主役がこれからしていきたいと思う自分の姿を演じる場面が設定されるのである。一連のドラマを通じて心のなかのわだかまりが取れた今、多くの場合で主役は問題に対してより身動きがとれるようになっており、問題を解決する新しい自分の姿を自ら創出して演じたところで、劇化を終えてシェアリングの段階に入っていく。

(3) 教育や自己開発に向けた心理劇における未来投影の適用

未来投影技法を用いて、将来の夢や希望をテーマにした心理劇を行うことは、教育や自己開発を目的とするセッションで効果を発揮し得る。ウォーミングアップで「タイムマシーンの方法」[16] を用いるなどにより未来のイメージを豊かにすると、例えば「半年後に資格試験の合格通知を家族と見る自分」「5年後に相談室で生徒たちと共にいる心理職の自分」、時には「30年後にお葬式で近親者から哀悼の意を伝えられる死者の自分」といった未来の姿がメンバーから挙げられてくる。これらについて監督は、舞台上に場面状況や登場人物を配置して役割を演じるよう、主役となったメンバーに促すのである。このとき、ダブルに未来の自分役を演じてもらい、それを見るようにしてもかまわない。

将来の夢や希望がかなっている場面を演じると、多くの場合、主役は満足感に満ちあふれる。しかし大切なことは、主役が現在から未来に向けて現実の一歩を踏み出す気持ちを高めることである。それを促すために、空き椅子技法を使って、将来の夢や希望がかなった未来の姿の役割から現在の自分に向けて、励ましの言葉やアドバイスをかけたり、現在の自分が未来の自分に質問をしたりする場面があるとよいだろう。そして、シェアリングでは劇の感想をしっかり語ってもらうことが重要である。

*

モレノは、精神分析の祖であるフロイトに向かって「あなたは夢を分析しますが、私は再び夢見る勇気を人々に与えます」と述べたといわれる[17]。彼のこの言葉を借りると、未来投影は、夢（将来の夢、なりたい未来）を舞台に上げることで、その夢に向かう勇気を人々に与える技法であるといえるだろう。

（岡嶋一郎）

5　マジックショップ（魔法の店）

心理劇のすべての方法は、「かのような　as-if」原理に基礎づけられている[18]。また、治癒に関する論考は、カタルシス、アクション洞察、テレ、かのようなas-if、アクティング・アクトというような特別な方法に限定されてきた[19]。これらに加えて言葉には表現できないようなマジック、非特異的な側面を心理劇はもっている。モレノが、子どもたちとの想像的・創造的な遊びや、神様と天使遊びに心理劇のルーツを認めたように、幼児のごっこ遊びに表現されるように「魔術的思考は生涯を通して隠された部分にとどまり、多様な方法で成人になってからの生活に持ち越されるのである」[20]。

ここでは、心理劇における魔術的思考をプレイフルに体験できる、マジックショップ（magic shop）の技法を紹介する。

マジックショップは「今、何がほしいのか、何を必要としているのか、それを得て何がしたいのか」など、自分の欲求を明確にするのに有意義な技法である。他のメンバーの前で簡単なやりとりをすることで、演じることにも慣れる。このため、ウォーミングアップとして使うこともできるし、ドラマへと発展させることも可能である。監督には即興力や遊び心がより要求される技法でもある。マジックショップでは、パーソナリティの特徴とその現実の姿を、売り手と買い手の間の経済的交換に転換させる。それによって、隠れた欲求への洞察、現実への創造的適応の手がかりの発見へ向かうことを目的とする。

(1) 基本

基本的ルール：①マジックショップは、特別な店である。何でもほしいものが手に入る。ただし、買うものは客の人生や性格のある側面などである。②お金は使えない。その代わりに、客がもっている自分の人生や性格の側面のなかから譲ってもらえるものを置いていってもらう。それをほしい人が後から買うかもしれない。③客がほしいものと、店に置くものが同じくらいの価値になっているかを相談する。④基本的には監督が店主になり、補助自我は助手として場面を演出して客が買い物をしやすくする。

(2) 方法・手順

1）店の場所を決める

店はどのようなところにあるのか（山奥、雲の上、静かな場所など）、どのようにして店までたどり着けるか（飛行機で、歩いてなど）を決める。シンプルに「ここに魔法の店があります」でもかまわない。ディレクターが店の開店準備をすることからマジックショップは始まる。

2）店主は、開店を告げる

「ここは、何でもほしいものが手に入る魔法のお店です」「一歩踏み出す勇気とか、あふれ出る情熱とか、普通では買えないものが売っています」「お金はいりませんが、その代わりに、あなたがもっているもので、譲ってもらえるものを置いていってください」「さあ、誰からでも、買いに来てください！」。すぐに客が来ない場合は「今日は決断力がたくさん入っていますよ」「開店時間は30分だけです。お早めにどうぞ」などと呼び込んだり、団体で来てもらったり、ペアでの来店を促したりなど、ためらっている人が前に出てこられるように、いろいろ工夫する。

3）客が来たら、何がほしいかを聞いて店主と客は交渉する

あまり長々とやるとカウンセリングになり、観客が飽きてしまうので留意する。なぜそれがほしいのか、どんなときに使いたいのかを明確にする。例えば「チャレンジする勇気」がほしいと言われたら、その代わりに何を置いていってもらうかたずねて、客が「慎重な心」を置いていくと言ったら、「全部いただいてよいですか？　少し自分のためにとっておくのも……」などと交渉する。自分の欲求だけに目が向いて、今もっているものを全部売ってしまうと、後で後悔することもある。店主は、客がほしいものに見合うものだけを受け取るなど、交渉する際に配慮する。

4）閉店

全員が買いに来て、時間になったら、閉店を宣言する。「今日買ったものは、お客様にとってきっと意味があるものだと思います。どうぞ、日常生活で役立ててください。またのお越しをお待ち申し上げております」などと、締めの言葉を言う。

5）シェアリング

何を買い、何を感じたかなどをシェアする。

(3) 応用

店の商品を、例えば「仕事をするうえでほしいもの」「明日の面接に役立つもの」などと限定したり、参加者とスタッフがペアで店主になるなど、応用ができる。また、ドラマの展開中に主役をエンパワーするためにマジックショップを開いて、おすすめの品を売り出してもらうこともできる。この場合、置いていくものは請求しないことが多い。

（石川淳子・土屋明美）

引用・参考文献

1）Moreno, J.L. *The Essential Moreno,* edited by Fox, J., Springer Publishing, N.Y., 1987.
ジョナサン・フォックス編著（磯田雄二郎監訳）『エッセンシャル・モレノ――自発性、

サイコドラマ、そして集団精神療法へ』金剛出版、2000.
2）高良聖『サイコドラマの技法』岩崎学術出版社、2013.
3）Kellerman, P.F. *Focus on Psychodrama: The Therapeutic Aspects of Psychodrama.* Jessica Kingsley Publishers, London, 1992.
ケラーマン・P・F（増野肇・増野信子訳）『精神療法としてのサイコドラマ』金剛出版、1998.
4）Moreno, Z.T. The Function of the Auxiliary Ego in Psychodrama with Special Reference to Psychotic Patients. *Group Psychotherapy, Psychodrama and Sociometry,* vol. 30, 1978.
Z.T. モレノ（三原ひろみ訳）「サイコドラマにおける補助自我の機能」、増野肇（編集・解説）『現代のエスプリ No. 198　サイコドラマ』至文堂、1984、p109-113.
5）Anzieu, D. *Le Psychodrame Analytique chez L'enfant.* Presses Universitaires de France, Paris, 1956.
ディディエ・アンジュー（篠田勝郎訳）『分析的心理劇』牧書店、1965.
6）前掲書 3.
7）磯田雄二郎『サイコドラマの理論と実践』誠信書房、2013.
8）前掲書 2.
9）台利夫『臨床心理劇入門』ブレーン出版、1982.
10）高良聖「第2章心理劇の実践 I 入門者のために―基礎編―」、台利夫・増野肇監修『心理劇の実際』金剛出版、1986、p49-68.
11）Moreno, Z. T. Psychodrama, Role Theory and the Concept of the Social Atom, 1987. In *The Quintessential Zerka: Writings by Zerka Toeman Moreno on Psychodrama, Sociometry and Group Psychotherapy.* edited by Horvatin, T. & Schreiber, E., Routledge, London, 2006, p222-242.
12）Kellogg, S. *Transformational Chairwork: Using Psychotherapeutic Dialogues in Clinical Practice.* Rowman & Littlefield, Lanham, MD, 2015.
13）百武正嗣『エンプティチェアテクニック入門――空椅子の技法』川島書店、2004.
14）Tomasulo, D.J. *Action Methods in Group Psychotherapy: Practical Aspects.* (1st ed.). Taylor & Francis, N.Y., 1998.
15）Z. T. モレノ「サイコドラマの規則、技法、補助的方法」、E. E. ゴールドマン & D. S. モリソン（高良聖監訳）『サイコドラマ――その体験と過程』金剛出版、2003、p30-38.
16）増野肇『サイコドラマのすすめ方』金剛出版、1990.
17）ルネ・F・マリノー（増野肇・増野信子訳）『神を演じつづけた男――心理劇の父モレノの生涯とその時代』白揚社、1995.
18）前掲書 3、p109.
19）前掲書 3、p130.
20）前掲書 3、p137.
21）Leveton, E. *A Clinicians Guide to Psychodrama.* Springer Publishing, N.Y., 1992.（参考文献）

第4節　心理劇のすすめ方と構成要素

1　基本的すすめ方
——ウォーミングアップ、ドラマ、シェアリング

モレノによるサイコドラマ[1)]は日本にも導入され、さまざまな分野、方法によって展開されている。そのなかで、ここでは基本的な心理劇の方法として広く活用されているすすめ方を、ウォーミングアップ、ドラマ、シェアリング、として取り上げる。すすめ方には、個人を主役にしたドラマとみんなが参加するドラマで違いがある。

(1) ウォーミングアップ

ウォーミングアップは、「これから起こることへの準備」という意味がある。まずグループを凝集させて、安心し、相互に信頼する気持ちを育てることを目的に行う。ウォーミングアップは、ゲームなど遊びの要素を取り入れ身体を動かしながら、他の参加者とふれ合う。言葉で表現する前に行動により表現できるという利点がある。そして次に、今思っていることや感じている感情を理解するためのウォーミングアップにすすんでいく。行動だけでなく言語も使用していく。それにより，表現は大きく深くなるだろう。

このプロセスが主役選択に重要であり、参加者は選ばれた主役を支持する。しかし、心理劇は必ずしも主役を立てるわけではなく、また「今、ここで」なので、特に主役の希望者がいない場合、また、特に主役を置かず、展開される心理劇もある。したがって、その時の心理劇の目的・参加者を考慮し、例えば、みんなが参加可能なドラマへ向けて「他の人を知る」「季節や自然を表現する」などの動きを取り入れるとよいだろう。

(2) ドラマ

ドラマ（アクションまたは劇化）は、心理劇のなかで主要な部分であるが、監督は主役選択で選ばれた「主役」のもつ現在の問題を「舞台」の上で表現してもらうために、主役に必要な場面を設定する。そして、その場面に登場する人物を相手役として参加者のなかから選ぶ。これを「補助自我」と呼ぶが、その他の参加者は「観客」となる。

監督は、主役に補助自我と共に問題の場面を演じてもらうが、役割交換やダブル、ミラーなどの技法を用いていくなかで、必要とあれば問題場面に関連する場面や過去の場面を主役に演じてもらい、幼少期の場面に遡ることもある。主役は、それぞれの場面で気づきや洞察を得るが、現在の問題が幼少期に起源があることに気づくこともあり、問題解決の重要なプロセスになっている。ドラマの終了にあたっては、特に過去を扱った場合、監督は場面を過去から現在に戻し、主役に気づきを得た後の自分を演じてもらうことで、認知的な統合を図ることが重要である。最後に、主役は相手役として参加した補助自我の役割を解除し、現実に戻る。

なお、主役の希望者がいないだけではなく、対象者（児童、精神障害者、高齢者など）や目的（発達支援、就労支援、地域支援など）、領域（教育、医療、地域など）、「今、ここ」での（その時その時の参加者の状態）によっては、主役を立てないときもある。そのような場合の一例として、監督は参加者から出されたテーマに関する場面設定のなかで参加者に必要な役割を演じてもらい、その場面を全員で共有する、といったすすめ方をする（本書第3～6章）。

(3) シェアリング

監督は、参加者がセッションで経験した自身の感情を主役が示してくれた感情と重ね合わせ、分かち合うことを求める。シェアリングはアドバイスを与えたり、分析したり、解釈したり、質問する時間ではない。そのような理解が参加者に共有されることが重要である。

シェアリングは主役を癒すための時間であり、主役の表した感情や経験は主役だけのものではないことを発見する時間でもある。また、主役が弱さや困難など欠けた部分があるにもかかわらず、グループに受け入れられていると感じ、凝集性を高める時間でもある。

心理劇では、グループの凝集性や補助自我として役に立つこと、主役として受け入れられることなど、治療的な因子が働いている。主役が自分自身の問題を演じ、それを参加者が補助自我や観客として主役を助ける、といった体験が治療的なものとなる。また主役を立てなかった場合は、全員がドラマで体験したこと、感じたことなどを語り、共有して終える。主役の有無にかかわらず、シェアリングは、ドラマから現実へ戻る「架け橋」としても重要である。

（藤堂宗継）

2　すすめ方の留意点

(1) 目的、対象者に応じたすすめ方

心理劇をすすめるにはどのような組織で行うのか、参加者はどのような人たちか、目的は何かを考えておく必要がある。また、目的を達成するためにはどのような展開がよいかを考えることも大切である。自己成長、トラウマの理解などを目的とする場合は、主役の過去に目を向けるドラマが必要となるであろう。他方、自発性や対人交流の乏しい精神科患者には、最初はウォーミングアップに時間をかけ、全員で楽しめるドラマを重視し、徐々に患者の状態に応じて主役のドラマを取り入れる、といった配慮が必要である。

(2)「見立て」について

心理劇は「今、ここ」でを重視する。したがって監督は、例えば目的が「自己成長」で参加者が自発的に主役を希望し演じるとき、その参加者の状態や自我の強さなどを見立てながらすすめる。心理劇は、アクションによる自己表現を促すため、主役の意志にかかわらず不必要に自己表出させてしまい、侵襲的になることがある。それゆえ、無理せず、安全にすすめることが

肝要である。

また、主役に限らず、個々の参加者や参加者同士、場の雰囲気なども見立てる。例えば、孤立している参加者や参加者同士の交流がなければ補助自我が介入し、全体がまとまりに欠けているようであれば凝集性を高めるような働きかけをする、といったアプローチが必要である。

（藤堂宗継）

3　構成要素

心理劇は、次の5つの要素から成り立っている

(1) 監督

モレノは監督にプロデューサー、セラピスト、分析家の3つの役割[2]を挙げる。監督は、プロデューサー（演出家）として、参加者の与える手がかりをとらえて場面の設定と操作を行う[3]。また、セラピストや分析家として、演者（舞台で演じる人）の意識的・無意識的欲求や葛藤を受けとめて理解し、心理劇の技法を用いて具体化していき、アクション洞察[4]を促すように働きかける。ケラーマンはさらに、これら3つの役割の他に集団リーダーの役割[4]を加えている。集団リーダーとして、参加者の関係を発展させ安全で支持的・建設的な集団の雰囲気をつくり上げる[4]。監督はこれらの役割を適切に織り交ぜながら、集団過程と参加者の個人過程の両方に目を配りながら心理劇をすすめていく[3]。

心理劇は、監督の操作と参加者の相互作用を通じて展開していくので、監督が先走って場面や役割設定を行ってしまい、演者（舞台で演じる人）がやらされていると感じることのないよう、またドラマと観客の密接な関係が失われないよう、留意する必要がある。

(2) 補助自我

補助自我は、演者の内的世界の明確化とその表出を助けることで演者を補

助すると同時に、監督の意図を汲み取り監督を補助する役割も担う。モレノは、ある人の自我を拡大したものを補助自我と呼び、演者（特に主役）に必要とされる人物の役割を演じ役割を描き出していく機能と、主役の問題のより良い解決のために主役の不安、短所、要求に集中することで主役を先導する機能があるとしている[2)]。

ザーカ・モレノ（Zerka T. Moreno; 1917-2016. モレノの妻）は、これに次を加えている。①主役とのやりとりを通して主役の自己や他者への認知の仕方をとらえる、②他者が主役をどう思っているかを知らせる、③対人的なものと内的なものの調和を促す、④現実の世界に戻る橋渡しをする[5)]。また補助自我は、主役のダブル（2章3節参照）となり、主役が自身をどのように思っているかを感じとり、言えない部分や隠れた部分を表現したり、心のなかにある不安を強調することもある。補助自我の自発性が十分に発揮されたときに主役の自発性も高められる[6)]。

(3) 主役・演者

主役は、舞台で演ずる人（演者）のなかの主演者でもあり、自分の主題を心理劇集団（以下、集団）の前に開示し、ドラマの中心となる。

モレノによれば「サイコドラマは主役中心（主役の個人的な問題）かグループ中心（グループの問題）」にすすめられる。心理劇の舞台で演じる人は主役であっても、すべて演者でもある。

ドラマでは、主役は、監督や補助自我にたすけられながら、テーマ、場面、登場人物を明確にしていく。主役がつくる場面や状況が集団の雰囲気や場を規定するので、主役は集団を代表する存在となる[7)]。主役は、日常の現実から自由な役を演じることによって、自己の内面にある感情や葛藤を表出してカタルシスを得たり、自己や他者への気づき、自他関係への気づきなどの洞察を得る。さらに観客に共感と洞察をもたらす。

ドラマ終了後、主役は補助自我が担った登場人物の役割を解除し（役割解除）、シェアリング（主役に共感したことを語る）へとすすみ、心理劇が終了する。

(4) 観客

観客（グループともいう）は、劇を観ながらさまざまな反応を示し、演者に影響を与える。逆に観客は自ら演じなくても、演者に同一化して共感し自らの問題と照らし合わせて洞察を得るなど、劇を観ながら演者とともに劇を体験する。このように観客はただ受身的に見ているだけの存在ではなく、演者を支持して劇を共につくり、主役が安心して自己表現できる場をつくっている重要な存在である[8]。

また、観客は演者にとっては世論の機能をはたし[2]、現実の世界と心の世界（劇が上演される舞台）を結ぶアンカー（錨）として大切な役割をはたしている[9]。また、監督は演者と観客の相互作用をとらえながら劇の場面を展開していくため、場面の展開によって観客は劇の途中で演者となることもあり、観客と演者は一体となって集団全体で劇をつくっている。

(5) 舞台

舞台は、何を表現してもよい安全で守られた自由な空間である。集団全体が舞台を安全で自由な場につくっていく。舞台上では非現実性・架空性を活用して、現実生活では不可能な役割や状況においても現実の束縛から自由になり演じることができる。過去にも未来にも、どんな場所にも、どんな役にも、ときには人間以外の動植物や人工物や自然のモノにもなれる。劇のなかで失敗してもすぐに劇のなかでやり直すことができる。

劇が演じられる舞台は、半ば現実とのつながりがある一方で、劇という架空性もあり、現実性と架空性（非現実性）の中間的な場、つまり「あたかも○○かのような△△：as if（仮装）」[4]の性質を有している。この性質は、演者が自発性や創造性を発揮して劇の主題の探求をしやすくする機能を果たしている。この舞台の特殊な性質が「余剰現実」（2章1節-3参照）を生み出す。

（島谷まき子）

引用・参考文献

1) Moreno, J. L. *Psychodrama First Volume* 3rd ed., Beacon House, N.Y., 1964.
増野肇（監訳）『サイコドラマ――集団精神療法とアクションメソッドの原点』白揚社、2006.
2) 前掲書 1.
3) 台利夫『臨床心理劇入門』ブレーン出版、1982.
4) Kellerman, P. F. *Focus on Psychodrama: Therapeutic Aspect of Psychodrama.* Jessica Kingsley Publishers, 1992.
P.F. ケラーマン（増野肇・増野信子訳）『精神療法としてのサイコドラマ』金剛出版、1998.
5) Moreno, Z. T. The Function of the Auxiliary Ego in Psychodrama with Special Reference to Psychotic Patients, *Group Psychotherapy, Psychodrama and Sociometry.* vol. XXX, 1978.
三原ひろみ訳「サイコドラマにおける補助自我の機能」、増野肇（編集・解説）『現代のエスプリ No.198　サイコドラマ』至文堂、1984、p109-113.
6) 増野肇『サイコドラマのすすめ方』金剛出版、1990.
7) 長谷川行雄「第1章Ⅲ心理劇の諸要素」、台利夫・増野肇（監修）『心理劇の実際』金剛出版、1986、p37-48.
8) 高良聖『サイコドラマの技法』岩崎学術出版社、2013.
9) 磯田雄二郎『サイコドラマの理論と実践』誠信書房、2013.

第Ⅱ部　心理劇の実践

親子（幼児）による
七夕の心理劇

精神科デイケアスタッフ研修の心理劇

第３章
教育・福祉の現場における心理劇

本章では、日本に導入された心理劇が、教育・福祉の現場において、どのように発展・拡大し、実践されているのかを述べる。言うまでもなく、心理劇の実践は、理論・方法と一体になって相互に関連しながら行われていくことが重要である。モレノは、自発性の原理を子どもの誕生と発達の根幹に据え、自発性の役割の理解と、そのためのウォーミングアップ・プロセスの重要性を述べている。

教育・福祉の現場では、社会、集団における人間関係と発達の問題とが相互に関わって課題が提起されることが多い。支援・教育の心理劇においては、参加者の自発性が育まれ、人間関係の発展が促され、肯定的な役割体験が積まれていくことに、より配慮された実践が必要であると考える。

本章で紹介される教育・福祉の実践現場は、保育園・幼稚園、学校、支援学級、大学、教育相談センターであり、心理劇に参加する人たちは、幼児、児童生徒・大学生、特別支援が必要な子どもたちである。

心理劇の基本的な考え方（自発性が尊重される安心・安全に配慮されたグループによること）と手続き（監督、補助自我、演者、観客の構成、そしてウォーミングアップ、ドラマ、シェアリングの過程を踏むことなど）は共通でありながら、各々の現場における参加者のニーズ、具体的な支援・教育の目的、方法は多様である。各現場の状況や参加者のニーズ、また各々の心理劇の工夫されているところ、技法やその効果などにも注目してほしい。

第1節　保育園・幼稚園における心理劇

乳幼児期は生涯にわたる人格形成の基礎を培う重要な時期とされる。1980年代から急速に進んだ乳児研究に先駆けて、モレノは、「人間は共感的過程に助けられて健康な対人関係の構造と創造的相互作用を生み出し維持する」存在であり、「母親は乳児の補助自我である」とともに、「遊びにおいて演者の役割をとりながら共有する喜びの状況を作り出すなかで、どちらも主体として対等である」[1)]としてきた。乳児は人との共感的関わりを経て次第に人の気持ちを読みとる能力を育てていく。

幼児期には、人間関係のあり方を体験的に学ぶ時期である。自我の成長により、したいことがはっきりし、自己主張をするようになる。親との関係、きょうだいとの関係、友達との関係で、自己主張をしつつも相手の気持ちに気づき、自分の気持ちや行為を調整する人間関係を経験する。その時期の保育者には、子どもたち一人ひとりが受容され尊重されていると同時に、みんなが尊重されていると体験できる集団づくりの役割が求められる。また、イメージ遊び、ふり遊び、ごっこ遊びに興じる時期の幼児に、情緒の安定と人間関係の望ましいあり方が体験できるように、心理劇は活用できる。

1　心理劇の目的

乳幼児との関わりにおける心理劇の目的は、子どものしていること、できていることに寄り添い、共感的相互作用をできるようにすることである。見つめられ見つめ返す、子どもの声がけに同じように声を返す、あるいは少し変化をつけながら声がけを返すなど、心理劇の技法でいえばミラー、ダブル、トリプルの技法など補助自我の技法が役に立つ。幼児教育では「自発的・主体的活動」さらに「対話的で深い学び、心動かされる体験」[2)] の重要性がいわれている。心理劇によって、幼児の自発性、主体性が尊重され、子どもたち相互の興味関心が深まりさらに伸びる環境づくりを促すことができる。発達的にも、ふり遊び、ごっこ遊びを楽しむ時期の幼児には、保育者も演者的に関わることで、みんなが気持ちよく楽しめる状況をつくることができる。心理劇において、自己・人・物と関わり、役割取技（いつものように役割をとる）・演技（「今、ここ」の関係での役割を演じる）・創技（新しく創造的に役割を演じる）などの役割の経験を重ねて、みんなで楽しみ、人間関係を豊かなものにする。その経験を通して、子どもたちには、自発性、主体性、創造性、さらに、豊かな想像力、考える力、人間関係力、自己肯定感などが育まれる。

2　心理劇の構造

保育園・幼稚園における心理劇として、ここでは、自由遊びの状況での心理劇と、心理劇遊びの2通りの構造を述べる。

1）自由遊びの状況での心理劇

対象者：幼児1人から数人（C_1 ～ C_x）。

スタッフ：心理劇の理論・技法を活用できること。

方法：子どもたちの遊びの一瞬一瞬の状況に必要に応じて関わる。

2）心理劇遊び

対象者：幼児6人から8人。全員参加の心理劇があるように、クラス約20人ですることもできる。

スタッフ：監督（L_1）と補助自我（L_2）に加え、幼児の担任が観客（参加観察者L_3）の3名。

方法：セッション時間は30分前後。回数は1回のこともあれば、2～3週間隔で3回など、ねらいやクラスの状況によって考える。

3　心理劇の実際

(1) 自由遊びの状況での心理劇（その1）

1）ねらい

自我の成長の著しい時期の子どもたちの関係の変化を促す。

2）手続き

一瞬の状況の関係を認識し、発展を洞察し心理劇を導入する。

3）心理劇の展開と内容

3歳児クラスでのこと。C_1が、レゴで遊園地をイメージして滑り台を取り付け、人形を滑らし満足げに保育者に共感を求めた。その様子にC_2が別の人形を持って滑らそうとする。が、C_1は「だめ」、保育者「素敵な滑り台、お友達も滑りたいって」に、C_1は「だめ、あした」と言う。

そこでT（巡回相談員）は「ベッドの材料はどれがいいかな」とつぶやくと、C_3がレゴをわたしてくれる。「これでベッド作れるね」と言うや否や、C_2はベッドに見立てられたレゴに人形を横たわらせ、「ぐう、ぐう」と眠る役割をとり、間もなく「朝になった」と滑り台を滑らせた。C_1は快く受け入れ、にこにこして見ている。

4）考察

自我の成長の著しい時期の子どもたちの間では、物の取り合いがしばしば発生する。そのようなときに保育者はそれぞれの言い分を聞いて仲裁をしがちであるが、C_1の「明日になればいい」という気持ちに添ってベッドをつくるという場面設定を誘いかけるだけで、友達が関係に参加しレゴをわたしてくれる。C_2は眠る人形の役割をとり、翌日の朝への場面転換がされ、「だめ、あした」と言ったC_1も、C_2が滑るという新しい状況を受けいれていった。C_1とC_2の関係を心配していたであろうC_3も含めて、それぞれの気持ちを大切にする温かい人間関係を体験でき、その方法も学んでいく。

(2)「自由遊びの状況での心理劇」（その2）

1）ねらい

恐ろしい体験を友達と共に乗り越える。

2）手続き

一瞬の状況の関係を認識し、発展を洞察し心理劇を導入する。

3）心理劇の展開と内容

幼児は恐ろしい体験をすると、ごっこ遊びを繰り返して乗り越えていく。台風のため自然の猛威を体験した翌日、4人の4歳児C_1、C_2、C_3、C_4は木製のレールをつなげている。トンネル、駅、レールの周りに植木や動物が配置される。C_1は、駅のホームに雨が吹き込んでくるのを体験したのか、駅の屋根を一生懸命に取り付けている。

線路の両側に立っていた木々が電車に倒れ込んでいた。その表現に感動してT（巡回相談員）「すごい台風だったね。風がビュービューって」と言うと、C_1「みんな倒れちゃった」と言う。T「みんな木が倒れてしまったね。どうしたらいいかしら」に、C_1「クレーン車」、T「クレーン車で木を起こすの？　それは良いね」のやりとりを経て、黄色い電車とクレーンで「ウィーン、ウィーン」と倒れた木を起こし、線路の脇に植え直していった。

そのやりとりを見ていたC_4は突然立ち上がり、木製の人形や動物を頭上から次々と落とし、台風の荒れ模様を表現し始めた。T「わー、大変、すごい台風。（投げ出された生き物を）助けなくちゃ」とみんなに投げかける。C_4は次々と線路を破壊し「みんなズタズタ！」「死んじゃった！」と言う。C_4は何かを再現し、驚きや怖さを表しているようである。

Tは「大変、救急車来てください」「病院はどこですか？」「病院をつくらなきゃ」「このなかにベッドを」と場面設定をする。子どもたちの救助活動が始まったが、C_4はなおも人形や動物をわしづかみにし投げ出してしまう。「死んじゃった」と高いところから人形や動物を投げ落とす。さらに、「火、燃やす。とろけちゃった」と言う。

震災直後のごっこ遊びを想起するようなあまりにも恐ろしい台風役なので、Tは同じ木製の羊のおもちゃを天空に掲げ（ミラー技法）「羊の形に見える雲が、モクモク出てきました」「羊の形の雲から雨が降ってきました」（トリプル技法）と場面転換を図った。するとC4も木製の象のおもちゃを頭上に掲げ、「象の形の雲だ」と雨を降らせた。Tが「わー、雨がいっぱい降ったら、お池ができた」と言うと、C3「違うよ！　ここは足がぐちょぐちょになっちゃう沼だよ」と、新しいイメージ場面が創られ、子どもたちは手で泥をこね始めた。泥沼に見立てて、「死んじゃった」と投げ出されていた人形や動物たちを生き生きと動き回らせ、自分たちも人形や動物たちと共に生き返ったかのように、泥沼の場面で友達と絡み合い戯れていた。

4）考察

子どもたちC1、C2、C3は台風の怖い体験を遊具を使って表現していた。それぞれに怖い経験を自分なりに表出し、Tや友達と共感し合っていた。TとC1のやりとりを見て、C4もC1のようにTとの深い関係を望んだと思われる。C4は台風の破壊的な役割を演じ始めた。その場面を転換させたのは、Tの役割付与による救急車、救助隊の出動である。子どもたちは病院の医者、看護者などの役割を即応してとってくれる。多くの子どもが緊急事態に力を合わせ乗り越えようと協力している。C4が火のなかに投げ入れようと生き物を頭上に掲げた行為をTはミラー技法で映しながら、ダブル技法[3)]で態度や感情に寄り添いつつ、第三の存在を成立させ発展を促すトリプル技法で羊形の雨雲に見立てを変えて、雨を降らせる場面転換をした。その様子を見ることで、C4の行為の仕方が変わった。C4もTと同じように象の雲の役割を演じて大雨を降らせ、人形も動物も子どもたちも泥沼で遊び興じることになった。

C4は台風の恐ろしい体験を目に見える形で具象化し、新たな役割を創造することで、体験をし直していく。過去に人との関係で課題を抱えている子どもが、特定の人との信頼関係を築く過程においてこの人はどこまで自分を受け入れてくれるか「試し行動」をすることがある。TがC4の生き物を頭上に掲げた行為を肯定的に認め、C4はTと共に雨が降る状況を新しく創造することができた。C4は自分の新しい役割がみんなに喜びを与えている実感を得たであろう。子どもたち、それぞれのあり方が認められ、位置づけられ、泥沼で楽しく終わる心理劇が創り上げられている。C_4は午睡後、Tとの深まった関係を確認に来ている。

(3) 心理劇遊び

1）ねらい

みんなでつくる心理劇。ねらいは、「1　今ここで新しくふるまう。2　即興的に展開する場面において、自発的・創造的にふるまう。3　役割をとって振る舞い、その可能性を広げる。4　日常生活が豊かになる心理劇の体験をする。5　子どもも大人も共に育つ活動をする」[4)]。

2）手続き

幼児6～8人（事例はC_1～C_7の7人）の集団に監督と補助自我の2人でチームを組み展開する。保育形態でいえばこのメンバーで一緒に遊ぼうという一斉保育の形態であるが、個と集団の共に育つ関係を構造的に創りだそうとするものである。幼児一人ひとりにこれからすることの期待が育ち、役割取得が促されるように準備がされる。個々の気持ちと集団全体の動きが関連をもちながら、自己確立・コーナー（少人数）の成立、コーナー交流、統合という構造化がされて、全体がみんなでつくる心理劇の楽しさを体験できるようすすめる心理劇である。

布製（模造紙大）のロケットのシートを壁に貼り付けておく。新たな世界に行くイメージを広げ、これから振る舞う私（自画像）をA6判用紙に描き、ロケットに貼り、心理劇への心構えができる。旅の準備をし、ロケットの発射。旅を創造的に展開する[4)]。

リーダーチーム理論[5)]を基に、監督、補助自我、観客をL_1、L_2、L_3として集団活動における役割機能を分化し連携する（注）。監督は集団の機能でいえばL_1の役割で、①全体との関係で方向性・関係性、②子どもたちとの関係で補助自我的に内容性・関係性、③周辺の子どもC_7との関係で補助自我的に関係性・内容性を担う。補助自我がL_2の役割、担任の傍らで子どもが観客になり、担任がL_3としての参加になった。監督と補助自我の2人で行う場合にはL_3的役割が必要となれば、監督か補助自我のどちらかがL_3の役割を補う。

3）心理劇の展開と内容

① ウォーミングアップ：宇宙旅行の準備

子どもたち各自、思いつく持ち物を用意し、大きい荷物は力を合わせて運ぶなどする。監督L_1「探検隊の皆さんに宇宙服を配ります。何色がいいですか」に思い思いの色を答え、宇宙服を着る。補助自我L_2「ちょっとゴワゴワしてるけどうまく着れるかな」、L_1「ジッパーをジーッと」。子どもたちは「着れた！」と歓声。L_1「ロケットに乗りますが、階段が揺れますので、気をつけて」に、全員、揺れる階段をイメージして慎重に上る。

② ドラマ

i　ロケット発射！

L_1「5、4、3、2、1、発射！」「高くなる高くなる」「保育園の庭がどんどん小さくなる」。子どもたちは観客L_3の担任に「行ってきまーす」と手を振る。宇宙探検の行き先の相談をする。「これが宇宙の地図」と覗き込みながら、子どもC_1「オバケの国」、C_2「ちびっこ保育園」、C_3「流れ星の国」など、子どもたちは思い思いに希望を言う。L_1「たくさん案が出ているけど、宇宙の真ん中を通って行くというのはどう？」「なんだか雲のなかに入ったみたい」、C_1「綿あめのなかみたい」と子どもたちのイメージは広がる。「雲のなかを潜っていこう」。L_1やL_2の補助自我に支えられていたが、イメージについて動くことが難しいC_7がL_3と共に観客となる。

ii　赤ちゃんネズミとの遭遇

L_1（雲のなかにいるネズミの役を演じて）「チュウチュウ」。C_1「なんか聞こえた」。集まってくる子どもたちに、L_1（ネズミ）「子どもたちがいっぱい。どこから来たんだろう？」、L_2「ネズミにお話ししてみる？」。言葉が通じないことに気づき、C_2「歌、歌ったら？」、L_2「ネズミ語で話してみたら？」。子どもたち「チュウチュウ」、L_1「ネズミの赤ちゃんなの、迷子になっちゃったの」、C_3「ママはお買い物に行ったの？」、L_1「森のほうに食べもの探しに」、C_4「何探しているの？」、L_1「どんぐりとか」。子どもたち「チーズも？」「クルミも？」などいろいろ想像する。子どもたち全員森へ探しに行く。L_1（森のなかのお母さんネズミに変身）「チュウチュウ、お母さんネズミです。こんなにたくさんドングリ。向こうの子どもに届けてください」と頼むと、みんなで持って赤ちゃんネズミの場所へ。母ネズミ役のL_1は急きょ赤ちゃんネズミの役割に戻って「おいしいな」と子どもたちと一緒に喜ぶ。

iii　星の探検から鮫との出会いへ

子どもたちは川を泳いでいくことになる。「僕、泳げるよ」「水着も持ってきた」「私も」「浮き輪も持ってきた」と、子どもたちはあちこちダイナミックに泳ぐ。「鮫がいるかも」と鮫退治のグループ（L_2、C_1、C_2、C_3）と、「あの、ぶくぶくしているところは何かしら」と探検の始まるグループ（L_1、C_4、C_5、C_6）に分化する。鮫（L_2）が出現するや否や、逃げ惑う探検グループと鮫退治のグループが入り混じり大奮闘となる。

iv　宇宙と地球を結ぶ実況中継

L_1は、地球に観客でいるC_7と観客L_3の傍らで実況中継をする。「宇宙からの実況中継です。探検隊が宇宙鮫に危険な場所を教えてもらったようです。今カメラで様子を写します。なんだか鮫の歌が聞こえてきました。鮫も一緒に写っているようです」。C_1「もう鮫ではないよ（戦いではないよ）」、C_2「鮫がグヮーグヮーと言ってるだけだよ」、L_1「鮫と仲良しになったようです」。

v　鮫との親交を深める

子どもたちから「地球から持ってきたお弁当をあげよう」「水のなかだから……お弁当広げられない」「しっかり持っていてあげたら？」などいろいろなアイデアが出る。C_4「あんなにおいしそうに食べてくれる」。子どもたちはご飯を焚いてさらにご馳走をする。鮫がおいしそうに食べるのを見て、「鮫にはあんまりご飯がないの？」と心配する子ども。さらに「鮫に素敵なお家をつくってあげたい」ということになる。監督L_1「何でつくる？」。子どもたちから「木でつくる」「木でこんなの付けて」「石もいいかな」とさまざまな提案が出る。全員でいろいろな材料を運び込み、家づくりをする。「キラキラ光る星を家に付けたい」という子どもの発言に、L_1は地球のC_7とL_3に「キラキラ星持ってきてくれますか？」「投げてくれてもいいです」と頼む。宇宙で家づくりをする子どもたちはそれを上手に受け取り、星の飾りを付けた。「煙突も付けたい」「模様も付けたい」、絵の具を使って屋根にも煙突にも絵を描ききれいに完成した。テレビもお布団も揃え、気持ちよい家にしてあげたいというみんなの気持ちがあふれていた。L_1「鮫さん気に入った」、L_2（補助自我・鮫役）「かわいい模様のお家をありがとう、お礼をしたいけど、鮫の星の宝物。屋根の上の飾りの星をくれた地球のお友達にもお土産あげてね」。

③ シェアリング：保育園の庭に帰還する

全員「ただいまー」「先生、キラキラのお土産、先生の分もC_7の分ももらったの」、観客L_3「どこに行ったの」、子どもたちそれぞれ「宇宙の真ん中」「鮫がいた」「赤ちゃんネズミもいた」「迷子になってたの助けてあげた」と答える。L_3「良かった。また今度行こうね」。

4）考察

壁に貼られているロケットが、心理劇への導入に子どもたちの期待を盛り上げていき、終結時には地球への帰還を促すなどの機能をはたしている。それ以外は、空想の物で場面はつくられ、みんなでつくる心理劇での役割演技、言葉や行為表現である。イメージを共有して演じることが難しい子は担任と共に観客になり、地球と宇宙の間の実況中継や鮫の家づくりの飾りを地球から送ってくれる役をとるなど、観客でいながら交流し参加できている。

宇宙の真ん中の雲のなかに潜り探検するイメージ、赤ちゃんネズミとの出会い、ネズミとのコミュニケーションを考えようとする姿、迷子の赤ちゃんネズミを心配する子どもの姿、食べ物を運んできたが赤ちゃんネズミがいないことに驚く姿。星の川を潜っての探検、探検グループの交差交流、鮫との戦いと友情の芽生え、鮫の食事づくりや家づくり、鮫との別れ、お土産を地球の友達に届ける心理劇が、みんなの協力でつくられた。シェアリングは帰りのロケットのなかですることもあるが、この劇では帰還後観客への報告で行っている。子どもたち一人ひとりの自発的・主体的な役割のとり方やイメージが尊重され、心理劇の流れがみんなの力で発展的につくられている。

監督（L_1）は、子どもの自発性を尊重し応答し、多様な演者的役割を発揮し劇的状況に子どもたちを誘う。子ネズミや母ネズミの役割を演じ言葉が通じるためにどうするかなど内容を盛り上げる。チームを組む補助自我（L_2）は、探検隊役の子どもと相談したり、探検隊を追いかけ追いかけられ逃げ惑う鮫を演じる。地球と宇宙での交信場面や家づくりの材料の調達では、交信する監督（L_1）と宇宙探検隊の子どもたちと共にいる補助自我（L_2）と観客的な子どもと観客（L_3、担任）が応答し、交流が実現する。監督は、子どもたちのイメージの盛り上がりに寄り添って、必要に応じて演者や補助自我になり、全体の方向性を洞察し、場面の交差・交流、場面転換を図って状況操作[6]をしていく。

4　幼稚園、保育園における心理劇の要点と考察（まとめ）

心理劇では、子どもはいろいろな物をイメージし、活かし振る舞い、自己と人と物との関係が展開する状況で振る舞い方を学ぶことができる。保育者が心理劇をするにあたっては、以下の3点が要である。

第一に、補助自我的関わり方ができるようになること。即ち、個々の気持ちに寄り添いながら個々の子どもとの関係の発展を促す「かかわり方」[5,7]を意識し、役割がとれること。第二に、「三者関係的発展」を図るようにすること。即ち、人と人との関係に第三者がどのように関わると発展が促されるか、人と人との関係にどのような物（場面）があると、あるいはどのように物が関わると発展がもたらされるかの視点をもつこと。第三に、個と集団の関係をとらえること。集団に個々のイメージや思いが位置づき共有されるように、保育者が演者性や補助自我性を発揮し、適宜、監督的に状況操作技法を展開し、個の伸びることを集団全体の発展・展開につなげることである。一人ひとりのあり方が尊重され、子どもたちと大人と共につくり上げられる心理劇で、楽しく充実した体験が、心理劇の目的の項に述べた発達課題を促進することになる。

注：リーダーチーム理論における役割の3機能は、内容性、関係性、方向性である。「L_1は、集団全体をとらえ、その方向性を明らかにしたり（方向性）、小集団間関係発展を

促進する場面設定、役割付与をする（関係性）。L_2 は小集団活動における子どもたちの自発活動を促進したり（内容性）、子どもたち同士の関係が発展する役割付与、場面設定をする（関係性機能）。L_3 は周辺的にいる子どもに即して動き、その子どもの自発的活動を促進しながら（内容性）、他小集団との関係、全体集団状況の発展をはかる（関係性機能）」。

引用・参考文献

1）Leutz, G.A. *Mettre sa vie en scene Le psychodrama.* Desclee Brouwer, 1985.
グレーテ・アンナ・ロイツ（野村訓子訳）『人生を舞台に――モレノの継承と発展 心理劇』関係学研究所、1989、p104-118.
2）文部科学省「幼稚園教育要領」、2017.
3）J. L. モレノ（増野肇監訳）『サイコドラマ――集団精神療法とアクションメソッドの原点』白揚社、2006、p279-281.
4）児童臨床研究会（松村・矢吹・水流ほか）編著『―関係学・心理劇式―共に育つ発達評価法』関係学研究所、1998、P168.
5）日本私立幼稚園連合会編（松村康平）『幼児の性格形成――関係発展の保育』ひかりのくに、1976.
6）土屋明美「心理劇の諸技法」、関係学会編『関係学ハンドブック』関係学研究所、1994、p82-83.
7）矢吹芙美子「生涯にわたる「人間関係」」、酒井幸子編著『保育内容　人間関係』萌文書林、2012、p63-65.

（矢吹芙美子）

第2節 学校教育（道徳）における心理劇

特別の教科である道徳（以下、道徳科）では、指導のねらいに則して、道徳的行為に関する体験的な学習等を適切に取り入れることが求められている。そのため、各学年の教科書に必ず、指導方法として役割演技の活用が取り入れられた教材が入っている。

以下、道徳科での役割演技の活用のあり方の具体について述べていく。

なお、「役割演技」は「ロール・プレイング」の訳語と思われる。本稿ではこの2つを同義として、以下すべて「役割演技」と表記する。

1 道徳科での役割演技の目的

(1) 道徳科の目標

道徳科の目標について、学習指導要領[1]では、次の通り記述されている。「よりよく生きるための基盤となる道徳性を養うため、道徳的諸価値についての理解を基に、自己を見つめ、物事を［広い視野から］多面的・多角的に考え、自己の生き方についての考えを深める学習を通して、道徳的な判断力、心情、実践意欲と態度を育てる。」（記述は小学校。［ ］は中学校。また、中学校では「自己」が、「人間として」である）。つまり、学習内容として、大きく「道徳的諸価値の理解」と、それを基にした「自己［人間として］の生き方についての考えを深める」の2つがあるといえる。その際、この2つには、必ずしも順序性があるということではない[2]と考える。

(2) 道徳科で役割演技を用いる意味

学習指導要領解説[3]で、指導方法の工夫として「特定の役割を与えて即興的に演技する役割演技」と紹介されているように、役割演技は、単に教材の登場人物の台詞を教材に書かれたまま表現することに終始することではない。同解説では、活用の留意点として「単に体験的行為や活動そのものを目的として行うのではなく、授業のなかに適切に取り入れ、体験的な行為や活動を通じて学んだ内容から道徳的価値の意義などについての考えを深めるようにすることが重要である。」[4] と、役割演技の活用の目的を述べている。この目的の達成のためには、演じる場面や演者を吟味し、演じた後の話し合いで演じた意味を明確化することが大切である。

2　道徳科における役割演技の構成要素

道徳科における役割演技と一般的な心理劇との実施の要件の違いは、①授業者が監督であり、道徳科の授業は学級担任が行うことが一般的であること、②舞台はなく、教室の前のほうに演じるスペースを空けて、そこで演じること、③訓練された補助自我はいないこと、が挙げられる。

なお、①について補足すると、心理劇の監督と違い、授業者としての学級担任は、授業の事前・事後の子どもたちの実態を的確にとらえることはできるが、必ずしも役割演技の監督としての十分な訓練を受けてきたわけではない。そのため、研修会等への参加や模擬授業の実施などで、役割演技の理解が深い指導者から指導を受けることを心がけることが大切である。また、「誰を役割演技の演者に選ぶか」という「演出者役割」（とりわけ、後述する適切な補助自我の指名）や、「演じられた後の話し合いで、誰に何をたずねるのか」という「授業者役割」の遂行が適切に行われると、子どもたちが、演じられた意味を解釈する「分析者役割」を担えるようになること、そして子どもたちによる「分析者役割」の実現は、観客や演者が協働してフィードバックを行う「発達援助者役割」に発展することが明らかになっている[5]。なお、監督役割を適切に遂行するために、監督である授業者は演者にならずに監督に専念することが肝要である。また、道徳的な問題の焦点化や役割演技の適切な活用を図り、演者や観客が監督役割を補完できるようにするためには、監督の目から離れた場所での、子どもたちだけのペアやグループによる役割演技は行うべきではないと考える。

ところで、主役が演じたい役割を自発的に演じられる相手役（主役の「ミラー」の役割をはたす補助自我）をその時間に見出すことは、役割演技の監督の重要な役割となる。なお、子どもが相手役としての補助自我を演じることが難しい（大人の役割等）と思われる場合には、同僚や管理職の教員や職員、あるいは授業参観の保護者に演者を依頼することが有効である[6)]。

3　道徳科における役割演技の実際―役割演技をどこに取り入れるか

道徳科における、話し合いによる授業と役割演技による授業の違いを概観すると、大きく次の点が異なるといえよう。話し合いでの授業では、教材に示された登場人物の言動や考えについて、その道徳的な意味や意義を吟味し、（知識として）理解しようとする。一方、役割演技での授業では、①その道徳的問題の場面での「自己のあり方」が創造的に演じられ、「道徳的諸価値の理解」が〈実感的〉に深められる。そのため、役割演技では、教材に示された登場人物の言動に留まらない、展開や深まりが生じる。②演じる前（演じた後）の話し合いで深められた「道徳的諸価値の理解」を基に、教材に示されていない（その先の）場面を役割演技で創造的に演じることは「自己の生き方」について創造され、深められる。この2つの具体例を示す。

(1) 中心発問（道徳的問題の場面）で、役割演技で演じる例

小学校1年生「くりのみ」[7)]（内容項目「友情、信頼」）を例に説明する。授業では、中心発問の、「きつねはうさぎからわたされたくりのみを握りしめながら、どんなことを思ったのでしょう。」に対する児童の反応から演者（特にうさぎ）を選定し、「それはかわいそう。これを一つどうぞ。」と言って、うさぎがきつねに栗の実をわたすところから、役割演技で演じた。

うさぎから栗の実を差し出されても、きつねは「もらえないよ」と言って後ずさりして拒否する。それでも、うさぎから、「おなか空いてるんでしょ。二つあるから一つどうぞ。一緒に食べよ」と言われると、両手で丁寧に受け

取った。だが、両手で包んだまま、食べることができなかった。

何度かうさぎに、「遠慮しないで、食べて」と促されると、きつねはいたたまれなくなって、「うさぎさん、ごめんなさい。本当は、おなかがいっぱいなの」とあやまった。うさぎは、状況が飲み込めずに、「どうして」と聞くと、きつねは、「どんぐりをいっぱい見つけたんだ」と告白した。

その後きつねは、驚いているうさぎをどんぐりを隠した場所に連れて行き、自らどんぐりをすくい、うさぎの両手のなかにこぼれるほど盛った。するとうさぎは、「こんなにもらっていいの？　きつねさんも一緒に食べよう。私のあげた栗も食べてね」と言って２人で一緒に食べ、「残ったどんぐりは明日また二人で分けて食べよう」と笑顔で話して、演技が終了した。

演じた後の話し合いで、観客は、きつねは、うさぎからわたされた栗の実を、両手で大事に受け取っていたこと、隠したどんぐりをうさぎにたくさん分けることが少しも惜しくないように見えたことを指摘した。また、うさぎはどんぐりを見て、「すごいね」と言って、きつねが空腹ではなかったことを喜んでいたこと、２人で美味しそうに食べていたことを指摘した。

うさぎの児童は、最初からきつねが何も取れていなかったときには、２つしか取れなかったうちの１つを分けてあげようと思って、食べずに握りしめていたこと、きつねが空腹ではないことに安心し、どんぐりの多さに感心したこと、どんぐりをきつねに分けてもらえて嬉しかったことを語った。一方、きつねの児童は、うさぎからの栗の実が、うさぎの心のこもった「宝物」に思えて食べられなかったこと、謝ったけれど、怒られずに安堵したこと、そして、どんぐりの隠し場所に連れて行き、うさぎと同じように、「半分ずつ」にして分けたこと、それは、「ちっとも惜しくなかったし、二人で食べて美味しかった」ことを語った。

(2) 中心発問で価値の理解を深めた後に、役割演技で演じる例

中学校教材「一冊のノート」[8]（内容項目「家族愛、家庭生活の充実」）を例に説明する（教材は、インターネットからの取り込みも可能である）。

授業では、中心発問でおばあちゃんのノートを見たぼくの気持ちを考え、

価値の理解を深めた後、「いたたまれなくなって外に出たぼくは、草取りをしている祖母を見て、どんな気持ちになったでしょう」と問い、生徒が演じたいおばあちゃんとぼく（まさお）を、役割演技で演じるようにした。

まさおは、おばあちゃんを離れた所からしばらく見つめた後、おばあちゃんの横に並んでしゃがみ、しばらく黙ったまま草取りをした。そして、「あとは僕がやるから、おばあちゃんは家のなかに入って、麦茶を飲んで休んでよ」と声をかけた。おばあちゃんは、少し驚いたものの「まさおはいいんだよ。おばあちゃんがやるから、うちの中でテレビでも見ておいで」と言って聞き入れようとしない。何度言っても家に入ろうとしないおばあちゃんの様子から、まさおは、背の高い草を黙々と刈り始めた。「一緒にやってくれるのかい」とまさおに声をかけながら作業を続けるおばあちゃんに、まさおは近づき、寄り添った。そして、同じ方向を向いて手を動かし続けながら、「……（間）、おばあちゃん、ごめんね、ひどいことばかり言って。おばあちゃん……（間）、ありがとう」と涙ぐんで話した。おばあちゃんは、「あんたも大きくなったんだね。一緒にやってくれるのかい。ありがとね」と微笑みながら、まさおと並んで、一緒に草取りを続けた。

演じた後の話し合いで、まさおを演じた生徒は「暑い日だから、早くおばあちゃんを家の中に入れて、冷たい麦茶を飲んでほしかった。でも、中に入ろうとしないから、早く草刈りを終えて、家に入れたかった」と述べ、「今まで自分たちの世話をしてくれたおばあちゃんに、これからは少しでも自分ができることをして守って、恩返ししたいから」とその意味を語った。一方、おばあちゃんを演じた生徒に、監督が「良いお孫さんだね」と声をかけると、ニコニコしながら「本当に、かわいい孫です。こんなに大きくなって、嬉しくて」と語り、家に入らなかったのは、「自分の仕事だし、（孫には）暑くて大変だから」と、老いてもなお家族のために役立ちたい気持ちだったことを話した。さらに、いつも忘れてばかりで家族に迷惑をかけることをすまないと思っていること、今のまさおは少しも怖くなかったばかりか、一緒に草刈りをしてくれて、「すまないけれど、嬉しかった」ことを語った。

4　役割演技の監督である授業者の大切な役割

(1) 誰を演者にするか：「演出者役割」について

授業者は、たいてい子どもの実態から「今日のテーマを特に考えてほしい子」を想定していて、その子が、教材の主役を演じて価値の理解を深められることを願っている。そのためには、その時間にその子が演じられるかどうか、演じられるように創りながら見極めるようにすることが求められる。その際、子どもたちは、中心発問に近づけば近づくほど、登場人物の誰かに自分を重ねて考えているので、監督としての授業者は、子どもたちがどの立場で考えているかを見定め、主役の子が本当に演じたい役割を演じられる「適切な相手役」を指名することが肝要である。

例えば、前項の「くりのみ」では、中心発問「きつねはうさぎからわたされたくりのみを握りしめながら、どんなことを思ったのでしょう」に対して、「どうしよう。嘘ついてごめんなさい」ときつねの視点から発言する児童がいる一方、「どうしてうさぎさんは、大切な栗を僕にくれるの」「心配してくれるの」など、うさぎの視点からその思いを考えている児童がいる。

また、「一冊のノート」では、「祖母のノートを読んだときの僕は、どんな気持ちになったでしょう」の問いに対する、「自分ではどうすることもできない辛い気持ちだったんだ」とか「こんなに僕たちのことを思ってくれていたんだ」など、生徒の発言の主語に「おばあちゃんは」を置いてみると、おばあちゃんの立場から語る生徒が見つけられる。さらに、その生徒に「なぜ『せめてあと5年』なのでしょう」と問い、孫たちへの自分の援助が必要でなくなるまでは、なんとか頑張ろうと自分に鞭打つおばあちゃんの気持ちに気づくと、おばあちゃんを演じられる生徒が出来上がる。

(2) シェアリング――何をたずねるのか、「授業者役割」について

演じた直後の演者は、自分の演じた役割を振り返ったり、その意味を解釈したりして言語化することが難しい場合が多い。したがって原則的に、演者

より先に、観客に対して（演者ごとに）何が起こっていたをたずねるとよい。観客は、自分の感じた内容から、演じられた役割の解釈を話し始め、演者はそれを聞きながら、自己の演じた役割の意味に関する考えを深める構造が生起する。また、たずね方として、「きつねさんは、何て言ってい（るように聞こえ）ましたか？　どんなことをしてい（るように見え）ましたか？」としてもよいし、「おばあちゃんには心当たりのないことで、いつもおばあちゃんを怒る『ぼく』が隣にきても、おばあちゃんにはおびえがなかったのは、なぜだと思えましたか」、「『ぼく』がおばあちゃんと向き合うのではなく同じ方向を見て話していたのは、どんな気持ちだったからに見えましたか」などと、具体的にたずねるのもよい。

5　要点と考察――道徳科の授業に役割演技を取り入れる効果と留意点

コルシニ（Corsini, R.J.）[9]は、ロール・プレイングは思考、感情、行動の3要素が同時に働き、全体的包括を創造するので、心理学的には、現実的経験に成り得る、と述べている。例えば、「一冊のノート」では、おばあちゃんに対してわき起こる自分の感情を、役割（謝罪、感謝、支援）を通して表現しながら（「感情・行動」）、家族のよさを実感的に理解し（「思考・認知」）、さらに相手との関係のなかでよりよい生き方としての新たな役割（家族の一員としての協働、理解者、支援者）を創造する（「行動・感情・思考」）ことで、「道徳的諸価値の理解」と「自己のあり方に関する考えを深める」との融合（価値観の再構築）が、現実的経験として繰り返し生起していたことがわかる。

以上のように、役割演技を用いた道徳科の授業では、個々人の納得解が深められる。だが、尾上[10]が役割演技で「肯定的な気分を味わえば、それが当然、治療的効果を生み出します。（中略）ネガティブな気分を味わうことになれば、そのダメージや傷は『現実』のものと変わらないことになります」と述べているように、役割演技は用い方によっては重大な弊害が生じることも十分理解し、効果的な活用を心がけることが肝要である。

引用・参考文献

1) 文部科学省「小学校学習指導要領（平成29年告示）」東洋館出版、2018、p165.
文部科学省「中学校学習指導要領（平成29年告示）」東山書房、2018、p154.
2) 中央教育審議会「幼稚園、小学校、中学校、高等学校及び特別支援学校の学習指導要領等の改善及び必要な方策等について（答申）」、2016年12月21日、p222.
3) 文部科学省「小学校学習指導要領（平成29年告示）解説 特別の教科 道徳編」廣済堂あかつき、2018、p85.
文部科学省「中学校学習指導要領（平成29年告示）」教育出版、2018、p84.
4) 前掲書3（小学校）、p96. 前掲書3（中学校）、p97-98.
5) 菅原友和・早川裕隆「役割演技を用いた道徳授業における教師の監督技量を養成する研修プログラムの開発についての研究」、『道徳教育方法研究』22号、2017、p41-50.
6) 北川沙織・早川裕隆「家庭や地域社会への思いを深める道徳授業の事例的研究（Ⅰ）――即興的な役割演技の演者として地域の人々が参加する実践を通して」、『道徳教育方法研究』23号、2018、p31-40.
7)「くりの み」、『みんなのどうとく 1ねん』学研、2018、p82-83.
8)「一冊のノート」、『私たちの道徳 中学校』文部科学省、2014、p186-193.
9) Corsini, R.J. *Roleplaying in Psychotherapy: A Manual.* Aldine Transaction, 1966.
レイモンドJ. コルシニ（金子賢監訳）『心理療法に生かすロール・プレイング・マニュアル』金子書房、2004.
10) 尾上明代『子どもの心が癒され成長するドラマセラピー――教師のための実践編』戎光祥出版、2011, p25.

（早川裕隆）

第3節　不登校支援施設における心理劇

地方自治体がこれまで実施してきた不登校支援対策に、2つの施策がある。ひとつは教育相談センターや教育相談室を開設し、本人ならびに保護者対象の教育相談（カウンセリング）を実施してきたこと。もうひとつは、不登校児童・生徒に学校（学級）以外の活動場所（以下、不登校支援施設）を提供し、そこで学習活動や集団活動に関するプログラムを提供、その施設への参加を授業への出席と同等にみなすようにしてきたことである[1)]。

後者の不登校支援施設には大きく2種類の実施形態がある。特別支援教育のひとつの情緒障害児学級として位置づけ学校内に通級指導学級を設置している場合と、適応指導教室（教育支援センター）として教育委員会が学校外の場所に活動場所を提供している場合である[2-4)]。両者は場所が学校内か学校外かという大きな違いを有しているが、両者ともに在籍クラスへの学校復帰（学級復帰）を究極的には目標としていることや、自主性・自立性を育てる、対人コミュニケーション能力を育てる、自信を回復させるなどの当面の目標に従って活動していることなど、その活動内容には共通する点が多い。

教室に通っている生徒たちのなかには、不安が強く、朝の最初の授業時間からは参加できない生徒も多い。また一方、支援学級のなかでは安定した生活を送ることができ、教室内の友人とならコミュニケーションも普通にとれるようになる生徒もいる。これらの生徒たちの一部は、次に学校復帰（学級復帰）を試みる段階に進む。

そこで、実践1では前者の支援学級にも安定した通級ができず自閉傾向のある生徒に対するサイコドラマを、実践2では学級復帰途上にある生徒の課題を取り上げたサイコドラマの実践を取り上げよう。

なお、本稿では心理劇の方法のなかで、主役中心に行う技法のひとつである「サイコドラマ」（2章2節-1参照）を用いる。

1　心理劇の目的

(1) 不登校支援施設の機能

不登校支援施設の多くは、3つの大きな柱となる活動を実施している。学習活動、集団活動（体験活動）、教育相談活動である。不登校支援施設の多くは、教育相談センターと併設されていることが多く、教育相談活動がひとつの柱となっていることは納得できる。また、あくまで教育委員会が運営主体である学校教育の1部門であるので、学習活動がもうひとつの柱となっていることもうなずける。そう考えると、集団活動（体験活動）が、不登校支援施設を最も特徴づけている活動であることが理解できる。つまり、集団活動（体験活動）の取り組み方によって、不登校支援施設の在り方が多様に規定されているのである。

集団活動として実施されている活動は、音楽活動、スポーツ活動、創作・造形活動、調理活動など多種多様であるが、残念ながら、サイコドラマを実施している教室は少なく、今のところは筆者が関与している特別支援学級のみといってよかろう。

(2) サイコドラマを不登校支援施設で実施する意義

不登校支援施設でサイコドラマがはたせる役割についてまとめてみよう。

①心を閉ざしがちな子どもたちの自己表現の場として機能できる。

②あまり話そうとしない不登校の子どもの日常の生活の一部や家族・友人との人間関係を知ることができる。

③学校行事への参加や、一部の授業について通常学級復帰をするなど、新しい段階への挑戦期に、子どもたちがどのような課題に直面しているかを理解し、その対処法を検討できる。

④支援学級の同輩や先輩が新しい段階の課題に挑戦する際に経験する出来事を共有し、予習的に体験できる。

不登校の子どもの多くは、すべての面で、心を閉ざしがちな状況にある。

そのためサイコドラマでのウォーミングアップで「昨日何があったか」とたずねても、「何もない」と答えることが多い。したがって、サイコドラマに参加することにより、彼らが自分の生活体験を言語表現したり、サイコドラマ的にドラマとして表現する機会をもつことは、それだけで意義のある体験である。

2　心理劇の構造

ドラマの参加メンバーは、筆者が監督を務めるほか、支援学級の教員が交代で2人ほど参加、子どもたちの参加は3人から6人ほどである。不登校気味の子どもたちなので、その日の参加者はその日にならないと確定しない状況のなかで実施している。また、筆者が支援学級に関わり始めた頃は、ウォーミングアップ15分、ドラマ50分、シェアリング10分くらいの時間配分で、ウォーミングアップで出てきた話題から主役を選んでいた。しかし、この方法では参加者の自己表現することへの抵抗が強く、なかなか適当な話題が提供されず主役も現れにくい状況であった。そこで、学級担任の先生にあらかじめその日の主役を選んでもらい、授業の前に、監督である筆者とサイコドラマの話題についての打ち合わせをする方法に変えた。子どもたちは1対1でなら筆者に話をしてくれるようになり、サイコドラマとして適切な話題がでるようになった。そして、ウォーミングアップは主役が提出した話題に応じて、家族の話題なら円形に座った参加者全員に家族のことを語ってもらい、学校行事の話題なら今まで経験した学校行事について語るようにした。シェアリングはいつも行っているが、本稿では紙幅の関係で省略した。

3　心理劇の実際

それでは、サイコドラマの実践例として、中学生の2つの事例を取り上げたい。ひとつめは、あまり心のなかを話そうとしないAが、少し心のなかを話してくれた事例である。自分の課題に向き合うことを避ける傾向が強い不登校の子どもが、サイコドラマを通じて何とか少し自分に向き合えた事例である。2つめは、不登校のわりに比較的健康度の高かったBが、学級復帰途上で起こった出来事をサイコドラマで取り上げることで、自分のもつ課題の解決の糸口を見出した事例である。

(1) 事例1：沖縄に行きたい

1）主役との打ち合わせ

男子生徒Aが主役になることが決まっていたが、テーマになる出来事について何を聞いても「ない」を繰り返すだけなので、この回も監督として困っていた。話を始めて10分ほど経ってようやく、半年ほど前に「1人で沖縄に行きたい」と父親に言ったが断られたというエピソードをAは口にした。それでこのことを出発点にしてドラマを行うことにした。

2）第1シーン（父に話しかけた場面の再現）

主役：お父さん、沖縄に行ってきていいですか？

父：誰と行くのですか。

主役：ボッチです（僕1人です）。

父：「(行っても）いいぞ」って言うと思ったか。

主役：えーー（目を丸くして驚いたような表現をする)。なら行かない。(監督に向かって）これで、(すべてを語ったので）終了ですね。

監督：わかった。では、ここまでの会話をひと通り、「えーー」というセリフになるまでをやってみよう（役割交換で一つずつ明らかにしたセリフをつなげて通しで演じさせる)。

監督：「えーー」は、どんな気持ちからですか？

主役：悲しい感じです。

(主役がこのときの気持ちを、「悲しい」と表現してくれたのが大きかった)

3）いくつかの気持ちをロールとして取り出す

監督：では「悲しい気持ち」を（補助自我として）選びましょう。そして役割交換して、「悲しい気持ち」はあなたに何を言っているか、表現してください。

悲しい気持ち：これで私の世界は終わってしまった。

監督：悲しい以外にも別の気持ちがあるよね？（主役：はい）

監督：何ですか？（主役：怒り）じゃあ、「怒りの気持ち」も選びましょう。

怒りの気持ち：何で行かせてくれないんだ。

監督：では、ここまでを、自分役をS先生にやってもらって、あなたはミラーの位置で見てみましょう（一通り最初から場面の外のミラーの位置で見る）。

監督：どうでした？　何が見えますか？（………）お父さんはどうして行かせないと言ったのだろう。

主役：1人で行くと言っても許してくれない。4人で行くと言えばいいかもしれない。

監督：「4人で行けば許してくれるか」と聞いてみるのは、どうかな？（主役：はい）

主役：（父親に）4人で行けば許してくれるのか？

父親：おまえに4人も友達がいるのか。

4）第2シーン（友達をつくる方法を探る）

役割交換して父親役になった主役自身が言った言葉だが、「おまえに4人も友達がいるのか」という発言を聞いた主役はかなりショックを受けたように見えた。この後、役割交換を繰り返しながら、どうしたら、友達がつくれるかを主役が考えられるように監督として援助した。その結果、時間はかかったが、「3時間くらい、外での活動ができれば、友達をつくることが可能だ」という、主役にとって達成可能な目標にたどりつくことができた。

(2) 事例2：音楽の授業で声が出せない

Bのこれまでの状況

男子生徒Bは1年生の終わりに通常学級でいじめにあい学校に通えなくなった。2年生になってクラス替えがあったが、新クラスにも適応できなくて、2年生の6月ごろ支援学級に来るようになった。Bは支援学級に通級したばかりの6月、10月さらに翌年の2月と合計3回のサイコドラマで主役を経験した。Bは支援学級に通い始めて3カ月程度で、通常学級の校外学習や合唱コンクールに参加できるなど、もともと比較的健康度が高かった、と考えられる。そして2年生の10月から、支援学級の先生に勧められて音楽と体育の2科目について、Bは在籍学級で授業を受けるようになっていた。

Bにとって3回目のドラマ

1）授業前の打ち合わせ面接

音楽の授業は10月から在籍の通常学級での授業に参加している。（監督：授業のなかで何かうまくいかないことはある？）大きな声が出せない。人が多いと遠慮してしまう。カラオケだと大きな声が出せるのに授業では出せない。（監督：このドラマの目標は？）どうすれば大きい声が出せるか考えたい。

2）第1シーン：音楽の授業

先生：今日は「予感」を歌います。ブレスをきかすのが難しいので頑張ってください。

監督：（主役に）クラスメートのなかでは誰が気になる？

主役：D君。あとはクラス全体。

監督：じゃあ、D君およびみんなと役割交換してください。

D：自分は音楽が好きで頑張って声を出している。

みんな：ンアー（大きい声で）。（ここで本日の参加者全員を生徒役として教室場面に座らせた）

監督：（Dとみんなの声を聞いて）どんな気持ちになった？

主役：自信のない自分、甘えている自分、頑張れと励ます自分がいます。（主役から3つの気持ちが出てきたので、これら3つの気持ちが主役にどんなメッセージを送っているかを役割交換によって特定する）

自信のない自分：みんなうまいから自信なくすよなぁ。

甘えてる自分：みんなの声が大きいから、自分の声は小さくてもわからない。

励ます自分：みんな頑張っているから自分も頑張らなくては。

3）今回は過去に戻らなかった

監督が、「自信のなさは、いつ頃からあなたのそばにいますか？」と聞くと、主役は、「小2のときから」と答えた。「何があったの？」と聞くと、主役はその頃のいじめられた体験を思い出していた。サイコドラマでは過去に戻ることがある。過去に戻ることにより大きな声が出ない原因のルーツに迫ることができる。しかし一方、過去に戻ることは危険を伴う場合があるため、タイミングを選ぶ必要がある。今回は、監督も過去の傷を扱うのは時期尚早と判断し、現在の場面のみでの改善をめざした。将来いつかBがこの課題に取り組める日がくることを期待したい。

4）この場面をミラーの位置で見る

（自分役を選んで役割交換し、現在の場面をミラーの位置で見る）

監督：何が見えますか？

ミラー（主役）：弱気な自分を感じる。

監督：この場面がどうなったらいい？

ミラー：自分を弱気にさせる甘えと自信のなさを振り払いたい。

監督：何があなたの味方にいれば振り払う力が出ますか。

主役：自信かな？

監督：では振り払う手伝いをする「自信」役を選ぼう。

主役：(「自信」を味方につけて、「甘え」と「自信のなさ」に近づく）これからは自信をもってやっていくからつきまとわないで。(「甘え」と「自信のなさ」を振り払う）

監督：よくはっきりと言えたね。では、最初の音楽のシーンをもう一度やってみよう。1回目と違って大きな声が出せそうなら出してください。

5）第1シーンを再現し必要に応じて修正する（未来投影）

音楽の先生の話から再現し、合唱するところで、頑張れと自信役が主役の背中を押している。そして主役は大きな声を出すことができた。

4 要点と考察

事例1でも事例2でも、最初に行うのは主役に起こった事実の再現である。このときに役割交換という技法を多用する[3)]。そこにいた補助自我として、事例1では父親を選び、事例2では音楽の先生とクラスの生徒仲間を選んでいる。そして主役が役割交換によって、父親や先生になって、そのときに父親や先生が何を言ったかを表現し、それらをつなげて何があったかを再現している。そして、次に、そのときに感じた主役の気持ちを特定し、事例2では、3つの気持ちを表現するロール役を選び、ここでも、役割交換して主役が3つの気持ちになって、気持ちが発しているメッセージを明らかにしている。そして次に自分役を選び、主役自身は、ドラマの外に出てミラーポジションから自分に起こった出来事を客観的に見つめ、検討するということを行っている。事例2では最後に、未来投影として、もう一度授業中に同じことが起こったら、自分のしたいように変えてみるということを行った。

事例1の生徒Aは自閉傾向のある生徒で、小学校は全く登校できず、中学校ではじめて支援学級に通級し始めたのである。友達も少なく、家ではもっぱらゲームを相手に生活しているようで、彼にとっては支援学級に通うだけで精いっぱいなのかもしれない。このようなAにとって、父親との数少ないやりとりをサイコドラマとして再現することは、自分の生活を振り返る大きな体験であったと思える。このときの父親は「いいぞと言うと思ったか」、など父親としての愛情が感じられない冷たい応対であった。しかし、Aのなかに悲しいという感情が残った貴重な体験でもあった。このことをサイコドラマで取り上げたことにより、自分の課題として、友達をつくることや、友達とのコミュニケーションを図ることが大切であるということに気づくことができた、Aにとっての貴重な体験となったのではないかと思える。

支援学級の教員Kは音楽の教員で、事例2の生徒Bは音楽が得意であることから、KはBが不安なく音楽の授業にとけ込んでいるものと思い、疑っていなかった。しかし、現実のBの音楽授業での状況はKが思っていたのと違っていた。10月から音楽の授業に参加しているBが、在籍学級で萎縮している様子はサイコドラマで取り上げてみて初めて明らかになったのである。

Bが行った今回の3回目のドラマは、他のメンバーがいずれ経験する課題に関しての予習という意味ももつ。通常学級の行事に参加するとはどういうことなのか、どういうことが起こるのか、どんな困難があるのか、などのことを他の通級生が共有する体験となる。

このように、学校行事や授業参加など不登校の子どもがひとつ階段を上がる時期に、子どもたちがどのような気持ちで行事や授業に参加しているかを教員が理解する意味は大きい。Bは2年生の10月から音楽と体育ではあるが在籍学級に復帰した。Bは、学級復帰後5カ月が経過した2月に訪れた主役の機会をうまく生かし、音楽の授業中の課題を明確に表現し、解決の糸口を見出すことができた。Bはこのことで、停滞していた5カ月をうまく乗り越え、やがて音楽と体育以外にも、理科、数学、技術と通常学級で受ける科目を増やしていき、卒業時には、半分程度の時間を在籍の通常学級で過ごせるようになった。

引用・参考文献

1) 文部科学省「教育支援センター（適応指導教室）整備指針（試案）」
https://www.mext.go.jp/b_menu/shingi/chukyo/chukyo3/siryo/06042105/001/006/001.htm
（2020年2月10日閲覧）
2) 沢崎達夫・谷井淳一「適応指導教室の運営および活動の現状と課題」、『目白大学人間社会学部紀要』創刊号、2001、p57-70.
3) 谷井淳一・沢崎達夫「指導スタッフからみた適応指導教室に通う児童生徒の半年間の変化」、『国立オリンピック記念青少年総合センター研究紀要』2号、2002、p11-29.
4) 谷井淳一「多様化する不登校の回復過程——適応指導教室・保健室・自然体験事業」、『こころの科学』87、1999、p37-42.
5) 谷井淳一『自己成長のためのサイコドラマ入門——臨床心理士・福祉援助職のためのグループ技法』日本評論社、2013.（参考文献）

（谷井淳一）

第4節　発達に課題のある児童・生徒への心理劇

1　心理劇の目的

発達に課題のある児童生徒・青年と言ってもさまざまであろうが、本節では主に他者とのコミュニケーションのとり方に課題がある人たち、具体的には発達障碍がある人たち（以下、対象者）への心理劇による支援について述べる。

上記対象者の支援については、さまざまな理論や技法が提唱されてきた。しかし、「自分の気持ちに気づく」「気持ちを適切に表現する」「他者の気持ちに気づく」ことなどをどう支援していくかについては、常にその必要性が叫ばれている。筆者はそのような課題解決に有効なひとつの技法として1990年から対象者へ心理劇の場を提供し、その効果や工夫すべきことを検討してきた[1-5]。対象者へ心理劇を施行するうえでの基本的な考え方として、以下3点を重視している。

第1点は、表現の場としての意味がある。つまり、対象者の特性によるユニークな情動・認知の表現が可能な技法であると考えているからである。こだわりの言動や思考は一般的にはおかしなこととして注意されることが多いのであるが、心理劇の場ではそのようなこだわりを劇化したりして楽しく皆と演じられることが多い。

第2点は、社会性向上の場としての意味がある。SSTや狭義のロールプレイなどと同じく、心理劇を行うことによって、対象者の意欲を高め、社会との接点をつけ、日常生活に良い変化をもたらすという効果があるからである。

第3点は、集団療法の場としての意味がある。自閉スペクトラム症という同じような症状をもつ仲間（当事者）と理解してくれる人（支援者）の存在が対象者個々人を安心させ、かつ成長させ、自分への気づきを促す場となる。つまりピア・サポートの場といえるからである。

以上のような目的・考えをもって対象者に心理劇を施行してきた。そこで、第一に対象者への心理劇の基本的な構造を、第二に、心理劇の実際で事例を紹介し、今まで施行してきた心理劇の効果について、臨床で得られた知見を紹介していく。

2　心理劇の構造

(1) 対象者

発達に課題のある児童生徒・青年、具体的には自閉スペクトラム症もしくは発達障碍といわれる人たち、およびその関連の障碍がある軽度の知的障碍・学習障碍（LD）・注意欠如多動性障碍（ADHD）の人たちなど。

対象者たちは、一般的にその障碍（苦手としているところ）が理解されにくく、どちらかというと「だめだ」「どうしてそんなことするのか」と叱られることが多いため、自己不全に陥っているものが多い。

(2) スタッフ

監督、補助自我として、臨床心理士（筆者を含む）、福祉施設の生活指導員等が毎回３～５名参加した。各療育者はまず発達障碍に関する最低限の基礎知識を有し、かつ、心理劇関係の学会にて基本的な研修を受けていた。

(3) 方法（回数・セッション・すすめ方）

対象者への心理劇の方法は状況に応じてさまざまであり、決まりはないが、筆者が主に行ってきた心理劇の実態を基に報告する。

1）回数（頻度）

月に２回各週の土曜日の半日を使って心理劇を行った。

2）セッション

小学生から中学生中心のグループは月２回のセッションを10カ月、年間計20回行った。1年ごとの10名ほどのグループであったが、必要に応じて次年度も契約更新を行い引き続き参加する対象者もいた。また、夏休みには2泊3日程度の療育キャンプを行い、そのキャンプのなかでも心理劇を行った。

高校生から成人向けのグループは月2回のセッションを12カ月、年間計20回行い約15名が参加した。次年度も自動的に継続する参加者がほとんどで、ほぼ同じ参加者で約20年間行った。

3）すすめ方

基本的な心理劇の流れ（ウォーミングアップ、ドラマ、シェアリング）に沿ってすすめられた。参加者の特性に応じてではあるが、原則は下記の通りである。

第一に、劇化については、基本的に本人の意思を尊重し、希望がある内容は、なるべく劇化に至るよう努力する。

第二に、他者批判をしない、劇中の出来事は他言しない等の最低限のルールを決めたうえで、自由な発言と演技を保証する。

第三に、一幕ごとが長くならないようし、必要に応じて次幕を展開する。さらに、役割解除は必ず行う。

3　心理劇の実際

(1) 事例1: 日常的なテーマを取り上げた心理劇

（対象児Ａ：自閉スペクトラム症、男児、小学校５年生）

まず、ここでは対象者に筆者らが行っている心理劇の基本的な流れに沿った事例のやりとりの詳細を示し、記述する。

1）ウォーミングアップ

会話のなかで、「最近の楽しかったこと」について発表することになる。「日曜日にファミレスに行った」「テレビで野球を見た」等さまざまな話が出るなか、以下のような話が始まる。

監督：A君、なにか楽しかったことはある？

A：家族で花火を見に行きました。

補助自我：いいねぇ、僕も花火は大好きだよ。

B：私、この前花火大会に行ったのよ、すごく楽しかったよ。

監督：そうかぁ、じゃあ花火大会の劇をやろうか、A君はなんの役をやりたい？　他のみんなはどう？

A：僕、自分になる。

B：私はA君のお母さんになるわ。

C：じゃあ僕は、お父さんになるよ。

みんな：わぁ、楽しそう。

監督：それでは、Bちゃんがお母さん、C君がお父さんですね、だれか花火になってくれないかなぁ。

補助自我：じゃあ、僕は花火になるよ、他のみんなは花火になってもいいし、花火を見物する人になってもいいよ。

2）劇化

監督：はじめましょうか……、さて、今晩は待ちに待った花火大会です、A君も家族で見に来ています。

C：今日は花火大会うれしいな、屋台においしそうなものがいっぱいだ。

B：早く始まらないかしらね。

補助自我：ばん、ば～ん、ど～ん。

みんな：わぁ！　きれい！！

3）シェアリング

監督：まとめをするよ、A君やってみてどうだった？

A：すごく楽しかった、花火もきれいだったよ。

B：また来年も行きたいな。

補助自我：僕は花火をやって面白かったなぁ。

みんな：バンバーンって、本当の花火みたいだったね。

補助自我：そうかい、花火さんもみんなが喜んでくれてうれしかったよ。

C：次は動物園の劇をしたいな～。（拍手が起こる）

以上のように、楽しかった思い出、気になっていることなど日常のさりげないことが語られ、それを基に皆で劇化していき、体験を共有している。

(2) 事例2：現実でできなかったことにチャレンジし、その後の変化につながった心理劇

（対象児B：注意欠陥多動性障碍、男児、13歳）

次に、夏休みの療育キャンプに継続的に参加し、心理劇的方法で支援を受けている事例Bについて複数年での変化を示す。

200X年時、中学1年生のBは、夏休みの療育キャンプに参加し、キャンプ2日目に半日かけて行う登山をいやがり「登らない」との発言を繰り返していた。そして、2日目の登山では、やはりBは登らなかった。

〈3日目の心理劇の様子〉

1）ウォーミングアップ

2泊3日のキャンプを振り返り、キャンプ中の場面の劇化を話し合った。

Bは、「カンガルー、犬と、サルと、ライオン、トラ……」など指差し、さらにB自身は「犬」役になり、監督は「ウサギ」役になった。設定は、みんなで動物になり、山登りをする場面だった。前の日の山登りではBは登らなかったことから、打ち合わせのなかで、劇でもBは登らないことになっていた。

2）劇化

観客席から補助自我Xが「ワンワンワンワン、何してるの、こんなところで」とBに声をかけた。さらに補助自我Xは「一緒に登ろうよ」と誘った。Bは「留守番、お願いしています（お願いされたので行きません、の意）」など言い、最初は断った。補助自我Xが「鍵を閉めていこう」と言いながら鍵を閉め、「弁当、弁当」と弁当を探してリュックに入れ2人は玄関を出ていった。補助自我Xが「うちらはね、犬だから速いから、みんなに追いつくよ」と言われるうちに、補助自我Xと一緒に皆が登っている（実際は登っているふりをしている）ところへ犬になってぴょんぴょん跳んだ。そして、Bは思わぬ形で皆と一緒に頂上へ登ってしまった。補助自我Xが「ここ頂上よ、よく頑張ったね」など言うと、Bは他者と握手していた。

3）シェアリング

感想では、監督が「何の役ですか」と聞くと、Bは、「犬です」と答える。また、監督に「楽しかったですか」と聞かれると、「楽しかったです」と手は犬掻きをしながら、表情よく答えていた。

4）後日の様子

Bは1年後の200X+1年の療育キャンプの登山では、やはり「登山、行かない」という発言をしてはいたが、目的地まで登山できた。その後、200X＋4年の療育キャンプでの登山時は、リーダー的役割を担い、後ろから来る班員を待つなどの他者を意識した行動がみられた。以上のような様子から200X年の療育キャンプに行った心理劇での達成感が、次年度以降の登山を行うことへの意欲につながり、B自身の自尊心を育むことにつながった。

(3) 事例3: 職場の人間関係を取り扱った心理劇

（対象者C：自閉スペクトラム症、女性、30代）

次は、成人の対象者に就労支援の一環として行った劇の様子を紹介する。

1）ウォーミングアップ

今の気分を参加者に尋ねるとそれぞれ「元気です」「眠いです」などという発言がある。そのなかでCは「ちょっと、困ってる」といつにない様子であった。そこで、Cに主役をするかどうか問いかけると、「やりたい」とのことで本人の話を聞くこととなる。

Cは約10年間、工場で伝票整理をするという職についているが、職場ではからかわれたり、叱られたりして、ストレスを抱えながらも、親切な上司もいて、何とか持ちこたえている。

ある日Cは、職場の同僚から「お金を貸して」と言われてしまい、それで困っているということであった。頼まれると断れないようである。劇にしてもよいかどうか確認すると「お願いします」とのことで、劇化となる。

2）劇化

Cは本人役、またCのダブルに補助自我Zが、また相手役（お金を貸してと迫ってくる役）に同じく自閉スペクトラム症のDが指名される。Dが「お金貸してよ、Cさん」と何度も言うのに対して、Cは何も言えず表情を硬くするばかりである。いったん劇を止め、Cと補助自我Zとで話し合い、劇を再開する。Dに対して補助自我Zがまず「貸せません、困ります」と、Cの気持ちをダブルとして代弁する。するとCも「だめ、お金は貸せませんから」と言い、劇を終える。

3）シェアリング

「やっと（貸せないって）言えた」とのCの気持ちが語られる。Cの了承のもと、保護者にこの話を伝え、保護者を通して職場の上司にもCの具体的な悩みを伝える。確認したところ、同僚は冗談で「お金貸して」と言ったとのことであったが、自閉スペクトラム症の人たちはそのような冗談でも真に受けてしまうことを職場の人たちに理解していただくように頼み、このような状況は改善される。

4　要点と考察

対象者への心理劇では、幼児期から青年期の対象者に、彼らがどのように今まで育ってきてこれからどのように成長していくかという生涯発達観をもち、幼児期・児童期・青年期（含む思春期）という発達段階および理解力の程度に配慮した心理劇的支援を行っている。

はじめに上記3事例について考察し、次に長年の心理劇施行により得られた知見を示す。

(1) 3事例の考察

事例1では、日常のささやかなことに楽しさを見出したり、楽しさを他者に伝え、再体験することで共有したりということができるような劇の一例を示した。これを繰り返すことで、お互いの理解が深まり仲間意識が育まれた。また、自分が体験していないことでも劇という形式で感じ取ることができたことでそれぞれの世界が広がったように思われた。

事例2では、Bが夏休み中の宿泊キャンプのまとめとして行っている劇のなかで、そのキャンプで自分自身は達成できなかった登山を劇というファンタジーのなかで達成するという心的体験を得ることで、次年度からのキャンプでできることが増え、自信が増したという例を示した。

このように、心理劇は、対象者のQOL（Quality of Life）の向上をめざすことができる。具体的には対人関係の改善・社会的マナーの習得、感情表出能力の向上、自身の意志の明確化などを図ることを目的とし、施行されている。

事例3では、在宅で高校・大学に在籍している、もしくは就労している自閉スペクトラム症の人たちを対象に、自立・自助の生活訓練および教育的働きかけ、社会適応力を高めることを目的とした心理劇の一例を示した。このグループでは、まさに現実社会との軋轢に苦しんでいる彼らに対する心理療法的な位置づけで心理劇を行っている。

このような劇を体験することで、日常生活での困難も乗り越えることができたり、お互いにつらいことを共有したりして、励まし合い、生きる力を育むことにつながるのである。

(2) 心理劇施行により得られた知見

1）児童期の対象者について

心理劇は教育現場での交流活動などで十分活用できると思われる。さらに、自己の見直しや社会性の促進などに有効である。まず他者との関係の希薄さがみられる児童期前期の事例においては、自己理解・他者理解をすすめていくために、他者との交流がしやすく、なるべく楽しい場を提供することが有効であろう。また、他者との対立場面や逸脱場面において、補助自我的な支援者の適切な関わりによる解決や関係再構築の場を提供するためにも、この技法は有効であろう。

彼らには、「心理劇の場に来るのは楽しい、また来たい、だから少し皆に合わせよう」と思わせるような支援を行うべきである。この時期の子どもたちには絵カードや絵本など視覚的な教材などを使い、わかりやすくすることも重要である。

2）児童期後期から思春期の対象者について

この段階の事例においては、適切な形で自己を表現し、お互いに認め合う場面を提供することが発達支援にとって重要であろう。さらにこの時期の児童に対しては、いい意味で管理的で自分をコントロールできる場を提供することは必要である。一見、管理的な場でもあるために、その場で彼らが感じるストレスや他者との軋轢による不満も出てくる。このことを支援者は予測し、ストレスや不満を発散させるような動きを取り入れた場面も提供することが重要かと思われる。

3）成人期の対象者について

この段階の対象へは、日常生活での安定や就労および進学支援、自己の気づきや仲間関係の育成などさまざまな支援の形態が考えられる。また、例えば、過去の問題については事実を変えることはできないが、心理劇の場面という体験的現実により心理的な事実を修正することはでき、そうすることによって今までフラッシュバックに苦しめられていた対象者が落ち着くこともある。また、未来への不安も、心理劇のなかで取り扱うことによって現実的にイメージしやすくなり、不安を軽減することが可能になる。

さらに、実は発達障碍者にとって過去・現在・未来を区別することは苦手なので（急に過去のフラッシュバックが起こって不適応状態になることが多いなど）、何年前か、今のことか、10年後のことかなど、あえてはっきり時期を伝えて劇化を行っている。

このように、個人の発達段階や状況によって、支援者は心理劇による関わり方も変えていくべきであろう。

各発達段階で共通した関わりの基本としては、そのときの「今、ここ」での気持ちの表出に重点を置いている点である。心理劇は「今、ここ」での気持ちを表現し、他者に自分を理解してもらい、心の安定や具体的な解決に至る道を探り、場合によっては解決までに至る過程を体験する。そのような劇での体験は、各発達段階において対象者のその後の人生に影響を及ぼすこともある。これはいわゆる健常者といわれる我々が心理劇を体験するときに起ることであるが、まさに同じような体験が発達障碍者にもたらされるのである。

*

心理劇という技法を用いて、多くの事例との出会いがあった。彼らと共に体験した心理劇の場によってこの技法を一生涯のどこで使っていくか、また、どのように使っていくか、そしてどのような効果があるかについて考察を重ねた結果、対象者にとっての心理劇とは、安心安全な場であり、内的世界の表現の場であり、かつ、内的世界を、他者に共感・共有してもらえる癒しの場であると思われる。そのような場が担保されることによって、自尊心が育まれ、他害行為の軽減、反社会的行動の防止へとつながり、人と関わることの喜びをしっかりと体験できることが予想される。以上、対象者の人生において心理劇でそのような体験をすることは有意義であることはいうまでもない。

引用・参考文献

1) 高原朗子「高機能自閉症者に対する心理劇」、『心理臨床学研究』19巻3号、2001、p254-265.

2) 高原朗子「サイコドラマ対象の現在　自閉症児・者への適用」、『現代のエスプリ　第459　サイコドラマの現在』2005、p94-103.

3) 高原朗子（編著）『発達障害のための心理劇——想(おもい)から現(うつつ)へ』九州大学出版会、2007.

4) 高原朗子（編著）『軽度発達障害のための心理劇——情操を育む支援法』九州大学出版会、2009.

5) 高原朗子「発達障害児・者のための心理劇」、『教育と医学』57巻11号（発達障害児への適切な対応をめぐって）、2009、p33-41.

（高原朗子）

第5節　子育て支援の心理劇

子育てをめぐる今日の状況や課題は多岐にわたる。子どもをめぐる物的、人的環境が大きく変化し、家庭や地域での人間関係の希薄化、孤立化等を背景に、子育てに不安や葛藤を抱える親が増えているとされる。子育て支援の形や活動はさまざまであるが、親子が共に育ち合えるような支援、その一貫として、子、親たちへのグループ活動による持続可能な支援が重要である。子育てに関わる人たちが参加する小グループの心理劇の体験を通して、信頼できる人間関係の体験が積まれ、さまざまな問題や悩みについての共有を可能にする。そこで得られた実感と洞察は、子育ての日常生活に新しい息吹を与え、新たな視点と関わり方のヒントとなる。

モレノ（Moreno, J.L.）[1]は、子どもの誕生、その後の成長における自発性の発揮、行動には、母親、父親、保育者からの援助、即ち補助自我の役割が必要であるとした。その補助自我の役割とは、主役の自我を拡大したものであり、役割を描き出していく機能と案内の機能をもつという。また、松村康平は、心理劇のねらいを、「今、ここで新しくふるまうことが重視され、自発的、創造的にふるまうことのできる人間形成がめざされる」[2]とし、心理劇における対人関係の発展の担い手（役割）としての役割体験の重要性を述べている。

乳幼児期の子どもの健やかな成育には、養育者のさまざまな役割がはたされること、そのなかでも子どもが幼い場合ほど、補助自我の役割が十分にはたされることが必要であろう。子どもの最善の利益を前提として、養育者および周囲の人たちが、補助自我的な役割をはじめとして、子どもとの関係の発展に必要なさまざまな役割を体験的に学べる場と活動が必要であり、それに心理劇を活用していくことは、実践的で効果的な方法であると考える。本節では、実際に大学で実施されている「子育て・発達支援」のグループ活動[3]から、心理劇の方法と効果について述べる。

1　心理劇の目的

心理劇を通して、グループの安全性、信頼性、親和性を高める。子育てにおける共通の課題を明確化し、劇化するなかで、親の不安を軽減し自発性を増進する。子どもとの関係や場面に応じて親のとるべき役割（観客、補助自我、演者）を体験する。子ども、家族、周囲の人たちとのコミュニケーションを高め、問題の解決に寄与できるようにする。

2　心理劇の構造

1）対象

大学で実施される親子（就園前2、3歳）参加型の集団活動（1年で全20回）のうちの、親グループ活動に参加する親8～15名。

2）スタッフ

保育、発達心理臨床の専門教員（臨床心理士）、大学院生、大学4年生5～8名。

3）方法（回数、セッション時間、すすめ方など）

全20回のうち、4～5回を心理劇実施の時間に充てる。親グループ活動の発展の段階や状況に応じて心理劇を行う。心理劇の実施の時間は、40分程度。心理劇を実施する際には、通常、ウォーミングアップ、ドラマ、シェアリングといった流れで行われる。

3　心理劇の実際

以下、ウォーミングアップの心理劇、3人一組のリレー式ミニドラマによる心理劇、問題解決の心理劇、を紹介する。

(1) ウォーミングアップの心理劇（物媒介ローリングの心理劇）

1）ねらい

物を仲立ちとし、親集団のメンバー各々の存在に気づき、親和性を高める。さまざまな存在同士の人間関係の発展の過程を体験する。初めての出会いにおける、心理劇のウォーミングアップとして行うことができる。

2）手続き

物（身近な物で、手に持っていろいろに見立てやすい物。例えば、積み木、ブロックなど）を用意する。グループの形態は輪になって着席するなど、皆の行為や声が共有しやすい状態が望ましい。

3）展開過程と内容

①監督が「この物を隣の人にわたしていってください」と、物を順次隣の人にわたしていくことを提示。物が人から人へとグループをひと回りする。

②物を早くわたす。

③物を監督が見立てたもの（例：みかん、など）にしてわたす。

④自分の好きなもの（大事なもの）に見立ててわたす（例：物を「家族写真です」と言ってわたし、受け取った人は「もりもり元気が出てくるステーキです」など、次々に新しく見立ててわたす）。

⑤相手のことを考えた見立て（例：「真っ赤なバラの花束です」）でわたす。

⑥会話を交わしながら、見立ててわたす（例：「もしもし、これはあなたの定期券ですか？　落ちましたよ」「あ、私のです。よかった！　ありがとうございます」など）。

⑦場面・役割を設定し、見立ててわたす（例：小学生の役をとり「お母さんこれ、学校で返してもらったテストだよ」と、物をテスト用紙に見立てて相手にわたす。役割付与された相手は母になって「あ、漢字のテストだったのね、どうだったかな」などと劇へと展開していく）。

⑧演じた体験を話し合い、皆で共有する。

4）考察

心理劇は、即興的なアクションによる方法を伴うため、そのための準備、ウォーミングアップがより重要である。特にグループ初期にはメンバー間の距離感や緊張感、不安感が大きく、また「あの人はこういう人ではないか」「◯◯ちゃんのママ」といった、自他への先入観や役割認識に縛られがちである。この方法には、段階的な対人関係の発展のプロセスが含まれる。遊びのように楽しく「今、ここで、新しく」役割をとる体験を通して、新たな対人関係が育まれるといった効果がとらえられる。思わぬ見立て、やりとりが生じ、育児に悩み迷う自分から、それ以外の役割をとる新しい自分や他者といった、自他についての肯定感や多面的な観方が促進される。

この方法は、松村康平が開発した心理劇の技法のひとつで、ローリングテクニック（物媒介人間関係発展の技法）といわれる。物を仲立ちにして徐々にグループの人間関係が変化、発展し、集団の場における安心感や自発性、創造性が育まれていくと考えられる。ロイツ（Leutz, G.A.）[4] は、役割の概念について、「役割とは、ある一定の機会に他の人と物が参入している。ある一定の状況に対して個人が反応する、その機能的形式である」[5] と説明している。心理劇における物の活用はウォーミングアップの方法においても有効と考える。

また次の (2) ではウォーミングアップの詳細を省いたが、(1) と (3) のドラマの前に、ウォーミングアップの例が簡単に述べられているので、参考にしていただきたい。

(2) 3人一組のリレー式ミニドラマによる心理劇（絵本の心理劇）

1）ねらい

ひとりの子どもの誕生（過去）から現在、未来の時間軸を基に、子どもの成長にまつわる過去の振り返りや未来投影（future projection）を行う。各時期に関わる問題・課題などを明らかにし、親子、家族関係を核として、園、学校、社会との関係の広がりを、実際に演じてみることにより、子育てへの不安を軽減し、子どもとのさまざまな関わり合いの意味を実感する。

2）手続き

①監督は、部屋を自由に歩いてみて出会った人同士であいさつをするなどの軽い出会いのウォーミングアップを経た後、ミニドラマ仕立ての絵本の心

理劇を行うことを提案する。

②自由に歩いたりするなかで3人グループをつくる（着席している場合には、席順に3人ずつになるようグループ分けをすることも可能）。そのなかで自発的に演じにくい人がいる場合、スタッフが補助自我で入るなど、3人のメンバー構成に配慮する必要がある。

③乳児期、幼児期、学童期、青年期、成人期など、各グループがどの時期を演じるかを決める（3人で演じたい時期を相談してから時期を決める場合と、席順で、乳児期から幼児期へと決めていく場合もある）。グループ数により、各時期の設定も工夫する。

④絵本（ストーリー）の主人公の子どもの名前を決める。

⑤各グループでは、テーマ、3人の役割を決める（2人は親子、ひとりは各時期のテーマにより自由に決める）。

3）展開過程と内容

スタッフは、監督と補助自我役の教員2名、大学4年生が5名。親は、2～3歳の幼児を子育て中の母親が7名の計14名である。したがって、この場合は、4グループつくられた。幼稚園入園からの未来投影を行う。絵本の主人公は女の子で名前は「ハナ」と決められた。

① Aグループの劇（幼稚園期）

テーマ：幼稚園での友達関係。

場面：家から園へ登園する道。園に着き、担任との相談場面。

3人の役割：ハナ（子ども）、母親、幼稚園の担任の先生。

劇：ハナは、友達といざこざがあり、幼稚園に行きたくないと、登園時に母親に訴える。出迎えた担任の先生に、母親はその旨を伝え相談する。担任の先生は、いざこざとなっている友達を呼んで、仲直りをさせる。

② Bグループの劇（小学生期）

テーマ：父親の不在。

場面：家の居間。

3人の役割：ハナ（子ども）、母親、父親。

劇：いつものように夜遅く父親が帰宅。まだ起きていたハナは、不在がちで遊んだこともほとんどない父親とディズニーランドに行くことを約束する。しかし、当日、会社（監督の補助自我）から電話がかかってきて、それも行けなくなる。ハナは寂しい気持ち（補助自我が気持ちを代弁）を訴える。それを聞いて父親が、必ずディズニーランドに行くから、と約束する。

③ Cグループの劇（中学生期）

テーマ：SNSを通じての誘惑。

場面：家のキッチンとハナの部屋。

3人の役割：ハナ、母親、怪しい男。

劇：ハナは、学校から帰り、すぐに自分の部屋に入る。母親はキッチンで家事をしている。部屋にいるハナに、SNSを通して知り合った（若い男性であると偽っている怪しい）男から連絡があり、今度会おう、という誘いがある。そのやりとりをしているときに、母親が部屋に入ってくる。ハナは、友達からの電話であると伝える。その後、誘ってくる男には、友達と一緒に会うと応対するが、男は難色を示す。

④ Dグループの劇（大学生期）

テーマ：進路・就職について。

場面：家の居間の場面。

3人の役割：ハナ、母親、父親。

劇・場面1：ハナは大学で保育を学ぶ学生。4年生になって、就職先も幼稚園に決まっている。突然、居間にいる両親に「幼稚園への就職をやめて、女優になりたい」と話を切り出す。「資格を取り、就職先も決まったのに」と反対する両親。それでも「今しかできないから」と主張するハナ。そこに、芸能プロダクションのスカウト（監督的補助自我）の電話が入る。

劇・場面2（場面の転換、全体化）：居間にあるテレビをつける（監督の設定）。観客だった人たちは、テレビ討論の場面になり、討論者の役割を監督より付与される。テレビでは「大学生の進路決定、就職」のテーマで討論会が行われている。大学で学んだこと、資格を活かして幼稚園の先生になるのか、今なりたい女優の仕事に就くのか、の討論が行われる。子ども、親の各々の立場が代弁されたり、討論が行われる。家庭の場面では、テレビを見ながらの親子の話し合いが続く。

⑤ シェアリング

各グループでの振り返りの後、全体への発表を通して、全体でシェアリングがなされる。

4）考察

3人一組で相談し、自分たちでテーマ、役割を決め、演じることにより、成長の各時期で起こりがちな問題（課題）と関わり方について、未来投影がなされた。また、現在の子育ての振り返りと問題解決の心理劇としても効果があると考えられた。劇後のシェアリングからは、「自分の幼少期の親との関係と重なり、身に染みて感じられ（癒され）た」「人生を考えさせられた」「子どもの将来を考える機会だった」「子どもとの関わりをじっくり考えるきっかけとなった」「子どもの成長には不安も楽しみもあり、親の思い通りにはいかないものと気づかされた」「子どもの成長の過程が大切」などの感想が出された。子育て中の親にとって、ねぎらいや癒し、深い洞察がなされたのではないかと考えられる。また、親子二者のみであると、対立、比較、堂々巡りに陥りやすいが、親子二者を含む三者で演じることにより、役割や関係の通路が増え、その展開の仕方の可能性が広がる。

劇中の技法としては、①現在から未来への展望・投影、②主人公（ハナ）の補助自我（芸能プロダクションのスカウト役の電話）、演者になってメンバーの自発的な役割演技の促進、③最後に観客席をテレビの討論場面へ場面転換、観客から演者への役割付与、促進、等もみられる。これらの絵本の内容が、リレー式の小グループの劇により充実・拡大され、悲喜こもごもの子育ての過程の未来展望・投影がなされ、子どもの成長、その時々の関わり合いの機微や感情が演者、観客に共有されたと考察された。

(3) 問題（課題）解決の心理劇

1）ねらい

子育てに関わる悩み、問題について心理劇を通して共に解決の方向を探る。

2）手続き

監督は、フルーツバスケットなどの誰もが楽しくできる席替えをともなうウォーミングアップを行った後に、「今日は、各々のお子さんやご家族との生活のなかで、お感じになっていること、また悩み、課題があれば、出していただいて、それをテーマにして心理劇を行い、みんなで考えていきましょう」と提案。各々の親から発言してもらう。問題（テーマ）は、①困り感、緊急性が大（個別的）、②共通性の強い（共通性）、③普遍性（統合性）がある、などさまざまだが、本実践例は、①→②→③とテーマ自体が発展していった例といえよう。

3）展開過程と内容

テーマ：「息子M（3歳）が他の子どもに圧倒され、いつも受け身であることが、はがゆく心配であり、息子に厳しくあたってしまう」という悩みが出された。

場面：スーパー内の子どもの遊び場コーナー。

役割：演者＝M児、他の子ども2名、M児の母、他の子どもたちの母親（2名）。観客＝演者以外のメンバー、スタッフ。

劇：スーパー内の遊び場で、M児を含めた3名の子どもが遊んでいる。M児の母親はスーパーで買い物をすませ、気になってM児の様子を見ている。他の子どもの母親（2名）も、傍らで様子を見ながらも、2人で歓談している。2人の男の子は車で遊んでいる。M児はその車で遊びたいのだが、離れてじっと見ている。母親はM児のいつもの様子にやきもきしている。

劇後のシェアリング：M児の役割をとってこの場面を演じた母親は「わが子の役割を演じてみて、ほしいのにじっと我慢するってどんなつらい思いをしていたのかがわかって、なんだか泣けてきました」。M児の母親の役をとった演者（他の母親）は「M君の母親の役をとって、お母さんのじりじりしてしまう気持ちがよくわかり、一方、M君は様子をよく見ていて、落ち着いていて優しいところがあるんだなぁ、と見えました」などの感想があった。

4）考察

親からの切実で具体的な問題提起から、劇が凝縮して展開された。子どもの行動を問題と思い、厳しくあたっていた母親にとって、我が子（M児）の役割を演じることにより、子どもの置かれている状況や気持ちが、身をもってひしひしと体験され、その後は子どもの内面を察して寄り添う関わり方（補助自我的関わり方）への変化もみられるようになった。最初は、ひとりの母親からの問題提起であったが、どの母親にも通ずる「子どもの理解と関わり方」といった問題・課題（共通性、普遍性）として共有されていった。

本事例では、当事者自身が我が子（M児）になるといった役割体験のなかで深く洞察を得ることができた。そのほかに、劇中のM児やその母親の気持ちを代弁する補助自我の技法もみられ、またM児と母親の役割を交換する役割交換の技法等により、さらに深く問題を吟味検討していくことも可能である。

4　子育て支援の心理劇についての要点と考察

本節で紹介された実践例は、①ウォーミングアップの心理劇、②3人一組でリレー式のミニドラマによる心理劇、③問題解決の心理劇、である。各々の心理劇についての効果、技法などについては、各考察により述べているので参照してほしい。ここでは、親グループでの子育て支援の心理劇を行う際に留意すべき点を述べる。

本節で取り上げた親（主に母親）グループは、一緒に参加した子どもたち（グループ）がいつでも出入りが可能なパーテーションで区切られた隣同士で活動している。子どもの健やかな成長を願って参加している点ではみな共通であるが、同時に各々の子どもとの関係や抱える課題、ニーズはさまざまであるという個別性・多様性を踏まえた、グループ運営と心理劇の活用が重要である。メンバーのなかには、深刻な問題（例えば、子どもの障害、家族のDV問題など）を抱えてグループに参加している場合もある。その点で、今回述べられた3つの心理劇においても、安全・安心な運営に心がけ、個々のニーズを受けとめ、相互に信頼性を高められるように留意することはいうまでもない。加えて、親自身の役割体験による教育的治療的な意味、成長（人間形成）に留意することも重要である。本事例においても、観客、演者、補助自我、監督の役割体験が積まれていくプロセスがみられる。子育て支援の心理劇において、親役割の養成としても配慮された、設定と内容であることが期待される。なお、参考文献[6〜9]も参照されたい。

引用・参考文献
1) モレノ・J・L（増野肇監訳）『サイコドラマ——集団精神療法とアクションメソッドの原点』白揚社、2006、p58-67.
2) 松村康平『心理劇——対人関係の変革』誠信書房、1961.
3) 吉川晴美『子育て・発達支援——地域に開く大学として共に育つ保育活動から』東京家政学院大学、2010.
4) グレーテ・アンナ・ロイツ（野村訓子訳）『人生を舞台に——モレノの継承発展 心理劇』関係学研究所、1989、p22.
5) Moreno, J.L. *Psychodrama: vol. 1.* Beacon House, Beacon, N.Y., 1964.
6) 松村康平・斎藤緑（編著）『人間関係学』関係学研究所、1991.
7) 松村康平・日吉佳代子『教育相談と心理劇』現代社、1973.
8) 吉川晴美「心理劇を通して豊かなコミュニケーションを育む」、『教育と医学』63巻6号、2015、p34-41.
9) 吉川晴美「心理劇の技法・基本」、吉川晴美・松井知子（編著）『人間関係の基本と心理臨床』慶應義塾大学出版会、2017、p200-205.

（吉川晴美）

第6節　教育相談と心理劇的アプローチ

教育相談は、地域における幼児期から高校生年代までの子どもの健やかな成長・発達のための、子どもや家族との相談活動である。相談の主訴としては、「不登校・登校しぶり」に関する相談、および「発達障害」などの発達上の課題やそれに伴って生じた不適応についての相談が最も多い。そのような相談は、子どもや親（家族）との継続的な個別面接が主で、適宜学校等との連携もしながら展開する。地域によっては、コミュニケーション・スキルや対人交流のためのグループを実施しているところもあるが、本稿では、個別の子どもとのプレイセラピーや親とのカウンセリングでの、心理劇技法の導入、心理劇の構成要件や視点の応用等を「心理劇的アプローチ」と称して論じたい。

1　子どもとのプレイセラピーにおける心理劇的アプローチの活用

(1) 心理劇的アプローチ導入の目的

教育相談では、情緒的な問題やコミュニケーション面・対人面などの発達的課題がとらえられる子ども（主に幼児～小学生）への心理的援助としてプレイセラピーが適用されている。プレイセラピーは、子どもの心の成長の軸となって機能する〝遊び〟を媒介とした心理療法である[1)]。情緒的な問題が主な場合、子どものペースを大事にしながら、守られたなかでの感情の表出を促し、内的世界を共有・理解し、自我成長の基礎づくりを促進することを目的に導入され、心理劇的アプローチはその〝遊び〟のもつ治療的機能をより活性化させることをねらいとして織り込むことが可能である。また、発達的な偏りをもつ子どもとのプレイセラピーでは、その子独自の関心や認識の特徴を活かしながら、人とのやりとりの体験を重ねるために、心理劇的アプローチをさまざまに工夫して取り入れることができる[2)]。

(2) 心理劇アプローチの構造と手続き

教育相談における子どもとのプレイセラピーであるため、対象は幼児から小学生年代の子ども1名、スタッフはセラピスト（以下、Th）1名による個別面接であり、プレイルームにおいて1回50分、週1回～隔週1回の継続相談である。子どもの振る舞いに適宜心理劇的に応じていく形をとっている。

(3) 心理劇的アプローチの実際：A子とのプレイセラピー

以下、来談者の言葉を「　」、Th（＝筆者）の言葉を〈　〉と記す。

1）主訴

母親が「気性が激しく、学校で仕返し的な暴力が激しい」ことを気にかけて来談し、「家では困らないので」と小学1年生のA子への心理的援助と学校連携を希望した。

2）心理劇的アプローチを導入するねらい

家では表出できない関係性と内に大きな感情を抱えている可能性がとらえられたが、初回の出会いのなかで、ここに来た理由に触れられてとぼけるA子の様子から、感情をストレートに出すことは難しく、人との距離への敏感さも感じられた。関係づくりへの配慮とともに、遊びのなかでの象徴的表現による表出を促し、プレイフルに共有することをねらいとして導入した。

3）セラピーの展開と内容

初回、ターザンロープ用にThが持ってきた台に、A子は座って「考える人」とポーズをとってふざける。並行してThも〈考える人を見ている人〉とポーズをとる。するとA子は「見ている人を見ている人」〈お、乗れるかなと見ている人〉、ターザンロープを試すA子に〈もう少しだ！　と応援している人〉、「もう1回チャレンジする人」、〈やったー乗れた！　と一緒に喜ぶ人〉、〈気持ちよさそうだなあ、とちょっとうらやましい人〉、「ああ気持ちいいわ、うらやましいでしょーという人」、鏡に映っているのに気づいて「私きれいでしょって自分に酔っている人」と続き、互いの距離を測るようにストップモーションでのやりとりが展開した。

翌回以降、A子は折り畳みテントを広げて「テントで暮らす2人ね」と設定し、心理劇的ごっこ遊びが展開する。A子は夜寝ていると地震を起こしたり、寝相が悪くテントを揺らしたり、留守番をしているThにコウモリを投げ入れたりする。動じないA子に対して、Thはびっくりして怖がる人を演じると、A子のいたずらは昂じ、屋根からのしかかってなかのThを閉じ込める。〈わー、閉じ込められたー？　えー！〉と発するThに直接乗るA子は手加減しており、あからさまな攻撃というよりはむしろ〝甘え〟てきている感じがあった。

またある回では、足元にあったサンドバッグを蹴るA子に、Thが〈このやろう！〉と言葉をつけると、A子自身「むかつくんだよ！」と文句を言いながら蹴っていく。Thはその奥の母親に対する思いも感じて、〈はっきりしろよ！〉〈何考えてるかわかんねぇんだよ！〉と2人で蹴る遊びとなる。

数回後には、A子は「北極」で共同生活する2人という設定をし、恵まれているA子と貧乏なThの生活を演じる。A子は実家から届いたおいしいものや温かいものを魔法のステッキのなかに収め、それをThに狙わせては失敗させることを繰り返す。翌回も、A子はことごとく独り占めし、Thはうらやましがり、わき起こる盗みたい気持ちや寂しいような、むなしい気持ちをつぶやく。魔法のステッキを狙う攻防から、とうとうThは外へ押し出されてしまい、「そこ、氷の河よ」「息できないわよ」と言われて死んでしまう。凍ったThをA子は噛みついて食べて骨だけにし、ボックスのなかへ入れる。一人で平然と優雅な暮らしをするA子に、Thが〈一人で寂しくないかな……〉とつぶやくと、最後は魔法のステッキでThを生き返らせるが、別々の家を設定して、終了時間になる。

4）考察

初回の出会いでは、スカルプチュア（彫像での表現）技法を取り入れたストップモーションのやりとりによって、ふざけ合いながらおもしろさを共有できる距離感を創り出している。心理劇的ごっこ遊びでは、A子の設定に応じてThが対照的な補助自我としてびっくりして怖がる人を演じることで、

A子は象徴的表現を増大させ、それを受けとめてもらえる手ごたえを感じていく。ThはA子のなかに混在している内的自己を、表現されないネガティブな感情を担うダブルや補助自我のなかに生じる気持ちのモノローグなどの補助自我技法を用いて分化させて引き受け、表に出せない気持ちの代弁も含めてプレイフルに演じる。子どもはThや場面を一種のミラーとして体験し、自己理解が促され、再び自らに統合させていくと考えられる。

(4) 心理劇的アプローチの実際：B太とのプレイセラピー

以下、来談者の言葉を「　」、Th（＝筆者）の言葉を〈　〉と記す。

1）主訴

「幼児期には〝閉じてしまった〟印象を抱いた時期もあった」と対人関係の硬さや緊張の強さからくる便秘を心配した母親と小学2年生のB太が来談し、母子並行面接が開始された。

2）心理劇的アプローチを導入するねらい

初めてプレイルームで遊ぶB太の様子は、遊具をその用途や機能に従って真面目に扱い、砂場で黙々と器にきっちり砂を詰めるなど、若干の発達的な偏りに加え、独特の〝硬さ〟が印象的だった。B太の自発的な表現を重視しながら、〝自己―人―もの〟の三者関係が無理なく多様に体験されていくことをねらいとして導入した。

3）セラピーの展開と内容

場に慣れてきた数回め、車の好きなB太は砂場にたくさんの工事車両を敷き詰め、「工事の車の渋滞」と言って、あちらこちらをちょっとずつ動かしたり、隙間に小さい車を走らせたりする。傍らでThが〈ただいま工事の車が渋滞しております〉〈少しずつ動きましょう〉など実況中継をすると、B太は時折「これはこっちに運ぶの」「これ、幅が広いから通れないの」などと教えてくれ、それをまた共有するようにThが実況中継をする。

翌回には、B太は大中小のダンプカーに砂や石を積んでいく。Thが〈こちらは重そうな石をたくさん積んでいます。すごいですねえ〉などと実況中継していると、B太は「吾輩はすごいんだぞー」と言ったり、「ほかにも、ぼくはすごいんだぞーとか、俺はすごいんだぞーとかもあるよ」と話しながら荷積みをする。Th が〈〝吾輩〟っていうのはどのダンプカーですか？〉と尋ねると、B 太はどのダンプカーがどの台詞かを決めていく。さらに、〈やぁ、あなたは本当に力持ちですねぇ〉とインタビューすると、B 太は大中小の個性を楽しみながら車遊びを続けた。

数カ月後、乗り物で活動的に遊ぶようになったB 太は、荷台をつなげた三輪車を乗り回して「もう1周する」「今度はこっち」と、今、自分のしたいことを確かめているような遊びを続けていた。そこでTh がぬいぐるみのお客さんを設定すると、快く荷台に乗せてくれ、行き先を一緒に考え、家から学校へ連れていくことになり、Th がプレイルーム空間に家コーナーと学校コーナーを設けると、B 太は「運び屋さん」になって何人かのぬいぐるみを学校へ送ってくれる。さらにTh が〈子どもたちが忘れちゃったお弁当を届けてくれますか？〉と家の人になると、B 太は引き受けて運び、ほかにも運ぶものを考えて学校で使うボールや玉入れセットを届け、Th はぬいぐるみの役で喜んだり、活動したりする。ぬいぐるみたちが家に帰ると、今度は家の人役のTh の注文に応じて布団を届けてくれるなど、B 太はみんなの必要とするものを次々と楽しそうに運ぶ遊びが展開した。

4）考察

〝もの〟に即して遊ぶ硬さのなかに、B 太のささやかな自発的表現が感じられ、Th は控えめな実況中継やダンプカーの擬人化といった技法を用いて、心理劇場面として位置づけ、「今、ここ」で、意味あるものとして重視し共有していく。そうして、心理劇的コミュニケーションが表現通路として創られていくのである。

〝自己とものの関係〟で確かめているような遊びを続ける時期には、ぬいぐるみのお客さんという〝人〟を導入することで、三者関係的な展開の広がりが促される。さらに空間を活かして複数のコーナーを設けたり、B 太の身近な学校生活イメージが具現化するような提案をしたりなどの生活縮図的な場面化によって、B 太の主体的行為に応じたダイナミックな場面展開が可能となる。このようにして、B 太自身の担う役割の手ごたえが増し、「自分のしたい感じ」が明らかになっていき、より主導的にストーリーを創りながら柔軟に振る舞うことが促され、場面に応じたコミュニケーションや役割行為の幅が広がっていったと考えられる。

(5) プレイセラピーへの活用についての考察

子どもは日常と非日常を自然に行き交う存在であり、遊びを媒体に非日常のファンタジーの世界で心理的な成長や癒しをもたらすような体験を得ている[1)]。心理劇的アプローチは、そうした非日常世界を余剰現実として自由に演出する力を豊かにもっていると思われる。子どもとの出会いにおいては、心理劇的表現によって、子どもとの距離感を大切にし、「今、ここ」でのささやかな行為を意味あるものとして重視し、感じていることやイメージを表出する通路を創っていく。子ども自身の表出が促され、心理劇的に共有され具現化されていくことで、子どもは「おもしろい」と思える体験が進み、「自分のしたい感じ」が明らかになり、意識し、プレイセラピーが展開していく。

心理劇的ごっこ遊びでは、子どもが監督のように役や場面を考えて指定し、主演者となって振る舞い、セラピストは場面がより具体化するよう舞台設定や場面設定を補いながら、多様な補助自我的演者として関わり合う。そこでは、ファンタジーを楽しむドラマだけでなく、自己を探求するドラマや自己の行為可能性を拡大するドラマが共同作業の形で創り出されていく。A子との心理劇的アプローチでは、遊びの即興性や「メタファーにメタファーで応える」[1)]やりとりが有効に働き、自己の内的統合が促された。また、B太との心理劇的アプローチでは、遊びの全体状況や流れのなかでの自分という視座が定まる体験となり、日常生活においても自己の視座を定めて、自分のしたいことや自分にとって大切なことを選んですごせるようになっていったと考えられる。

セラピストは、子どもの心の奥にある感情を敏感にキャッチしながら、その子にとって抵抗のない形での表出方法を工夫していくこと、さまざまな自己の存在や感情についての肯定的姿勢を示していくこと、余剰現実におけるファンタジーと現実的な二者関係の重なりのなかで子どもの表出を理解し、シェアリングを意識することが大切である。留意点としては、あくまで子ども主導であること、プレイフルに演じること、安全な場面設定や表現を心がけることが挙げられる。なお、プレイセラピーにおける心理劇的アプローチは、発達臨床における統合的アプローチとして考察されており、文献2～5を参考にしていただきたい。

2　親相談（親カウンセリング）における心理劇的アプローチの活用

(1) 心理劇的アプローチの目的

教育相談では、保護者（主に親）が子どもの問題状況をとらえて相談を申し込み、来談する。子ども自身は相談の場に現れないこともあるが、母親だけでなく父親が登場したり、他の家族を交えた面接となることもある。親相談の場では、〝親〟は自身が〝悩んでいる人〟であり、子どもの問題に〝主体的に取り組んでいる人〟であり、学校の先生や相談担当者とともに〝協力していく人〟であるという3つの役割をもつととらえられる。そのため、親カウンセリングは、情緒的なサポートや自己洞察の促進、過去から現在までの子どもの成長や親子関係の理解、発達面や心理的側面についてのガイダンス、親としての関わりの可能性を広げること、相互の役割を活かした具体的な協力を探ること等をねらいとしている。心理劇的アプローチは、言葉を中心としたやりとりのなかに、空間、行為（アクション）、役割、場面といった心理劇の視点や技法を応用していくことで、来談者の情緒―認識―行為の多様な変化を促進することを期待して適用される。

(2) 心理劇的アプローチの構造と手続き

親相談としては、両親面接や家族面接の場合もあるが、ここでは母親もしくは父親1名とスタッフ1名での個別面接を、1回50分、月1～2回程度、面接室で継続していくものと想定する。心理劇的アプローチは、後述のように、言葉での話し合いのなかで心理劇の視点をもって問いかけたり受けとめたりすることで導入し、信頼関係ができた後、〈こんなふうに動きながら考えてみることができるのですが〉と、通常と異なるコミュニケーション手法をとることを説明したうえで技法を適用していく。

(3) 心理劇的アプローチの実際：Cさんとの親カウンセリング

親相談では、来談者である親が、生活のなかで子どもの問題や関係状況をどのようにとらえ、どのように感じ、どのように関わっているかについて言葉で語っていく。来談者によっては観念的な話や自己の思いの強い話が続くこともあるが、関係状況の理解や関わり方についての気づきを促すため、監督による場面化を用いて関わることができる。最近起きたエピソードを具体的に、いつ、どこで、誰が、どのように振る舞って、それから～等、今ここに描き出すように話し合うのである。さらに後述するように、空き椅子技法や空間活用により、具体的に関係を理解していくこともできる。事実説明や学校での問題の報告等が淡々と続く場合、来談者の感情に焦点を当て、情緒をともなった話し合いをすすめるため、来談者が感じているであろう感情を〈「こうなって、～だな」、という感じでしょうか？　もしくは、「～だ！」という感じでしょうか？〉などと、カウンセラー（以下、Coと示す）がダブルのようにふれてみることもある。

以下、来談者の言葉を「　」、Co（＝筆者）の言葉を〈　〉と記す。

1）主訴

中学2年生の息子の登校しぶり状態について、母親であるCさんが来談し、月2回の継続相談を開始した。

2）心理劇的アプローチを導入するねらい

Cさんは、息子との関わりを詳しく語ることができ、母親としての熱い思いをもち、時に感情的になることを自覚されていた。Cさんが客観的に自分と息子、その他の家族の関係をとらえ、実感をもって、関わりの幅を広げていくことをねらいとして適用した。

3）親カウンセリングの展開と内容

家庭での関わりについての相談を、空き椅子を手で指して〈お母さんがそう言うと○○君は何と言ってきますか？〉と聞いたり、面接室の空間を指して〈隣の部屋にいるお父さんはどうしていますか？〉と聞くなど、より具体的にCさんと家族の関係を把握しながらすすめてきた。相談関係が安定した段階で、Coは立って〈空き椅子に○○君がいるつもりで話していきましょう〉と設定し、日常のエピソードから〈そういうとき、○○君はどんな顔をしていますか？〉と空き椅子を眺めてもらい、子どもの気持ちを想像してもらう。Coは空き椅子とCさんの席とを行き来しながら、〈今だったら、何と言ってあげたくなりますか？〉と落ち着いて自分の気持ちを明確にしていくことを促した。ある回では、Cさんのほうから「椅子に座っているというより、サンドバッグのような弾力のあるものがたたずんでいる感じで」とイメージで表してくれることもあった。「言わないほうがいいとわかっているから、なるべく我慢しているけど、つい言いたくなっちゃうんです」と言うCさんに、その息子（空き椅子）に対して、いつもの関わりを距離や角度を考えて位置してもらう。そして、〈もう少しどのくらいになるといい感じでしょう？〉と距離や姿勢、向きを変えてみながら、ほどよいところを探してもらい、その感じをもち帰ってもらった。

Cさんとの相談は、「私よりは父親の出番」と家庭での関わりの変化にともない、父親や本人も来談した。家族面接の場では、Coは一人ひとりに焦点を当てたり、一人ひとりの語られた感情をなぞったり、まだ語られていない感情を導き出すよう代弁したり、家族全体へ客観的な感想を述べたり等のアプローチを取り入れていった。

4）考察

Cさんは、空き椅子技法を用いることで、自分と息子に視点を移し替えながら、息子の気持ちを自分で考え、互いの関係をとらえていった。それは、自分自身の感情や感覚を落ち着いてとらえる力にもなっていき、言葉だけでない関わりの感覚をつかむことができたと考えられる。また、家族面接では、Coは一人ひとりを主演者にして場面を構成する監督であり、一人ひとりの感情を定位する補助自我であり、感じているであろう感情を明確化するダブルであり、〝自分たち家族〞という主体意識を生じさせる観客であり、心理劇的に機能するものといえる。

(4) 親相談への活用についての考察

親相談は、「今、ここ」にいない子どもや日常生活の出来事を話題にしていくことが多く、言葉だけでなく空間や物（空き椅子など）を用いることで、関わり合う一人ひとりの存在が位置づき、その関係性が視覚化され、意識して考えやすくなる。またアクションや役割を用いることで、情緒―認識―行為を分化させたり連動させたりして、子どもの気持ちの体験的理解や親自身の感情の気づきが生まれ、行為の可能性を見出すことを促す。心理劇的技法については、土屋[6]が「アクション・カウンセリング」として、教育相談におけるアクションの機能を4つ挙げ、12の展開技法を整理している。役割交換や役割訓練についての展開例と合わせて、参考にしていただきたい。

心理劇的アプローチを導入する際は、「今、ここ」での相談関係を吟味し、〝させられ感〟による抵抗やノンバーバルな表現への戸惑いなど適用することの影響を考えたうえで、意図を明確にして、来談者にも説明してから導入し、言葉でのシェアリングを意識しながらすすめることが重要である。

3　要点と考察

教育相談では、子どもや親との個別面接に心理劇の視点や技法を心理劇的アプローチとして導入することで、より豊かなコミュニケーションによる相談が展開する。

子どもとのプレイセラピーでは、子どもの自発的な表現を心理劇的に受けとめる出会いに始まり、心理劇的ごっこ遊びを通して、多様な補助自我技法によって内的自己の明確化と再統合が促されたり、役割行為の手ごたえが増して、主体性や三者関係的な関わりが広がったりなどの効果が期待される。また、親とのカウンセリングでは、場面化するような話し合い、空間や物の活用で理解が深まり、空き椅子技法等を用いることで気づきや行為の可能性を見出すことができると考えられる。

引用・参考文献

1）弘中正美『遊戯療法と子どもの心的世界』金剛出版、2002年、p9, p50.
2）野並美雪「発達臨床における心理劇的関わり――子どもの特徴や関心を活かすコミュニケーション媒体の工夫」、『関係学研究』37巻1号、2010.
3）三浦幸子「発達臨床における心理劇的技法の展開」、『関係学研究』32巻1号、2004.
4）篠田美香「行為描画法」、武藤安子（編著）『発達臨床――人間関係の領野から』建帛社、1993.
5）黒田淑子『心理劇の創造』学献社、1989.
6）土屋明美『アクション・カウンセリング――共に状況を創り・育てる心理劇的カウンセリング』関係学研究所、2001、p11-13、p38-45.

（岩城衆子）

COLUMN 1

映画と心理劇

1 「オール・ユー・ニード・イズ・キル」

人生は一度きり。この当たり前の事実からは何人も目を反らすことはできない。誰もが過去を振り返り「もし、あの時こうしていたら……」と嘆くのも、「この先上手くいかなかったらどうしよう」と未来を思い悩むのも、それがかなわないからであろう。

ところが日本のSF小説（桜坂洋『All You Need Is Kill』集英社・スーパーダッシュ文庫、2004年）を題材にしたというこの映画「オール・ユー・ニード・イズ・キル」（ダグ・リーマン監督、2014年米国製作、同年日本公開）はそうではない。異星人に侵略されつつある近未来の地球で新米兵士の主人公は、ある出来事の結果、死んでも時間を飛び越え過去のある地点から再び人生をやり直せる能力を持つことになる。戦闘で死んでは再び生き返ることをはてしなく繰り返すその人生のなかで、ダメ兵士だった彼は凄まじい力と意思をもつ戦士に成長していく。

心理劇のロールプレイでは、これから起きる未来の出来事を想定した演技を通し、その対処を訓練する。あるいは過ぎ去った過去にもう一度戻るという想定のもと、過去の出来事の意味を吟味し、やり直すことで今を生きる勇気を取り戻す。心理劇を考案したモレノは、当時主流だった言語的なカウンセリングを主とする心理治療に行動訓練という要素を加味した。訓練によって人は変わり成長することをめざしたのである。

この映画の主人公のように時間を飛び越える能力を我々はもたないが、心理劇を体験すれば、人生は一度きりのぶっつけ本番ではなくなる。そして仮にミッションに失敗したとしても、その過程を生きた人生は不毛ではないことを心理劇は教えてくれる。

2 「メッセージ」

この先の自分の未来が見えるとしたら、人はどのような行動をするのだろうか。極端に言えば、自分の死ぬ日が分かったとしたら、人はどう生きるのだろうか。残された人生を精いっぱい生きるのか、あるいは絶望し破滅的になるのか。それともそのようなことは気にせず、日々を淡々と生きるのだろうか。いずれにしても、もともと人間には未来を見通せるような力はないのだから思い悩むことはないのかもしれないが、それでも人は生きるうえで常に「この先どうなるのだろうか？」という不安を感じて生きている。

フロイトは、不安の原因を過去の親との関係や「死の本能」という生来的なものと想定し、それを思考し意識化することで不安を解消する方法として精神分析療法を考案した。そしてそれを踏まえたうえで、モレノは「思考し意識化する」だけではなく「(サイコドラマの場で）行動する」ことで不安を凌駕しうる意欲（これを自発性と名付けている）をもてることをめざした。

映画「メッセージ」（ドゥニ・ヴィルヌーヴ監督、2016年米国製作、2017年日本公開）は、ある日異星から来たらしい謎の巨大円盤が地球上の各所の上空にじっと留まっていうという、まるでアーサー・C・クラークのSF小説『幼年期の終わり』を思わせるオープニングから始まる。やがて出現した異星人は、我々地球人にとって非常に重大なメッセージを未来から伝えにきたことが主人公の女性にだけ語られ、その後の想像を絶する展開はまさに人間の思考できる範疇を超えているとしか表現できない。この先の未来が見えるとしたら人はどう行動するのかのある意味での答えを、主人公は思考するのではなく行動することで我々に教えてくれる。仮に彼女のような行動力は私にはないかもしれないと観客が思ったとしても、行動しようとする勇気は映画を見終わった後に得られる。それこそがサイコドラマで体験される自発性と同質のものであろう。

（諸江健二）

第４章

心理・社会的支援の心理劇

心理劇（サイコドラマ）の適用範囲や扱われる問題、演じられる役割にはどのような特徴があるだろうか。モレノは心理劇を役割行為による診断と治療の一方法であり、個人から集団まで、子どもから大人までのすべての人々、あらゆる問題に適用可能であり、心理劇の役割とは人間関係の体験、また、私的、社会的、文化的要素の総合的な役割の体験であると述べている。

本章で取り上げられる心理劇は、広く社会や地域のなかで心理劇の店（舞台）が開かれ、そこに参加される方々（集団）のニーズに応じた心理劇を行うことに共通の特徴がある。あらゆる問題が提起される可能性があり、いかに専門家としての責任と力量で、心理・社会的支援としての心理劇を行っていくかが問われるだろう。

ここでは、今日の家族の関係性の問題等を積極的に受け入れている心理相談機関で、来談者の人間関係・家族関係の構築、新たな人生への励みになる集団精神療法・心理劇（第1節）、多くの人が体験するのを目的に、場所や参加資格をあまり問わず、舞台をまちに求めた心理劇（第2節）、人間の発達課題に基づいた、人生をより豊かに生きるための心理劇（第3節）、参加者の生活する地域で、職場や日常での活用や心理劇を学びたい人たちの心理劇（第4節）が紹介されている。全体として、専門的な配慮、方法に基づきながら、社会で生活する人々とともにつくる心理劇の実践が紹介されており、心理劇の多様性と可能性についてもうかがわれるものである。

第1節　私設心理相談機関における心理劇

筆者（信田）は、1995年に私設心理相談機関（以下、センター）を開設し、2020年で25年目を迎える。10名のスタッフからなるセンターの特徴として、グループカウンセリングを実施していること（そのために20人が入れるミーティングルームがある）、本人・家族、加害者・被害者といった家族の関係性、暴力問題などを積極的に対象としていることなどがある。なかでもアダルト・チルドレン（以下、AC）を自認する人たちが来談者（以下、クライエント）に占める割合が高い。

担当カウンセラーとの相談を基軸にしつつ、クライエントの問題解決や回復を援助するのがセンターの役割といえよう。個人・グループのカウンセリング、心理教育的アプローチの教育プログラムに加えて、開設当初から心理劇は重要な役割をはたしている。特にACや母親との関係に苦しむ女性たちにとって欠かせない場となっている。自らの対人関係のもち方の特徴を知りそれらを変えるための実践の場として、また予測される危機的状況への対処の準備・練習の場として、かけがえのない役割を果たしている。月1回2時間半のセッションであるが、クライエントに心理劇参加を勧めるタイミングは、不安やフラッシュバックといった問題が消退し、課題が具体的人間関係に絞られたのを目安にしている。

個人心理療法を中心とした私設心理相談機関が多いなかで、グループカウンセリングをプログラムに加え、定期的に心理劇を実践しているセンターの営みを多くの人に知っていただき、さらには心理劇を導入する私設相談機関が増えることを願っている。

被虐待経験の記憶をもつクライエント、「現在の自分の生きづらさが親との関係に起因すると認めたひと」と定義されるACを自認するクライエントにとって、主訴は「親との関係」に集約される。また暴力の加害・被害も、個人の内的な問題としてでなく、二者の関係において生じるととらえることで関係性の問題となるのである。このようにセンターでは、問題を個人の内的世界から関係性の位相へとシフトさせることで相談・援助を行っている。このような基本的姿勢が、個人カウンセリング・グループカウンセリングから心理劇へという流れにつながっている。個人の癒し・個人の感情の解放に焦点化して評価されがちだが、心理劇は、関係のもち方の認識から洞察へ、そして新たな人間関係・家族関係の構築まで、その射程の広さや豊かさにおいて類をみない方法だと考えている。

1　心理劇の目的

心理相談機関における心理劇の目的は、語りから行為化へのプロセスにおける自発的行為を通して、①自分の存在価値を再認識し、②新たな関係の在り方を見出し、③流動的・予測不可能な人間関係に自分らしく関わることができるようになること、にある。

2　心理劇の構造

対象者：センターのクライエント（3～6人。参加のねらいをカウンセラーと相談のうえ、申し込む）。
スタッフ：3人（心理劇専任2人、カウンセラー1人）。
方法：月に1回、オープングループ。原則として3回で1クールとする。
所要時間：2時間半。各クール後、希望者はスタッフと面談する。

3　心理劇の実際

ウォーミングアップに続いて、各自、参加のねらいを発表する。ねらいは具体的なことでも、漠然としていることでも何でもよい。次いで個人のねらいに即したドラマ展開があり、シェアリングへとすすむ。心理劇の参加者は全員が演者であり、特に自分のねらいを提出する演者を「主役」と呼ぶ。基本的には参加者全員が、限られた時間であっても1度は主役となるように運営する。

センターでは1クール3回の参加を勧めている。言語中心でのカウンセリングやミーティングに慣れていたクライエントが、心理劇という行為中心のグループに入るに際して、自分のペースに合わせてドラマに参加するにはスモールステップが必要であると考えるからである。基本的には1回のセッション中に全員が1度は主役になるが、その関与の仕方はクライエントにより異なる。各回のねらいは次の通りである。

初回のねらいは、心理劇へのウォーミングアップであり、安心してグループで過ごし無理せずに振る舞い、ロール・テイキングができること。2回めは、自分のねらいに即した短いドラマの主役になり、自分らしく振る舞うロール・プレイングができること。役割交換なども体験し、場合によっては補助者としてドラマに参加する。3回めは、自分のねらいを深め、必要に応じて現在状況において過去状況とも向き合い、多方面から自分を観て新しい状況へ向かうロール・クリエイティングへと向かう。3回終了後の個別面接では、自分にとっての意味や効果などの振り返りを行い、次のクールへのねらいを成立させる。センターでの心理劇はオープングループのため、初回参加者も継続参加者も、主役を支える観客や、補助者などの機能的役割も担う。

なお、次に掲げる事例では、ウォーミングアップについての記述は省略し、個人が特定されないような形式でドラマ展開の事例を描述する。監督による指示は〈　〉、クライエントの発言は「　」で表す。

(1) 事例1：職場での対人関係がうまくいかない

Aは30代男性、初参加。Aは「職場で上司から次から次へと仕事を頼まれるとイライラしてきて投げ出したくなる。やんわりと仕事を断り、きちんと話ができるようになりたい」と参加のねらいを語る。

場面①　Aの語った場面をダブルが再現する

監督はAに、〈もう一人の自分（ダブル＝補助自我）を選んでください〉

と促す。Aはスタッフの一人Dにダブル（＝補助自我）を頼む。Dと上司役（スタッフ）は、Aが語った場面を再現する。Aは、上司とDのやりとりを観る。Aは「自分を見ているようだった。上から目線で言われると怖くなって小さくなってしまい、何も言えなくなる」と自分を客観的に観ての感情を表出する。

場面②　Aは観客役割から上司役になりダブルと対話する

〈いつも上司から言われていることを、あなたが上司になって、遠慮せずに話してください〉とAに指示する。Aは、Dが話す隙もないぐらいに一方的に仕事を頼む。「上司になり、言いたいことをどんどん話して楽だった。Dが何も言わないのでしゃべり続けたけれど、Dが何を考えているのかわからない」と、上司役から見ての自分自身のあり方への気づきを述べる。〈もう一人の自分（D）には、どうなってほしいですか？〉とAに問うと、上司役の立場から「仕事量のことなど、考えていることをしゃべってほしい」と。（結果においては）自らへのアドバイスとなった。

場面③　Aは上司役から自分に戻り、ダブルにアドバイスする

上司との対応について、観客からもアドバイスをする。これらのアドバイスを生かして、Dは上司とのやりとりを再開する。アドバイスを受けたDと上司とのやりとりを観て、Aは「Dは上司のペースに巻き込まれないで自分のことを話すことができていたと思う」と感想を述べる。

場面④　AはDのやり方なども参考にして、Aとして上司と対話する

演じた後に「上司の話を聞くだけではなく、自分の状況とかも伝えることができた。不安はあったけれど、怖くはなかった」と感想を述べる。ドラマはここで終結とし、シェアリングへと移った。

場面展開の特徴

Aは当初、上司との関係でのイライラ感の解消と、上司にどのように対応したらよいかという2つのねらいを語っている。Aは初参加であることから、上司との現実的な人間関係における自分の在り方をミラー技法により観て、自分から自分にアドバイスするなどして、新たな関わり方を試みることができた。

(2) 事例2：母に言いたいことがある

Bは40代女性、3回目の参加である。「今までずっと思っていて言えなかったことを母親に言いたい。結婚してからもあれこれ指図してきて嫌だ。もう家にも来てほしくない、そのことを言いたい」と心理劇に期待することをはっきりと語る。

場面①　過去のエピソードの再現

「母は、何事にも自分の言うことは絶対に正しいと言い、私の話を聞いてくれることがなかった……」など、母親への否定的感情を綿々と訴える。〈今、すぐに思い浮かぶ場面はありますか？〉、Bはしばらく考えてから「洋服も母が選んだものしか着られなかった。高校生になったとき『それ、ダサい』と友達に言われて、〝あ、これちょっとおかしいのかな〟と思った」。〈そのときのやりとりはどんなことだったかを、ここで見せてくださいますか〉とBに再現を促す。Bは友達役Fを参加者から選び、2人で洋服をめぐって、やりとりをする。

Bは「〝ダサい〟とか言われて嫌な気分になった。その当時は自分で選んだ服じゃないからしょうがないという感じと、こんな服を選んだ母親が悪い、という気持ちだった。でも、今やっていて、嫌な気分でモヤモヤした感じがした」と述べる。

場面②　モヤモヤ感と一緒に

スタッフDがBの補助自我になる。〈Dは、もう一人のBさんです。横にいてBさんのモヤモヤをつぶやきます。それを聞きながらFさん（友達役）と話しましょう。先ほどとは違うことを話したくなったら自由に話しても結構です〉と伝え、友達との会話を再開する。Dは「お母さんが勝手に選んだ服で、着たくないのに……」などBのモヤモヤ感を代弁してつぶやく。それを聞きながらBは友達と会話をする。演じ終えたBは「高校生のときからなんか変だなと思っていたけれど、こういうことなのか……。母は私の言うことを全く聞いてくれていなかった、そうなんだ！」と愕然とし、気づきを表出した。

場面③　母親に自分の思いを伝える

〈高校生の頃はお母さんに自分の思いを言うことはできなくてモヤモヤ感として心に残っていたのかもしれません。大人になった今、お母さんに、言いたいことを言ってみましょうか、どうしましょうか〉と判断はBに任せる。Bは、母親（スタッフ）に向かって、今までのこと、家に来てほしくないことなどをゆっくりと、涙しながらもはっきりとした口調で訴える。

Bの感想「自分の思いを口に出すことができ、言いたいことが言えてすっきりしました。ずっと心のなかに溜めていたことでした。実際に母親にこのように言えるかどうかはわからないけれど、ここで言うことができてよかった」。

場面展開の特徴

過去場面の再現で得られた気づきを基にして、現在の自分が母親に言いたいことが明確になるような展開になった。「今まで言えなかったことを言いたい」というBのねらいを勘案して、母親との役割交換などは行わないで終結とし、シェアリングに入った。

(3) 事例3：家族との関係について考えたい

Cは、60代の女性。「引きこもりの30代の息子がいる。どのように関わればよいか考えたい」と、家族との関わりをテーマとして提出した。

場面①　家族関係のアクション・ソーシャルアトムをつくる

〈Cさんにとってのご家族を紹介していただけますか〉と依頼する。Cは部屋の中央に立ち、夫や息子、ペットの犬などの役割を参加者に付与し、心理的な距離や視線の方向などを示して自分の周りに位置をとらせる。それぞれが位置づけられた後、Cの位置には補助自我が立ち、Cはそれぞれの位置から真ん中に立っている自分（補助自我）の姿や家族を観る。最後に自分を中心にして位置づけられている家族全体を回りながら観る。

Cはワークを終えて「息子は斜め横を見ているので、真ん中にいる私を見づらいことがわかって驚きでした。息子は見ようとしなければ母親を見ないんですね。家族がバラバラになっている感じがします」としみじみと語った。

場面②　Cと息子との関係を模索する

Cは、中央の位置に戻る。〈斜め横を向いている息子さんを見て、どんな感じですか？〉とたずねると、「息子は寂しそうに見えます。今まで、このように感じたことはないのですが」。〈Cさんは息子さんを見ていますが、息子さんからはCさんが見えにくい。2人の間には何があるのでしょうか？心理劇では、想像でいろいろな物を登場させることができます。2人をつなぐ物であるかもしれないし、2人を離す物であるかもしれないのですが。物に喩えるとしたら、何でしょうか？〉との問いかけに、しばらく考えて「表彰状」と答える。

場面③　表彰状と息子、表彰状と母親の対話

Cは、表彰状の内容、それにまつわる思い出などを語り、次いで、補助自我が表彰状になる。表彰状と息子の対話、表彰状と母親との対話が続く。

場面④　表彰状を媒介にして母親と息子が会話する

次に、母親（C)、息子、表彰状が三者で向き合い、話をすすめる。途中で3つの役割を次々にローテーションして会話をつなげる。

場面⑤　表彰状は外して母親と息子が対話する

〈いま、Cさんは息子さんとたくさん話ができていますので、この表彰状は外しますが、いいですか〉と、確認をして表彰状を取り去る。そして、母と息子が直に向かい合って、今、感じていることを話す。次に、母親中心の役割交換を重ねて終結とする。「過去の、元気で優等生だった息子だけを見ていて、現在の息子から目をそらしていた。一緒に何ができるかをこれから考えていきたい」と感想を述べた。

場面展開の特徴

Cは、家族の構成員を空間に位置させて、視覚化し「関係の形態」として認識することにより、家族関係に生じていたすき間や、見落としていることなどが視覚的に明らかに見えてきた。引きこもりの息子との関係だけに限定されない「家族関係」が課題として浮かび上がってきたと、とらえられる。表彰状を介在させることで、関係を束縛していること（価値観）から自由になる手がかりを見出すことができている。

4 要点と考察──技法展開からみる各事例の特色と効果

(1) ロール・テイキングからロール・プレイングへ

心理劇の初参加者は「演じる」ことへの先入観をもち、緊張感や過度の期待をもって場に臨む場合が往々にしてある。初参加者には特に、語ることから行為すること、行為における気づきを言語化すること、安心していられることへのウォーミングアップが重要である。ドラマ展開においても、ゆっくりとテーマにアプローチすることが必要である。事例1のAは、まずミラー技法により、補助自我が演じる自分の姿を観る。次に、上司役をとり相手役として自分の姿を観る。ここでは、Aがいつも上司から言われていることを上司役としていつものように表現（ロール・テイキング）しながら、いつもの自分を観ることにねらいが置かれた。次に、自分が自分のダブルにアドバイスし、先ほどとは違うような振る舞い方をダブルが演じるのを観る。つまり、いきなり自分が新しい役割にチャレンジするのではなく、言葉でダブルにアドバイスして、その役割行為をミラーのようにまず観る。次にアドバイスしたことも参考にしてこの場で自分らしく（ロール・プレイング）する。このように、無理なくロール・テイキングからプレイングへの方向にゆっくりとすすんだ。自分を上司役から観たり、自分自身に可能性を提示するなど多方向から自分を観ることを通して、おのずと自己の広がりがもたらされていった。「いつもの自分」を否定せずに、心理劇のなかで、自分の力を自分のために上手に使うことで「きちんと話ができる自分」への変化がみられた。

(2) 余剰現実、カタルシス

事例2のBは3回目の参加であり、ねらいもはっきりしていた。最初に「母に言いたいことがある」と、自分をみるワークをダブルと共に行った。長年にわたって心のなかでモヤモヤしていたこと、それが母親との関係で生じていたことをグループの場ではっきりと話せたことで、カタルシスを体験した。さらに余剰現実の設定において、母親役に向けて「現在の自分」が言いたいことを感情を伴った言葉で言うことができた。終えてから、B自身が「実際に言えるかどうかわからない」とコメントしているように、現実に直結することではないし、それを期待することでもない。しかし、心理劇において実感できた自分の生き生きした感情、言葉を発することのできた自分への自信をBさんは確実に深めたといえる。時に言葉が詰まり、落涙しているBさんをしっかりと見て、支え、後にシェアし合えるグループであるからこその体験であろう。

(3) 役割交換

事例3のCは、アクション・ソーシャルアトムにより、自分と家族メンバーとの関係、また家族全体を鳥瞰するなかで息子からは見えにくい存在としての自分がいることが徐々に実感されてきた。家族それぞれのいる場所に身を置き、そこから自分を観ることだけでも気づきが成立しており、広義の役割交換といえよう。

続いて、物を媒介として息子と対話した後、Aと息子の対話場面に入り、役割交換を重ねた。Aにとっては、息子との対面は緊張を伴うことでもあった。息子に問いかけ、席を交換して息子の役割からそれに応じ、再び母親役割をとる。このように、息子の立場から母親である自分に応えることを通して、自分自身を観たり、息子の目からみえる母親を観たりすることができた。

*

監督・補助自我チームは、主役やグループ状況への技法介入に際し、目的と予測される効果を認識したうえで、状況に応じて心理劇技法を適用し、時には軌道修正する臨床的配慮が強く要求される。

なお、心理相談機関における心理劇実施の留意点は次の通りである。①契約をする。クライエントの希望、ねらいを確認してすすめ、過度な一方的な介入をしない。②監督・補助自我チームは、クライエントにとって人と関わることは束縛や息苦しいことばかりではなく、解放されうること、などの人間関係の変化体験を共有し、共に育っている実感を一瞬でももてるように関わる。

参考文献

1) 松本卓也・山本圭編著『〈つながり〉の現代思想——社会的紐帯をめぐる哲学・政治・精神分析』明石書店、2018.
2) 信田さよ子『アディクション臨床入門——家族支援は終わらない』金剛出版、2015.
3) 松村康平『心理劇——対人関係の変革』誠信書房、1961.
4) Moreno, J.L. Psychiatry of the Twentieth Century: Function of the Universalia: Time, Space, and Cosmos. *Psychodrama,* 3rd ed., Beacon House, Beacon, N.Y., 1969, p11-23. 磯田雄二郎訳「20世紀の精神医療＝普遍的概念の機能（第2回国際サイコドラマ会議における講演1966年スペイン、バルセロナ）」、『現代のエスプリ　198、サイコドラマ』、1984、p22-34.
5) 高良聖『サイコドラマの技法——基礎・理論・実践』岩崎学術出版社、2013.
6) 土屋明美監修・関係状況療法研究会編『グループ活動を始める時に——つながりを育む50のかかわり技法』ななみ書房、2013.

（土屋明美・信田さよ子）

第2節　アウトリーチにおける心理劇

ここでいう「アウトリーチ」とは、心理劇に参加する参加者を待つのではなく、こちらから出かけていって、言うなれば心理劇の舞台を外に運んで行って、そこで心理劇を展開しようとすることを意味する。心理劇は、そこに舞台を設けたならどこでも行うことができる。ここではさまざまな場所で参加者が安全に、楽しく、そして心理劇らしい体験世界が経験できるようにするための工夫について事例を提示して紹介する。

1　アウトリーチの心理劇の目的

心理劇といっても、実際にはその時々のニーズや目的に合わせたいろいろな方法があり、楽しいレクリエーションのような心理劇もあれば、個人に焦点をあてた深いドラマ、社会の問題をみんなでドラマにして考えを深めるような心理劇もある。心理劇はとても興味深い体験を私たちに与えてくれるが、現在の日本では心理劇を体験できる機会は滅多にないし、体験できる場も限られている。人数を限定し、参加資格を専門家に限定することもある。

アウトリーチの心理劇は、多くの人に心理劇を体験してもらうことを目的として、場所や参加資格をあまり問わず、心理劇の舞台を外に持ち運び、まちのなかに心理劇を広めようする活動である。筆者の理想は、まちのどこかで週末には心理劇をやっている場所があり、誰でも気軽に、少しのお金を払えば体験できる、それが当たり前になるような暮らしである。

2　アウトリーチの心理劇の構造

どこでも誰もが体験できる心理劇を実施するために、重要なことがいくつかある。それは、場所の設定、参加者を募ること、時間や頻度、料金、心理劇の説明とすすめ方である。

1）場所

心理劇は一定の空間と椅子さえあればできる。どこでもできるのだが、実際には、どんな場所がまちにはあるだろう？　まちの公民館や会館、喫茶店、学校、病院、クリニックなどが思い浮かぶが、誰かの自宅や公園などでも行えるかもしれない。

2）参加者を募る

心理劇を行うには、参加者を募る必要がある。公民館などにポスターを貼ったり、喫茶店にチラシを置いてもらって、店主さんからお客さんに伝えてもらうこともできる。クリニックでも、医療スタッフからあるいは患者さん同士で知らせてもらうことができる。特に難しいのは、どうやって参加者を集約するか、ということで、誰か取りまとめをしてくれる人が必要になる。最近では、SNSを活用し、案内をしたり、参加者に参加登録をしてもらう方法もある。

3）時間と料金

いつ開催するかは、開催場所の都合によるが、どういう参加者に来てほしいかによっても時間帯や時間数も違ってくる。子どもをもつ人は子どもが幼稚園や学校に行っている時間帯に参加できるだろうし、昼間に仕事がある人が参加できるのは夜にならざるを得ない。平日に開催するのか、週末かによっても、参加者が異なってくる。

料金は、開催場所の使用料金、茶菓代、または心理劇を行う側の交通費や報酬などの費目によるだろう。しかし、参加者が参加するかしないかを判断する基本的な条件となるので、あらかじめ参加費を設定することが必要となる。時間数やセッション数にもよるだろうが、筆者の場合は2～3時間の心理劇で2000～3000円の参加費を設定している。

4）心理劇の説明とすすめ方

参加者に案内をするには、いわばキャッチフレーズが必要である。あまり長い説明だと読むのも大変であり、目をひくことも大切である。特にポスターやチラシで案内を掲示するときには、そうした工夫が求められる。筆者は、「人生は一度限り。でも心理劇は何度でもやり直せる」「ドラマだからなんでも試せる、何度でもやり直せる」などをポスターのキャッチフレーズにしている。

では、どのように実際に心理劇をすすめていくか。具体的には事例で紹介するが、ポスターや誰かの勧めで参加した参加者と、学校で行うような半ば参加が強制される生徒が参加者の場合で、すすめ方は変えざるを得ない。

案内を見たり聞いたりして参加してくれた参加者には、どんな思いで今日参加することにしたのかをたずねることから始める。一方、学校などでは、児童生徒さんに、自己紹介を行って、しかし心理劇についての具体的な説明は行わず、気づいたら何かの役を演じたり、歌ったり踊ったりしてしまっているようにすすめていくのである。

3　アウトリーチの心理劇の実際

ここでは、具体的に心理劇をアウトリーチでどのようにすすめていくのかを理解するために、2つの事例を示す。ひとつは、まちのライブハウスで実施しているもので、もうひとつは、中国の内モンゴル自治区の高校で実施した心理劇である。心理劇は、国境と言葉を超えて、初めての出会いでも、魅力的な体験世界を提供するのである。

(1) 事例1：ライブハウスの心理劇

まちのライブハウスが場所を提供してくれ、2カ月に1度、定期的に心理劇を実施している。条件は、参加費（2時間2000円）を折半するというもので、ライブハウスは、場所と心理劇実施後に茶菓を提供してくれる。

1）案内方法

ライブハウスがポスターを作成してくれ、店内と表にそのポスターを貼る。また、SNSで告知する。これまでの参加者にメールで案内を送る、という形で案内をしている。こうした方法で集まる参加者は、5～10名である。

開催時間は午後7～9時である。

2）始め方――ウォーミングアップ

椅子は半円に並べ、舞台を決めて、参加者に好きなところに座るよう促し、監督を務める筆者から挨拶をする。筆者は心理劇が良いものと思っており、多くの人に体験してもらいと思って開催している、と伝える。初めての参加者がいる場合には、簡単に心理劇とは何か、どのようにすすめるかを説明することもある。次に、参加者に今日はどうして参加することにしたのかをたずねる。すると、それぞれの参加者が参加動機について語ってくれるので、そのなかで特に心理劇のドラマをつくっていけるくらい明確な場面をもっている参加者を主役として選ぶのである。

3）ドラマ

主役として選ばれた参加者の話をよく聞いて、舞台にまず主役が思い描いている場面をつくっていくことから始める。

ある日の主役のドラマは、学生だった頃、もう今はなくなってしまった、このライブハウスのような店によく出入りしていた、という話から始まった。

その店の場面として重要なものをひとつずつ置いて、場面づくりをしていく。店のマスターが奥に静かにたたずんでコーヒーをいれている。主役がよく座っていたテーブル席がある。そして話をするわけではないけれど、他のお客さんがカウンターで音楽に耳を傾けている。自分はいつものようにトーストセットを頼む。一見なんでもない場面が再現され、主役は、ミラーとなってその場面を離れて見る。すると、「ああ、そうです」「こんな感じです」「学校でもなく、家でもなく。そこが私の居場所でした」と主役が懐かしむ。そして思わず「自分の居場所があってよかった」と述べるので、監督としてロール・リバーサルを促し、ミラーから「自分の場所があってよかった」という言葉を主役は場面のなかで聞くのである。すると、マスターがたまにコーヒーのお代わりをいれてくれること、そしてその店はある女友達が紹介してくれたこと、当時の家庭事情や友人関係、そして進路の悩みなどをありありと思い出すのであった。そしてその店がそんなこととは全く異なる特別な空間であったことを感じ入るのである。

そこで、監督として、その店の精、店の魂とでもいえる存在になることを主役に求め、店の精・魂として、学生時代の主役に伝えたいことを述べるよう促す。店の精・魂は、「あなたはいつ来てもよいし、いつでも迎えているから」と温かに語りかけ、ロール・リバーサルをして学生時代の自分としてそれを聞く。すると、その言葉が染みわたり、主役に熱いものがこみ上げてくる。そしてその当時は気がつかなかったけれど、その店があったことが自分にどれほどありがたく、ひとつしか注文しないのにマスターがいつまでも長く居させてくれたことへの感謝の気持ちが改めてわいてきたのであった。

ここで終わりにしてよいかを主役にたずね、何かさらにしたいこと、言いたいことはないかを確かめる。すると、この店を紹介してくれた女友達にお礼が言いたい、と言う。そこで、女友達役を参加者から選んでもらい、お礼を言う場面をつくる。ロール・リバーサルをして、女友達役になってお礼を述べられると、女友達役になった主役は「私のことを憧れのように見てくれていて、嬉しかったから紹介したの。こちらこそ、ありがとう」と述べ、手を取り合うのであった。ドラマはそこで終了として、シェアリングを行って心理劇を閉じる。

4）終わり方――シェアリング、終結

時間に余裕があるときには、他の参加者から主役を募ってさらに新たに心理劇を行うこともある。主役中心のドラマでは、必ずシェアリングを行う。

そしてその日の心理劇を終えるときには、最後に、ライブハウスの店主に、参加のお礼や次回の案内を言っていただいて終えることにしている。それは、少しずつ現実に帰る手続きにもなると考えるためである。

(2) 事例２：学校で（中国・内モンゴルにて）

次に、学校で心理劇を紹介するときの具体例について示す。通訳を介して行った中国・内モンゴル高等学校での心理劇である。通訳を介しても、また、日本と異なった国でも心理劇を紹介できるという例である。

中国でも日本でも同じことだが、学校で生徒を対象に心理劇を行う場合、授業の一環だったりするため、生徒にとっては個人的動機づけなく参加が義務、ということが多い。そのため、個人の動機づけを高めるというよりも、どんどんと引き込んで気がついたら参加して自己表現していた、というような方法で心理劇を体験してもらうようすすめていく。

1）案内方法

日本でも中国でも、学校で心理劇を行うためには、学校の許可が必要で、そこが一番難しいといえる。今回中国の内モンゴル自治区の高校で心理劇を行うことができたのは、その学校出身者が話をもちかけてくれたためである。

心理劇は生徒の自己表現を促し、とても良い体験をしてもらえるし、今回は日本から心理劇の熟達者が来るのでとても良い機会である、と勧めてくれたということであった。その前に、学校がその学校出身者を信頼していたということが大きいであろう。日本でも、学校で心理劇を実施するには、その学校出身者や関係者が学校に紹介してくれるなどが求められる。

2）始め方――グループアセスメント、ウォーミングアップ

まず自己紹介から始める。特に今回は、外国人であるということもあって、生徒にとっての関心は、どのような素性の人なのか、何をしようとするのか、ということに関心が高くなっていると考えられ、そこを活用するのである。「私は、前田と言います。皆さんに心理劇というものを体験してもらおうと思って、先生たちの許可をいただいて、この時間を一緒にすごさせていただくことになりました。よろしく」などと簡単に挨拶をまずは行う。

そして、「私は日本から来ました。日本に行ったことありますか？　また私は室蘭というところに住んでいます。聞いたことありますか？」などと質問をして、ひとりの生徒を指名して立ってもらい「あなたは室蘭です」と役割をとってもらう。この時点でもう生徒は面白がり、選ばれた生徒も恥ずかしがりながらも嬉しそうにするのである。そして「この室蘭には大学がありまして、近くには洞爺湖という湖があります」と言って、大学役を選び、湖は少し大きいので4人くらいに輪になって湖をつくってもらう。そして「近くには有珠山という山があって、30年に1回くらい噴火します」と述べて、山の役として3人を選び、マグマの役を選ぶと、マグマ役の生徒はまるで噴火の準備が進むかのように下から徐々にせり上がるようにして自発的に立っ

て見せる。それを見た山の役の生徒たちが、まだ早いまだ早いと、噴火を危ぶんで見せたりする。

このように生徒を引き込み、自分の住んでいる地域をつくり上げ、さらに生徒に協力をしてもらって、新千歳空港、北京、呼和浩特、赤峰市、そして内モンゴル高校までの道のりを生徒とつくり、車、飛行機をやはり生徒から役を選んで移動する旅路を再現していく。これは一種のソシオドラマである。

生徒を巻き込んで自己紹介をしてから、今度は生徒たちのことを教えてもらうためにソシオメトリーを駆使する。

出身地、血液型、好きな科目、将来どこに住みたいか、どのような職業に就きたいか、そして誕生日をたずね、誕生日順に並んで座ってもらう。このようなソシオメトリーでは、すでに生徒同士にとっては互いに既知の情報である場合もあるし、なかには互いに知らなかった情報である場合もある。いずれにしても、私にとっては、グループアセスメントになっているし、グループにとっては自己表現のウォーミングアップになっているのである。

3）ドラマ

誕生日順に並んでもらってから、1月から順に、各月ごとに手を上げてもらい人数を確認していく。月によって人数に差がある。誕生日が同じ生徒がいたりもする。そうして12カ月を確認してから、近い誕生月で4〜6グループをつくってもらい（参加人数が多いときは6グループにする）、各グループにその誕生月の喜びや素晴らしいことを劇仕立てで発表するように求める。

10分ほどの時間で、グループごとにテーマを決めてもらい、「それでは発表してもらいましょう」と呼びかけ、小劇場がスタートする。4月のグループから始め、1-3月のグループで終えると、ちょうどお正月の行事で終わるので、締めくくりとして良いようである。

すべてのグループが発表したのちに、次に「クラスの全員で何かひとつみんなで表現してみてください」と呼びかける。私たちにこのクラスや地域について紹介するようなつもりで発表するようにと、付け加えもする。

すると、全員が集まって、誰かがリーダーとなって音頭をとり、10分もするとみんなで役割を決めて発表の準備が整う。

これまで内モンゴルで行った中学校、高校では、ナーダムというモンゴルの伝統的なお祭りの場面を再現するクラスが多かった。その他、学校の1日または1年の行事の発表も行われた。いずれの発表も、とても即興とは思えないほどクラス一丸となった発表で、その場にいた私たちも、それを見た学校の教員たちも、生徒たちの表現を楽しみ夢中で写真やビデオに収めるのであった。教員たちは、彼らにこんな表現力があるなんて、と驚いている。

4）終わり方——シェアリング、終結

全体での表現が終わったのちに、4～5名の小グループになってもらい、本日の心理劇を通じて、「新たに発見したこと」「新しく体験したこと」はどんなものだったかを5分程度話し合ってもらう。そして最後に、それぞれのグループでどんな話が出たかをグループの代表に話してもらい、全体で共有する。このように全体から小グループ、そしてまた全体で共有というプロセスを経ることが、シェアリングとなり、終結となると考えている。

4　要点と考察——アウトリーチにおける心理劇の意義と留意点

心理劇は、場所と人さえあれば、実施可能である。しかし、心理劇での表現には自己開示が伴ったり、時には主役のトラウマ体験がテーマになったりすることがあるので、大丈夫か、との懸念があるのは当然である。

ライブハウスでの心理劇のように、自分自身が選んで参加している場合は、その参加理由や参加動機が必ず各人にあるので、それを十分確かめ、無理な表現や役割をとることを強いないように努めることで、侵襲的になることを避けることができ、トラウマ体験がテーマでも辛い情緒的体験を共有しつつも、どこか笑えるような展開も可能になるのである[1)]。一方、学校場面のように本人の動機ではなく、参加が義務づけられているような場合には、個人の内面に焦点をあてるというより、こちらから非侵襲的な役割をとってもらいながら、本人の意思ではなく、止むを得ず参加して協力しているのだ、という形式をとって巻き込まれながら表現をする、という形がよいようである。心理劇のなかには、内面を扱うサイコドラマもあるが、社会的側面を扱うソシオドラマがある。学校場面ではソシオドラマ的に場面づくりをすることが、参加する生徒の負担が低下し、むしろその場を楽しむことができると思われる。

ここで示した、ライブハウスや中国・内モンゴルでの心理劇が可能なのは、場所や機会を提供してくれるホストの存在が欠かせない。心理劇を実施するためには場所と参加者を確保するためにコーディネートしてくれるホストが必要になる。そして、外国で通訳を介していたとしても、ここで示したように、いったんその場が与えられたら、参加者にとてもよい体験をしてもらえる、それが心理劇の魅力である。そして通訳には、特にあらかじめ理解しておいてもらうべき専門用語というのがほとんど必要ない。日常の会話レベルで十分通訳が可能である。専門用語は、ロール・リバーサル、ダブル、ミラー、シェアリングくらいであり、これは参加者にそのまま特別な用語として覚えてもらい、どういうことをするのかを理解してもらうようにしている。

心理劇という特別な、そして魅力的な方法を、ぜひ多くの方に体験してもらい、日本だけでなくさまざまな国に広めていきたいと考えている[2)]。

引用・参考文献
1) 高良聖『サイコドラマの技法――基礎・理論・実践』岩崎学術出版社、2013.
2) 前田潤「アジア・オセアニア諸国との連携を展望する――私のサイコドラマ体験から」、『集団精神療法』34巻1号、2018、p53-58.

（前田　潤）

第3節　自己啓発、成長の心理劇

ここでは、一般の人を対象として自己啓発、成長の心理劇（Psychodrama for self-enlightening/enlightenment）を考えてみたい。精神保健の問題は、心の病気にならないようにするだけではなく、より良い自分になろうとする努力、より良い成長をめざすという面がある。こころの病気、不健康や半健康を防ぐだけでは満足しない、もっとより良い生き方はないかと探している人たちもいる。そうなると、エリクソン（Erikson, E.H.; 1902-1994）が述べているように、成長のための発達課題という観点が必要かもしれない。

エリクソンは、人間の「発達課題」という概念を提示している。人間には、その年齢にふさわしい発達課題があり、それを達成することが健康なのだという。彼が一番重要視したのは、青年期における「アイデンティティ（identity）」である。そこで、その人のアイデンティティ、その後の発達課題である「親密性（intimacy）」、および「育成性（generativity）」という課題も同じように重要だ。最後は老年期の「統合（integration）」で終わっている。現在の超高齢化を迎えた高齢者の問題を考えると、この課題がエリクソンの時代には考えられないほど重要になっているのがわかる。

1　アイデンティティ以前の心理劇

アイデンティティの前にエリクソンが考えているのは、乳幼児期の「基本的信頼感（basic trust）」、その後に続く「自律性（autonomy）」、そして幼児期の「自発性（initiative）」である。このなかでは、乳幼児期の基本的信頼感（basic trust）が重要である。しかし、子どもが心理劇に参加することはないし、この課題自体が母親の問題でもある。モレノは、心理劇における相手役だけでなく、他のすべてのメンバーを「補助自我（auxiliary ego）」と呼んでいる。そして、人間の最初の補助自我は母親であり、幼児は母親の補助なしでは生きていけないといっている。補助自我である母親がまだ十分でない幼児の自我を援助することで、それを取り入れて育っていくのである。したがって、その問題は母親の育成性（generativity）の問題ということになる。それらは、すべての心理劇において重要な課題だといえる。

その次の発達課題である自律性（autonomy）は、自分の身体リズムを整えることである。排尿のコントロールができるようになる。次いで、母親を内在化することで母子分離ができた小児は、次の発達課題である自発性（initiative）で世界を広げていくのである。

心理劇の創始者モレノは自発性（spontaneity）を重視し、それを心理劇の原点と考えた。ところが、日本語訳では同じ「自発性」という言葉を用いているが、この2つは全く異なる。モレノは子どもがもっている不思議な力、新しい世界をつくり出す力を評価し、マンネリズムの対概念として重視している。エリクソンの自発性（initiative）は、時にはマンネリズムのもとにもなる社会的な学習にも通じることになる。モレノの自発性（spontaneity）は、森田療法の「純な心」、ロジャーズ（Rogers, C.）の自己治癒力に近いといえよう。より自然なものであり、無意識的な働きを想像させる。そうなると、モレノの自発性（spontaneity）を賦活させる場として心理劇があるのだとしたほうが適切であろう。

2　アイデンティティの心理劇

エリクソンといえば、アイデンティティ（identity）で知られている。「自己同一性」「主体性」と訳されたり、「アイデンティティ」という言葉で表現されたりしている。エリクソンによれば、青年期における重要な発達課題であり、自分探しの目標であり、自分とは何か、自分はどんな生き方をするか等々、それを求めて模索することになる。

筆者は、開業医の長男と生まれて、家を継がなければならないと医師の道を歩みながらも、映画評論家になろうとしたのが青年期の最初であり、次いで劇作家になろうとしていた時期があった。精神医学のなかにあるサイコドラマ（心理劇）という技法に出会い、それに取り組みながらも演劇的な心理劇を開発しようと試み、右往左往しながら、85歳になってようやく現在の「増野式サイコドラマ」にアイデンティティを見出したように思っている。だから、多くの青年が、自分自身が何になるかを決められず、またある面では限られた選択肢のなかで戸惑い、引きこもり状態になるのが当然のように考えている。昔のように、医師の息子は医師という暗黙の了解が少なくなっただけでなく、また、格差社会のなかで、自分が望む仕事に就くこと自体が難しくもなっている。そのような現在、アイデンティティを求めてカウンセリングを受ける人も多くなっていると考えられるが、それを導くもののひとつとして、心理劇のはたす役割は大きいと考える。またそのような目的に応じるのが心理劇本来の目的だといえよう。

(1)「曼荼羅の心理劇」

ここでは、技法として筆者が考案した心理劇を紹介する。現在の状態としてはカウンセリングを必要とするほどではないが、現在の生き方に疑問をもち、今の生き方を続けるかどうかで迷っている人は多い。そのような人に対して、自分の未来を考える心理劇として考案したのが「曼荼羅の心理劇」である（学会誌に投稿した折は「マンダラのサイコドラマ」）。曼荼羅には2種類あるが、ここでは胎蔵界曼荼羅を考えている。大日如来を真ん中にして8人の菩薩と如来が取り囲んでいる図である。自分自身が大日如来を演じ、もう1人ミラーとしての自分をそこに坐ってもらう。

心理劇のなかでは、心理状態を明らかにするためにさまざまな技法が用いられるが、そのなかでも重要なのが役割交換である。他の人の役割を演じて自分を見ることである。そこで、中央に2脚の椅子を並べ、その周囲に、8個の椅子を図4-1のように設置する。

9人の補助自我を選択し、その1人はミラーの役として自分の隣に座ってもらう。自分の周りにいる重要な人物として、友人、師、家族から代表となる1人を選び、その役を演じる人に、左、左前、右前に置かれた椅子に座っ

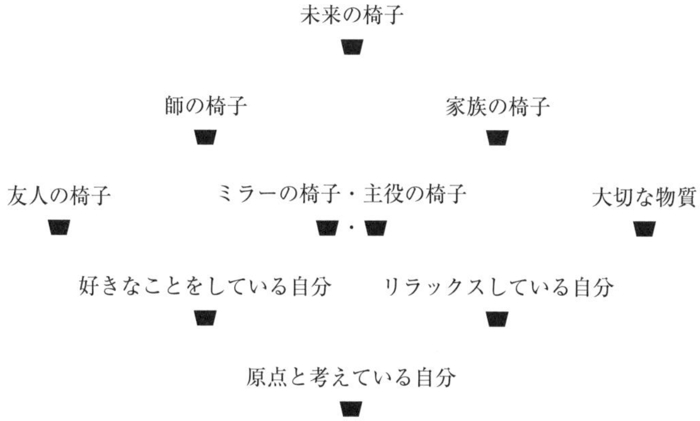

未来の椅子

師の椅子　　家族の椅子

友人の椅子　　ミラーの椅子・主役の椅子　　大切な物質

好きなことをしている自分　　リラックスしている自分

原点と考えている自分

図４－１　「曼荼羅の心理劇」での椅子の配置

てもらう。もうひとつ人間以外の大切な物を選び、右に座ってもらう。後ろの椅子は内面的なもので、左後ろには好きなことをしている自分、右の後部はリラックスしている自分、後部の椅子には現在の自分が原点と考えている自分（大学入学とか就職したときなど）を演じてもらう。主役はそれぞれの役を演じながら自分へのメッセージを考える。母親が家族の代表として選ばれた場合には、主役が母親の役割を演じ、我が子とどんな思い出があるか、小さいときにはどんな子どもだったかなどを話し、その後に主役がどんな良い要素をもっているかを語り、将来を見出せないで悩んでいる主役（を演じているミラー）へのメッセージを告げる。同じようにして友人や師（想像の人物でもよい）のメッセージ、大切な物としてのメッセージを告げ、次には、好きなことに取り組んでいる自分とリラックスしている自分の役を演じ、独白をする。そして、最後は、過去の原点と考えている自分を演じ、そのときのシーンを演じながら独白をする。前の椅子は未来の椅子なので最後まで空けておく。

そして、自分は中央の自分の椅子に戻り、それぞれの役を演じてくれる補助自我が、自分がつくったメッセージおよび独白を述べるのをミラーと一緒に聴くのである。それを聴いた後で、直前にある未来の椅子に座り、自分を取り囲む７つの椅子を確認し、未来の自分を作り上げる。自分を取り巻く人たちを見ていると、自分のなかの自発性が動き出して、未来の自分を演じることができるようになる。あるいは、それができなくても、多くの人に支えられているという安心感をもつことができ、未来への道を歩き出せるのである。そして、未来の自分のシーンを演じることによって、未来の椅子からのメッセージをミラーが演じる自分に伝えることができる。それが終わったら、最後に自分の椅子に戻り、未来を演じる補助自我の言葉を聴くことで終わる。人数が多ければ、過去や未来の自分のシーンに参加してもらってもよい。自分がどのような人たちに支えられているかを確認したときに、自分の未来も見えてくるものである。それができなくても、ヒントは得られるだろう。

(2) その他の心理劇

1）自己紹介の心理劇

その他には、自己紹介の心理劇がある。曼荼羅の斜め後ろの椅子がテーマになる。自分が楽しいことをしている時、あるいは好きな場所、リラックスしている時を参加する各人が紹介していく。そして、それぞれの場所によって、その位置に座ってもらう。それによって会場に地図が出来上がる。北には北海道の牧場を歩いている人がいて、ベルリンで音楽会に参加している人は西に坐る。東京の合唱団に入って歌っている人は中央に座るだろう。各人が、リラックスしている自分や、好きなことに取り組んでいる自分を紹介する。自分自身を演じて体験した後は、シェアリングで、他の人の役割にシェアをしてもよい。それによって、他の人が演じるいろいろな役割と交流することになり、一人だけで考える世界に広がりがもてるようになる。

2）「もう一つの地球」という心理劇

「もう一つの地球」はファンタジーであり、もし、もう一つ地球があったら、そこで何をしているか、という問いかけになる。それこそ、自分の隠れていたロールを見出すドラマになる。「もう一つの地球」とは、まさにモレノが言っている余剰現実（surplus reality）であり、自分のなかに存在する隠れた役割（role）を見つけることになる。現在の自分の能力やバックグラウンドは考慮せずに、もう一つの役割を演じることになる。有名な野球選手になる人、オペラ歌手になる人、シベリアを散策する詩人などが出現する。あるいは、動物になってイルカとして海のなかを自由に泳いだり、コンドルになって南米の空を飛んでいるかもしれない。それぞれの役割を演じながら、そのような人物や動物に生まれて最も幸せに感じるのはどのようなときなのかをたずねる。そうすると、隠れた役割を選んだ意味がわかってくる。これに、他の人が演じた役へのシェアリングを加えると、自分では思いつかない役割を他の人のなかに見つけることにもなる。このようにして、多くの自分のなかの「隠れたロール」が見つかる。そのことが、未来への選択肢を広げることにも通じるであろう。

3　アイデンティティ以後の課題

エリクソンは、アイデンティティ以後の課題として親密性（intimacy）があり、次いで子育てや後輩の育成にもかかわるのが育成性（generativity）としている。しかし、人との交流および人を育てるという機能は、集団精神療法としての心理劇においても重要な機能である。モレノがテレ（tele）と呼んだ機能が活動するようになれば、それによって相互の交流が豊かになる。これはすべての心理劇に通じてみられることであるが、特に人との交流を訓練する技法としてはロール・プレイング（第2章2節-3参照）がある。過去の人間関係をやり直し、見直したい人にはエンプティ・チェア（empty chair）（第2章3節-3参照）が有効であろう。心理劇においては、相手役を他の人が演じ、その人と役割交換をすることを通して、相手の理解が可能になり、相互の理解を深めるにも役立つといえる。

ただ、エリクソンの時代には想像もできなかったこととして、超高齢社会の問題がある。100歳が珍しい存在ではなくなった現在、認知症の増加、老老介護の問題など多くの課題が生じている。高齢者の課題は「統合」か「絶望」だと割り切って考えるわけにはいかない。その間にさまざまな課題が入ってくる。超高齢社会をどう生きるかは、今後の課題になるであろう。

このような人生を終える年代においては、「曼荼羅の心理劇」は役に立つ。

曼荼羅は未来を見つけるための心理劇だと前に述べたが、自分の締めくくりを考えるにも役立つであろう。筆者は、このような自分自身を振り返るドラマとして、ソシオドラマ的な心理劇、「人生は川の流れのごときか山を登るごときか」を実践したことがある。SSTの指導者であるとともに心理劇にも深く通じている前田ケイ先生とコラボレーションを行っているが、あるとき前田先生の一生の前半をソシオドラマにしたことがある。戦争中の幼児期の体験として、隠れて礼拝をせざるを得なかったシーンだとか、両親を日本兵に殺されたフィリピンの青年との出会いがソーシャルワーカーとしての自分の将来を決めることになったシーンなどが紹介され、参加者に感銘を与えた。2019年、YMCAの御殿場東山荘で合宿を行ったときに、メンバーの一人が笠木透の歌である「私に人生と言えるものがあるなら」をバックに心理劇をやりたいと言いだした。若いときの華やかな時代もあるし、恋人との出会いも、別れもあった。子育てをしながら懸命に研究に取り組むシーンなどが繰り広げられる等、さまざまな人生が登場したのである。先日、長谷川式認知症スケールを考案された長谷川和夫氏がご自身の認知症をカミングアウトされたときにお招きし、このソシオドラマを行ってみた。

*

筆者のルーテル学院大学の退官時には、最終講義ではなく、最終ソシオドラマを紹介することにした。ところが、その前日に東日本大震災が起きた。そこで原発の問題や、ルーテル学院大学の100周年記念を重ねて、ソシオドラマを書き直して、1年後に上演会を行ったことが忘れられない。自分の振り返りとしても、今後の社会のあり方を考えるにしても、ソシオドラマには、もっと活用されるべき側面があるように思われる。

以上、エリクソンの発達課題を中心に、自己啓発、そして、社会のあり方を考える心理劇を紹介した。多くの人が今後さらに広げていくことを願っている。

（増野　肇）

第4節　地域（研究会）における心理劇

1　心理劇の目的

心理劇の目的を考えるうえで重要なことは、その精神である。心理劇の創始者モレノ（Moreno, J.L）は、古代的な文化や宗教にヒントを得て心理劇法を見出し、科学と宗教の統合を目指した。モレノの足跡を詳しく研究したマリノー（Marineau, R.F.）は、著書『神を演じつづけた男』で、モレノの哲学は、「われわれは全て神であり、創造者であり、終わりのない宇宙の共同創造者である」[1)] と述べている。

モレノと出会って心理劇を日本で始めた松村康平は、「満点から始める」心理劇を重視した。「つけるなら自分にも満点を、他の人にも満点をつけて、いま・ここで・あたらしく満点から始める」とし、「変な人はいない」「失敗はない」と教え続けた。心理劇の時空で、「いま、ここで、あたらしく」、共に生きる創造的な人間関係を探求した[2)]。心理劇は、「今、ここ」の共同創造者として生きる学びの場であると考える。

本節では、心理劇研究会（代表・古川卓）で行った実践例を紹介し、考察する。

2　心理劇の構造

(1) 心理劇研究会の目的と概要

心理劇研究会は、心理劇に関心のある人、対人援助に関心がある人、自分自身を見つめたい人が、学び合う場である。毎月1回開かれ、参加費はなく、誰でも参加できる。監督は、心理劇を経験しその考え方や役割と責任を理解するメンバーが交代で担当する。記録係は設定されないが、参加者が書いた感想や意見などが記録になる。

このように自由なかたちで行うことで、構えることなく、困っていることや考えたいことを提示して共有し、解決への手がかりを得ることができるようになることを目的としている。

(2) 実践の展開例

①輪になって座って自己紹介：新参加者を含め出会いの時を楽しむ。
②監督より心理劇についての説明：変な人はいない。満点から始める。
③ウォーミングアップ（2人一組でのハロウィーン遊び）
④ドラマ（劇化）：スクールカウンセラーの事例（関係探求の心理劇）
⑤振り返り
その他：参加者9名（大学院生、対人援助職者、大学教員）、時間は午後7時から8時半まで、場所は某大学保健管理センター。

3 スクールカウンセラーによる事例

ここでは、スクールカウンセリングでサポートに悩んでいたカウンセラーの事例を取り上げる。

Bカウンセラー（以下、Bさん）は、保護者との関係で、眠れなくなっている担任教師（以下、担任）の相談をスクールカウンセラーとして受けていた。担任が出会っている問題をどうみるのか、どんなサポートをしたらいいのか思案していた。Bさんは、担任が抱えている問題を、心理劇法で学んでみたいと申しでたところ、担任は了解し、学んだことを後で担任に報告することになっていた。

今回の心理劇は担任の問題ではなく、担任が出会っている関係状況を心理劇法で探求する、Bさんがとらえた人間関係探究の心理劇である。

監督（筆者）はBさんの課題を受けて、心理劇の目的を次のように設定した。登場人物の誰であっても批判することなく関心をもち、担任が出会っている関係状況の意味を見つけ、それを前向きに受け入れる理解ができたらいい、とした。

1）ドラマ（劇化）

①監督は、初めにBさんに椅子に腰かけてもらい、インタビューした。Bさんは、カウンセラーとして、「子どもを叱り続ける母親を担任が注意して、母親を怒らせたことで眠れなくなり、うつぎみになっていることが心配だ」と語った。

次に、Bさんには登場人物である、担任、A君、A君の母親、A君の父親、になってもらい、一人ひとりの役割からインタビューに答えてもらった。監督は、そばから質問したり、観客の質問を促したりした。Bさんが演じる担任の役においては、「自分の失敗を後悔している、母親に許してもらえない、周りの視線が気になって苦しい」と語った。母親の役では、「先生の態度は許せない、納得できない」等と話した。このようにしてBさんはA君の父親の役も、A君の役にもなりきって話した。

②監督は、次に登場人物相互の関係について、椅子の置き場所で5人の位置を考えて示すようにBさんに求めた。すると、A君は親の側ではなく担任の側に近い配置に、A君の両親は担任とカウンセラーから離れた配置となった。Bさんは、モノローグでそれぞれの役割の立場になって、感じ、考えていることを独り言のように内省しながら話し、また監督からのインタビューに答えることで、漠然と感じていたことが一層はっきりしていった。

③インタビューによって明らかになった関係の全貌

監督からのインタビューと5人の関係性を椅子の位置関係で表す、などを通して、「眠れなくなっている担任についての相談」は、次のようなストーリーとして理解されていった。

A君は授業中に、黒板の前に勝手に行ったりして、手のかかる生徒であった。家族は、都会から田舎に移住して地域に慣れておらず、教育熱心であったが、息子には手を焼いていた。

ある日のこと、担任は、教室でA君を母親がきつい言葉で叱り続けている場面に出会った。担任は、聞いていて我慢できなくなり、「そんなに厳しく叱り続けるのはかわいそうです」と発言。その発言に母親は、驚き、怒った。担任はすぐに謝ったが、母親の怒りは収まらなかった。

担任は自分のしたことを後悔し、その出来事があってから、眠れなくなった。母親に手紙で謝罪したが、母親の怒りは解けなかった。その後は、父親が担任と関わるようになった。

そのうち、A君は「学校に行かない」と言い出した。両親は「試しに休ませてみよう」と不登校を認め、父親が学校に来て担任にその旨を伝えた。

担任は「A君は学校で勉強を頑張っています」とA君の書いたものを父親に見せた。しぶしぶ担任の示したものを見た父親だが、A君の成長に少し心が動いた。担任は「遅刻してもいい、午後からでもいい、いつでも学校に来ていい、と言ってください」と伝言を頼んだ。父親が家に戻ってそのことを伝えると、A君は喜んですぐに準備して登校してきた。

ところが、登校したA君は、ご機嫌でやりたい放題であった。何度注意しても担任の言うことを聞かない。混乱するクラスと授業。やがて担任は耐えられなくなり、思わずA君を殴ってしまった。我に返った担任は「こんなことをしたらいけないね。ごめんなさい」と何度もA君に謝った。A君は「ぼくも悪かった」と答えた。担任は、これでまた非難されると恐れたが、親からの苦情はなかった。

Bさんが、登場人物4人をロールプレイで示したことで、参加者はそれぞれの立場や人間関係について考えさせられた。父親の立場が重要と考えた人、自分がカウンセラーなら何ができるかと思った人、自分が母親だったら受け入れられたか、等といろいろな問いがわいていった。

④次の段階で、監督は観客にも登場人物の役を与えた。それは、登場人物を観客はどう見ているのか、いろいろな感じ方があっていい、という目的による。監督は、5人の演者に椅子を与え、やりたい役割になってもらって、何をどう思っているのかについてインタビューしていった。登場人物について、それぞれのイメージからの答えが語られた。

担任役は「自分が悪かったと思う。けれど、A君が叱られてかわいそうで見ていられなかった」と言った。母親役は「若い先生から叱られるのは心外であり、許せない。先生としては失格だ」と言った。父親役は、「妻はああいう人でプライドを傷つけられているので、気分が落ち着くには時間が必要です」などと言った。

⑤親や担任の思いは理解しやすかったが、重要な存在であるA君の世界がはっきりしなかった。そこで新しい場面をつくり、Bさんに A君役になってもらい、皆で質問することにした。

「学校は好き？」とか、「好きな友達はいるの？」などの質問があり、Bさんが演じるA君はすらすらと「学校は好き」、指で友達の数を数えて「5人」などと返事した。A君の学校での元気な様子が伝わった。

⑥最後に監督は、Bさんに担任役になってもらい、参加者から励ましの言葉をもらう場面を設定した。Bさんが演じる担任に一人ひとりが話しかけ、励ました。

「大変だったね。自分を責めなくてもいいよ」「A君のことを大切に思ってくれていたんだね。A君成長したね」「今は辛いかもしれないけれど、時間が解決するよ。辛抱して待とう」等の励ましがあった。

Bさんは、担任になった気持ちでそれらを聞き、泣きそうにもなった。

2）振り返り

この回はドラマが長引き、終わりのシェアリング（振り返り）の時間が十分にとれなかったので、後日、感想を送っていただいた。

①課題を提供したBさんからは、次の感想が寄せられた。

「カウンセラーは相談者の抱えているさまざまな問題を丁寧に傾聴、共感し、共に考えて解決をめざしていきます。しかし私自身の課題としては、時折、相談者の問題に深入りしすぎたり、逆に距離を置き過ぎて相談者との関係を築けないで終わることがあります。今回の心理劇は相談者の気持ちや、その周りの人間関係を気づかせてくれ、相談者とのほどよい距離感を五感で教えてくれました。『イス』に座って関係者を演じることで、本音では聞けないことやねぎらいの言葉を聞く機会もあり、4人の登場人物がより近くに感じられました。

登場人物になって演技された皆さんからの質問に答える体験もできました。そのことで、問題のイメージができるとともに、登場人物の気持ちや立ち位置もはっきりして、位置設定に『イス』を用いる重要性を実感しました。

（後日、この研究会を通して学んだことや参加者の皆さんからいただいたたくさんの励ましの言葉や助言を担任に報告し、共有する機会をもちました。担任は自己肯定感を得、今後の児童と保護者との関わりに希望と期待がもてたそうです）」

②参加者の振り返りの感想として、感想記録からの部分引用を記す[3)]。

・それぞれの登場人物に語らせたことで「動き」が出てきた。関係性を示すイスの配置が変わった。語り手の表情も変わった。紙媒体ではなく、登場人物になって動いてみるという体験型の事例検討は初めてだ。

・語り手（主役）の話に引き込まれながら、まるでクライエントと対面しているような気持ちになりました。そのクライエントが、もし私のクライエントだったら、ということも考えました。

・担任は、五里霧中の状態においても、A君の良さ、頑張りを先生なりに見つけられていました。私は、そんな担任の先生の素敵な視点のほうにこそ、エネルギーを多く注いで欲しいと感じました。

・学校臨床の現場が生々しく表現されていたので、現場のご苦労や、カウンセラーの役割の重要性を理解し、感じることができました。

・私はこの時間のあと、どっと汗をかいていることに気づきました。生々しいケースの空気をさまざまな距離感や立ち位置で感じたからでしょうか。

・多くの異なる立場の人たちが登場する臨床場面を振り返るとき、心理劇は有効な技法であることを参加してみて、学ぶことができました。

・振り返ってみると、最後にアドバイスとして「そのままでいいですよ」と答えたものの、外側のドラマにもっと気持ちを向けられていれば、もっと違う発想が生まれたかもしれません。

・「心理劇を利用したスーパーヴィジョン」という展開もアリだなと想像を膨らませています。

監督のまとめ

この実践では、この場にはいない担任や他の登場人物について、自分の尺度で見ないで、関心をもち理解することを重視した。問題をみつける心理劇ではなく、関係における個人を受け入れる心理劇になっていた。

参加者がその関係世界に入って、人によっては冷や汗がでるほどにその状況に入り込んだことは、他者の問題が自分の問題になったことである。監督である筆者も、研究会が終わった後も担任をいかに理解し、受け入れるか考え続けた。たどり着いた結論は、担任がA君をかばって母親に抗議したこと、担任のA君への愛が示されたことにある。A君は、自分をかばってくれた担任を信頼するようになった。A君が勉強を頑張れたこと、自分を殴ってしまった担任に「ぼくも悪かった」と返事できたことは、関係責任の自覚の現れである。

この事例では、担任、父親、母親、子ども、カウンセラーが、問題をめぐって、それぞれに自己の役割と課題に向き合わざるを得なかったことに意味がある。この後も、すっきりしない関係のままで終わることになるとしても、それぞれが自分自身の課題や責任を受け入れ、前に進めばいいのである。担任が母親の行為を注意したことは、そこだけ見ればまずかったであろう。しかし、それがあったからこそ、その後のA君の成長が促されたと捉えられる。さまざまな失敗や問題は、人の人生を変える成功のチャンスにもなる。

問題となっている状況の関係構造が見えてくると、悩みは目標や希望に転化する。問題は関係的に起こり、個人一人だけの問題ではない。自分一人だけの問題にせず、周りの眼差しに圧倒されず、すべてを受け入れ、前に進むことが重要である。

問題を提起したカウンセラーに、参加者は何のコメントもしていない。それにもかかわらず、カウンセラーは自分なりに多くの気づきを得た。人は自分のことは自分で引き受けて育つもので、他者が教える必要は少ないと考える。

反省点としては以下である。今回の実践では、問題の焦点を担任と父母の狭い関係世界に置いたことで、その外側（周りの眼）への視野が欠けていた。

問題の背景には他人の眼差しへの恐怖が絡んでいた。また、時間に余裕がなくなり、終わった直後の振り返りが十分でなかったことである。

4　要点と考察

「椅子の技法」を用いてグループ全体を俯瞰する

演じることは、言葉だけとは違い感情も含まれる。自分以外の人物を演じると、見聞きしていただけとは違うその人物のイメージがわき、新たな気づきが生じる。禅では「花を知るには花になれ」と教える。同じように、担任になって演技してみると担任理解が進んでいく。そこに心理劇法のすばらしさがある。

参加者の多くが椅子の技法に関心をもった。椅子の技法はいろいろな形で使うことができる。例えば、家族のことで悩んでいた女性の場合、家族の食事場面の椅子を並べてもらい、家族の椅子席の一つひとつに静かに座って家族メンバーの心情を感じとり、自分の場所にも座ってもらった。すると、受け入れられなかった夫の心情が見えてきて、反省がわき、ストレス肥満が短期間で解消したケースがある。

「見えない現実」を可視化する

心理劇では、心の内なる光と影、見える現実、見えない現実など人間に関わるすべてを存在させて探求することが可能である。参加者は、このような開かれた自由な遊び的空間でのロール・プレイングを通して、自己の内なる世界を広げ、深め、統合していく。心理劇は、やればやるほどに人生理解が進み、自己知&人間知&文化知を高める。心理劇的な生き方を、日常生活にも応用して、地域に根差した生活文化をより豊かで楽しいものにしていきたいと願っている。

なお、課題を提示したカウンセラーは、その後も担任との対話を続けた。担任とロール・プレイングをして、振り返って対話するなかで、担任自身の生い立ちにも向き合った。A君は学校に喜んで通い、クラスメートのサポートもあり、どんどん元気になっていった。両親も喜んで、担任は不安から解放され、自己洞察も進み、幸せな気持ちでA君の担任を終えたそうである。

*

公開で行われる心理劇研究会では、時には地域（例えば筆者の居住地の沖縄など）特有の問題と思われるテーマが展開することもある。しかし、本事例のように、今日のどの地域・学校にも起りうる問題であることが、心理劇の展開のなかでより鮮明になり、さまざまな立場や地域の人が参加しても共有できるということが、心理劇の特色であると考えられる。

引用・参考文献

1）Marineau, R.F. *Jacob Levy Moreno 1889-1974:Father of Psychodrama, Sociometry, and Group Psychotherapy.* Tavistock/Routledge, 1989.
ルネ・F・マリノー（増野肇・増野信子訳）『神を演じつづけた男——心理劇の父モレノの生涯とその時代」白揚社、1995.
2）松村康平・斎藤緑編著『人間関係学』関係学研究所、1991.
3）沖縄心理劇研究会の記録より、2014（参考文献）.

（浅野恵美子）

COLUMN 2

心理劇とSST

心理劇は、モレノが創設した即興劇を用いた集団精神療法である。その応用範囲は、医療・教育・福祉・司法・産業など多領域にわたっている。一方SST（Social Skills Training）は、米国の精神科医リバーマン（Liberman, R.P.）が統合失調症などの慢性精神障害による社会生活機能の回復を図るために開発されたものを日本に紹介した治療法であり、社会学習理論、行動療法理論、認知療法理論をベースとした認知行動療法の一つである。その技法として基本訓練モデルや問題解決技法などがある。生活技能訓練、社会生活適応訓練、社会的スキル訓練などいろいろな訳語はあるが、心理劇同様、医療・教育・福祉・司法など多領域で行われている。心理劇の目的は、感情レベルによる行動変容であるが、SSTの目的は、社会生活技能の獲得である。その目的は違っているが、筆者はSSTを行うにあたり、心理劇の技法を取り入れ実践している。

SSTの実践

現在、筆者が勤務するA病院デイケアでは、社会生活スキル改善と就労支援のための2つのグループでSSTを実施している。対象者は主に統合失調症で、スタッフは筆者（リーダー）、看護師（コリーダー）、臨床心理士（記録）の3名である。いずれもクールは設けず、セミクローズドで6～10名の参加者である。セッション時間は60分で、社会生活スキル改善グループは基本訓練モデル、就労支援グループは問題解決技法をベースに行っている。

また司法領域にも関わっており、B刑務所では、特別改善プログラムのなかで就労支援指導として仮釈放後の就労を予定している受刑者を対象にSSTを実施している。スタッフは筆者（リーダー）、キャリアカウンセラー（コリーダー）、法務教官（記録）の3名である。年6回、1回につき120分行っている。参加者は6～11名で、職場において相手との円滑なコミュニケーションの方法と問題場面に陥った場合の対処方法が指導内容である。したがって、デイケアと違って行動面に焦点を当てるよりも、「怒りのコントロール」など認知面に焦点を当てたSSTを実施している。

SSTの実際

SSTにおける心理劇の応用の実際としては、ロールプレイにおいて練習者に課題を出してもらった後、相手役を選んでもらい、その場面設定の際に練習者が相手役となり（役割交換をして）リーダーの質問に答えてもらうようにしている。役割交換技法により、相手役の人も具体的に役割が理解でき演じやすくなる。本来のSSTの進行に比べ時間はかかるが、参加者にも練習者の状況や気持ちがよりよく理解できるため、モデリングや問題解決技法におけるアドバイスといった意見が出やすくなるなど、観察学習の効果が高まることが期待される。また練習後、自信がないと不安を示す場合には、コリーダーと役割交換して相手役になって自分の練習行動について確認してもらって自信へとつなげたり、ミラー技法を使用することで他の練習行動を選択して修正するなど客観的に対処についての気づきを促す効果がみられる。

就職面接の場合には、練習後に「面接の日」を設定。起床から面接場面までのプロセスを「今日は、面接の日ですね。どんな気持ちですか？」などとインタビューしながら練習者と一緒に自宅から面接会場まで誘導し、そこで練習課題を実践してもらい1日を振り返るという心理劇を展開していくこともある。

最後にSSTは、「SSTのルール」という安全な構造のもとに実施されるが、グループである以上、グループダイナミックスが働くこと。したがって練習者はもちろん参加者の感情も動くこと。そして心理劇のようなアクションメソッドを活用し対象者に合わせた方法で社会生活技能の獲得のためにプレイフルに楽しみながら展開していくことも有効であると考えている。

参考文献

・増野肇『サイコドラマのすすめ方』金剛出版、1990.
・西園昌久（編著）『SSTの技法と理論――さらなる展開を求めて』金剛出版、2009.
・ロバート・ポール・リバーマン（SST普及協会訳）『精神障害と回復――リバーマンのリハビリテーション・マニュアル』星和書店、2011.
・前田ケイ『基本から学ぶSST――精神の病からの回復を支援する』星和書店、2013.

（宮崎良洋）

第５章
精神科医療の現場における心理劇

精神科のデイケアには、さまざまな精神疾患、発達障害を抱えた方が利用されているが、利用目的は人それぞれである。しかし一般的には、地域で生活をしながらさまざまな活動を通して、「友達づくり」や「生活リズムの改善」「就労・復職の準備」等を主な目的としている。それらを支援するのがデイケアの使命だが、「入院医療中心から地域医療中心へ」、また「ノーマライゼーション」の理念が定着した今、デイケアのはたす役割は大きい。

本章が紹介する2つの事例のうち、最初の心理劇（第1節）は、発達障害で復職支援を目的としたリワークデイケアの事例である。この心理劇の鍵といえるのは、成人発達障害者の症状仮説としての「負のスパイラル理論」に基づく「感情表出」と「ミラーのミラー」技法である。そしてもう一つの事例（第2節）は、デイケア利用歴が13年と長い、気分障害者の心理劇である。テーマが「最近やって良かったこと——携帯電話の修理」であることから、この事例は、利用者の「日常生活」を理解し、「生活の質」を少しでも上げることを目的とした心理劇といえる。この心理劇の鍵は、「ある利用者の助け舟」とそれによって展開される「プロセス」、および主役以外全員が主役の「携帯電話」になり、携帯電話の気持ちを主役に語る「主役中心の全員参加型心理劇」である。

以上、2つの事例の要点を紹介したが、あとは読者の方々が読みながらドラマに参加されることで、他の技法ではなく、〝なぜ心理劇なのか〟を理解していただけるであろう。

第1節　精神科リワークにおける心理劇
成人発達障害者への有用性

皆さんは「リワーク」という言葉にどのようなイメージをおもちだろうか。リワークは、return to work という英語からつくられた造語である。そのまま訳せば「職場に戻る」という意味になるが、メンタル不調者、特にうつ病などで休職した人の職場復帰支援を指す言葉として定着している。

休職中の患者さんから復帰の希望が表明されたとしても、療養中の生活と就労する生活との負荷の差異に鑑みて、職場復帰できる状態にあるのかどうか医学的に評価して、回復が不十分であれば本人の希望とは正反対の診断結果（つまり、復職不可）を伝えなければならない場合もある。そのため、重い統合失調症の患者さんの地域生活の支援として本人の希望を尊重し、サポーティブな関わりを大切にしてきた従来の精神科医療と比べて、「患者の立場に立っていない」「企業寄りだ」「訓練みたい」といった印象をお持ちの方も多いと思う。そして残念ながら、技能訓練中心の治療プログラムを提供している医療機関があることも事実である。しかし、多くの医療リワークを行っている場ではうつ病などのメンタル不調にならざるを得なかった患者さんの心の傷に寄り添うようなプログラムや、さまざまな精神療法的な実践が行われ、その一部としてサイコドラマも提供されている。

なお、2006年以降、リワークおよび成人発達障害に関する日本語の学会発表、論文などでは常に「サイコドラマ」を用いてきたため、本節でも「サイコドラマ」を用いる。

筆者の働くクリニック（以下、当院）は2006年1月に北海道初のリワークデイケアを開設した。そして利用者のなかに多くいる、難治例化しやすい発達障害者向けの特別な支援が必要と考え、2011年からサイコドラマとSSTを組み合わせたプログラムを開始したところ、11週間の短期介入でも各種心理検査の結果が有意に改善し、復職後の就労継続率も良好であった[1)]。

従来から医療リワークにおけるサイコドラマの有用性が示されてきたが、本節では当院で行われているサイコドラマについて紹介し、特に成人発達障害者に対する有用性について述べたいと思う。

1　理論的背景

(1) 負のスパイラル理論

成人発達障害者の症状形成に関する仮説として「負のスパイラル理論」[2)]がある（図5-1)。これはサイコドラマなどによる治療経験の蓄積のなかから生み出されたものである。成人発達障害者が示す二次障害といわれる種々の症状は、発達特性と環境による相互作用によって規定されるのではなく、対人場面での困難さに対して怒りや孤立感を味わいながらもどうにか克服しようとする必死の適応行動によっていっそう困難な立場に追いやられるという悪循環（負のスパイラル）が存在し、適応が破綻したとき症状形成に至ると考えるものである。

発達障害者は、幼少期からいじめを受けたり、養育者などから虐待を受けるなどの辛い体験を重ねてきていることが多い。そのような過酷な状況のもとで感情をそのまま表現し、怒りにまかせた行動をとった場合には早期に精神保健的あるいは教育的な介入を受けることになる。一方、成人になるまで障害特性の問題が明らかにならなかった人々は、感情を表に出さないことにより、その場ではさらに叱られたりせず、その時点では適応的な行動をとれてきた人々ということもできる。自閉的な傾向は、障害特性に由来するものに加えて、本人の社会適応の方策として感情に蓋をすることにより、いっそう自閉的となっていくという負のスパイラルによって強化されている。このスパイラルから脱出するためには、彼らの抱く過去の怒りや恨みなどの強いネガティブな感情を安全な形で徐々に解放させていくことが必要で、サイコドラマなどの演劇的な技法を用いた治療的アプローチが有効である。

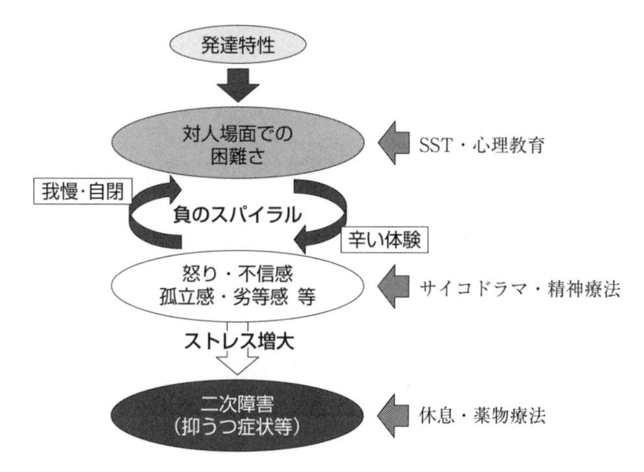

図5－1　成人発達障害者の「負のスパイラル」による
症状形成の過程と主な介入技法

(2) 成人発達障害者の治療ターゲット

発達障害の一次障害としては、社会性の障害、コミュニケーションの障害、イマジネーションの障害、感覚過敏が挙げられる。負のスパイラル理論では、これらの一次障害とともに悪循環を形成している怒り・恨み等の強い感情、適応行動としての非常に抑制的な感情表現（無表情さや我慢強さ）、仲間体験不足などが、治療のターゲットとして挙げられる。

成人発達障害者は、感情に蓋をすることができたおかげで大人になるまで適応的な行動をとり続けてこられたのだが、そのために対人交流が減少してもいる。

感情の解放には、サイコドラマなどの丁寧で濃厚な精神療法が必要となる。適応行動のレパートリーを増やすためには、SSTなどのロール・プレイングが有効と考えられ、仲間体験不足はリワークデイケアや地域に存在する発達障害者支援のグループ活動等での練習で補えるが、さまざまな支援の前提として、精神療法を通じて怒りや恨みが減って、他者への信頼感が回復していなければ交流もなかなか増えていかない。すなわち、医療による十分な精神療法を行っていなければ、SSTはただのマナー教室になり、グループ活動は相互作用のないただ同じ場所に複数の人々が集まっているだけの空間となってしまう。

2　サイコドラマの目的

(1) 心のケア

サイコドラマや感情表出を目的とした小グループ活動などを通じて、怒りや恨みなどのネガティブな感情を安全に表現させることにより、カタルシス効果や他者からの温かい共感などを得て、怒りや恨みを解消することができる。その結果、他者に対する信頼感が育ち、人間関係が安定していく。また、自己の特性についての理解が深まることは稼働能力向上に貢献する。

(2) コミュニケーション能力向上

SSTなどのロール・プレイングやチーム内でのコンセンサスをめざすプログラム、そして、毎日の仲間体験そのものがコミュニケーション能力の向上につながっているが、サイコドラマも非常に有用である。ウォーミングアップで始まり、ドラマ、シェアリングと続くサイコドラマの構造は参加者同士のコミュニケーションを無理なく促進する。ドラマという濃厚な共通体験によるところが大きいと考えている。

(3) 診断・評価、薬物調整

デイケアなどの精神科リハビリテーションは、治療的な側面が強調されがちだが、それ以上に集団内行動などの観察による診断的意義も大きい。成人発達障害者は「健常者」との境界が曖昧で、診断に苦慮することが多いのだが、グループ活動の場で得られた情報を用いると、対人関係の問題点などがはっきりと観察されるので、診断・評価の精度が格段に向上する。

特にサイコドラマでは、治療者による直接的な介入が可能であり、観察内容の診断的価値は飛躍的に高くなる。また、行動を観察することで、薬物療法の効果を評価したり調整したりすることがより的確に行えるようになる。

3　サイコドラマの構造

サイコドラマは、参加者のなかから主役を選び、ディレクター（リーダー、治療者のこと）の指示の下、主役の物語を参加者同士で演じる即興劇の形をとる精神療法である。当院のリワークデイケアで行うサイコドラマは、ディレクターを含めて3～4名程度のスタッフがセッションに加わる。ほとんどが参加者10～15名の回数に制限のないオープングループとして運営されており、基本的には1セッションは1時間30分で、ウォーミングアップ、ドラマ、シェアリングの順番ですすめられる。ディレクターや対象となる患者、開催日時の異なる、①男性限定、②女性限定、③発達障害者限定、④土曜グループワークなどのサイコドラマが行われている。

①の男性限定グループでは、人に弱みを見せたくない、弱音なんか吐きたくないといった日本男児的なテーマが扱われることが多い。しばしば身体的な表現が活用され、押したり引いたり力技が飛び出す。女性のいない場所だからこそ生じる男性同士の熱い絆が生まれることもしばしばである。

②の女性限定グループでは、家庭や職場で〝女性だから〟という理由で期待される性役割に対する怒りや悲しみが表現されることが多く、幼少期の親子問題にまでさかのぼって物語が展開する。

③の発達障害者のグループだけは1クールが3カ月ほどで、その間に6回のサイコドラマに参加する。このグループでは、職場での苦労を入り口に、小中学校で繰り返されたいじめがテーマとなることがあり、場面を再現することによって必ずしも何かが解決するわけではないのだが、辛かった自分を振り返ることによりカタルシスが得られたり、シェアリングで他のメンバーから与えられる温かい言葉・共感により、人に対する信頼を回復し職場に戻って行く勇気を得ることができたりする。

④の土曜グループはその名の通り土曜日に開催され、復職した後のメンバーも多数参加する。午前と午後に、同じメンバーで2セッション行われるため凝集性も高まり、丸一日かけて行われるワークショップのような深い内

容が扱われる。いずれのセッションも時間や空間を超えてさまざまな体験が可能な芸術療法・集団精神療法としてのサイコドラマの特徴が存分に生かされたセッションとなり、参加者の心の回復に資するものとなっていると自負している。

4 サイコドラマの実際

(1) 事例：X氏、20代男性

症例：重度の抑うつ症状のため休職中。

初診時主訴：産業医に勧められ、リワークプログラム参加を希望。

家族歴：同胞3名の第2子長男。両親は患者が幼少期に離婚。弟は高校生のときに、発達障害の疑い、との診断を受けている。

成育・生活歴：A県にて出生。言葉が遅かったが専門機関では「大丈夫」と言われた。小中学校では、忘れ物は頻繁にしていたが落ち着きがないと言われることはなかった。成績は普通。高校では勉強に専念し地方国立大学に入学。4年で卒業。

現病歴：大学卒業後、システムエンジニアとしてB県にて就職。プログラム修正業務に従事していたが、2年めから内勤に変更。電話による問い合わせに対して、相手の話が理解できなかったためクレームが寄せられ次第にうつうつするようになる。翌年、C主任のもとに異動。C主任の勧めで前医を受診。服薬するも症状が改善せず、産業医とも相談した結果、実家で療養することとなり当院受診となる。

初診時、抑うつ気分、不安、焦燥、意欲低下、倦怠感、漠然とした希死念慮などを認め、休職を継続しリワークデイケア参加とした。デイケアにおいては、不注意なミス、忘れ物、ルールの逸脱などがみられ、コミュニケーションの苦手さもみられた。徐々に発達障害の患者との交流を中心に人間関係を広げていき、障害特性の理解や対人行動のレパートリーの拡張に努めた。作業能力、対人関係能力の改善・成長を認め、職場提出用に自分マニュアルを作成。約1年の利用で復職となり転居。当院の利用も終了となった。

(2) Xが初めて主役となったサイコドラマ

隔週、1時間半の男性限定のオープングループで、Xはデイケア参加から9カ月めではじめてサイコドラマの主役となった。参加者は15名。

1）ウォーミングアップ

参加者全員が近況を報告。その後、参加者に対して、「サイコドラマは演劇的な技法を使った集団精神療法の一つで、現在自分が抱えている悩みや、過去の辛かった場面などを即興劇で再現して、客観的に自分を見つめることができます。本日参加している皆さんの力を借りて、取り組みたいテーマをおもちの方はいますか？」と呼びかけて、主役選択となり、XとY、Zが希望するが、じゃんけんでXに決まる。

2）ドラマ

休職前の出来事についてドラマをつくることを希望する。Xが1年めの場面と2年めの場面で上司から注意を何度も受けたことにより、「もうダメだという気持ち」と、「頑張ろうという気持ち」の板ばさみになっていることを確認。その状況をミラー技法（他の参加者に自分役をとってもらい、自分はそれを遠くから見る）を用いて確認すると、ミラーポジションからは「とにかく頑張ろう」という場面のなかの自分に宛てたメッセージが出てくるのみ。そこで、「この状況をさらにミラーで見ましょう」とディレクターより提案され（「ミラーのミラー」技法、後述）、全体を眺めているとXは落涙。Xに対しディレクターより感情を表現するようにと促すと、Xは上司に自分の気持ちを伝えてみたいと言い、場面のなかの自分に戻る。困っている気持ちを伝える場面を行い、自身が楽になるのを実感して終了となる。

3）シェアリング

「自分も感情を出すのが苦手なので同じ思いを感じた」「採用してくれた人に申し訳ないという気持ちになることがあった」「自分も辛いとき、大丈夫と言ってしまう癖がある」など、共感的な発言が多数聞かれた。

(3) 主役体験以降の経過

その後Xは、この主役体験を通じて休職直前の状況を振り返り、休職要因の自己分析を行った。Xによると、学童期より常に「自分は他人よりも劣っているので、もっと努力しなくてはいけない」と思い込むようになっていたことを振り返っている。さらに、〝すべき思考〟が強いことや、2歳下の弟が病弱で何度も入院していたことから、母親に心配をかけまいと育ってきたことに気づくことができている。自身の発達障害特性にも理解を深め、自己マニュアルを作成して上司とも特性を共有し、主役体験から4カ月後にXは復職し、現在まで再発なく勤務を続けている。

5　要点と考察

(1) 成人発達障害者への治療的アプローチ

サイコドラマなどの集団精神療法を用いることにより対人関係の改善を得て復職・就職していく患者をみると、就労可能なレベルの成人発達障害者の社会適応の改善には幼少期から積み重ねられてきたいじめや虐待に対する怒りや恨みの解消が重要であると理解できる[3)]。発達障害者の支援というと環境調整に主眼が置かれがちだが、治療的アプローチによって本人が変わるという可能性を軽視すべきではないと考えている。

Xの場合も、医療リワークやサイコドラマの治療を受けなければ、努力家だが、こだわりが強く融通の利かない面倒くさい発達障害の患者として、治療方法はないので障害者手帳を取得して職場から環境調整などの福祉的配慮を受けながら、時々抑うつ症状を繰り返すという社会人生活を送ったのかもしれない。

(2) 父性による過剰統制

Xが主役をしたドラマのなかでは、父性的な存在による過剰統制[1)]がみられた。これは成人発達障害者にはしばしばみられる適応方法で、おそらく幼少期に父性的な立場の大人から、「お前はダメな人間だ」「お兄ちゃんなんだから我慢するのは当然だ」と叱責を繰り返され、発達障害特性の固執性と結びつき、無価値感、自己批判的思考と、ひたすら我慢するという行動パターンで表現される。

負のスパイラル理論でいうと、目立たず暴力的行動に訴えることもなく、すぐに「自分が悪いのです」と我慢する姿が周囲の新たな攻撃を引き出すというパターンで強化されていくと考えられる。無価値な自分は上司の貴重な時間を割いてもらって指導を受けるような存在ではないととらえ、問題をひたすら抱えて相談が遅れてしまい、事態をいっそう悪化させてしまうのである。

これを解消に導いたのは「ミラーのミラー」技法で、ドラマのなかで、相談する、困っている気持ちを言葉にするという我慢以外の行動をとることができたXは、その後の実生活でも素直に相談する場面が増えていった。

(3)「ミラーのミラー」技法

ミラー技法は他人に自分役をとって振る舞ってもらい、自分はそれを遠くから見るという形をとり、自己を客観視するためのサイコドラマにおける重要な技法である[4)]。普段は見ることのない自分の行動パターンを見つめ直すことにより、認知行動療法で言うところの反証を挙げる行為に似た効果が期待されるが、認知が強固に凝り固まってしまった発達障害者には、場面を見たところで新たなアイディアは生まれず無効な場合もある。そこで、再現されている場面のなかの自分を見つめている自分（＝ミラーポジションにいる自分）の変化しない様子から、自己の認知の頑なさや極端さを見つめることによって新たな視点や反証を得る技法が「ミラーのミラー」技法である。ミラー技法では変化が生じなかった成人発達障害者や重度のパーソナリティー障害の患者などにも有効である。事例のなかでXは、ミラーポジションからも「頑張れ」と自分役に伝え、その場面での認知の変更はみられなかったが、「ミラーのミラー」技法により「上司に相談する」という新たなロールの可能性に気づき、その後の変化のなかで決定的な影響を与えるロールを手に入れたのである。

6 まとめに代えて

一部繰り返しになるが、筆者が考える成人発達障害の特徴について書かせていただきたい。サイコドラマによる治療がなぜ有効なのかわかっていただけるだろう。

①発達できないという障害なのではなく、発達がゆっくり進む障害。十分な時間を与えてあげることにより発達・成長は続く。

②指示が入っていかない、言うことを聞かない、という障害なのではなく、過去の経験から他者に対する恨みが大きすぎて、人を信用できないから、話も聞きたくないのである。癒しや仲間同士の支え合いを経験し、人を信頼するということを知る必要がある。

③感情の変化が乏しいという障害なのではなくて、感情に蓋をすることで身を守ってきたからこそ大人になるまで問題が顕在化しなかったのである。サイコドラマなどでカタルシスを得たり、怒りを解放してあげることで、豊かな感情が取り戻せる。

④コミュニケーションがとれない、という障害なのではなくて、コミュニケーションの練習不足が障害の一因。グループ体験やSSTなどで練習不足を補うことで改善が期待できる。

引用・参考文献

1) 横山太範「医療リワークプログラム内で行う成人発達障害者支援――Mutual Communication Programとサイコドラマ」、『精神神経学雑誌』117、2015、p212-220.
2) 横山真和・横山太範「発達障害のリワーク」、『精神科治療学』32、2017、p1631-1636.
3) 横山太範「成人発達障害と人間関係形成」、吉川晴美・松井知子（編著）『人間関係の理解と心理臨床』慶應義塾大学出版会、2017.
4) 磯田雄二郎『サイコドラマの理論と実践――教育と訓練のために』誠信書房、2013.

（横山太範）

第2節　精神科デイケアにおける心理劇

今から40数年前、筆者は、入院中で自発性の低下が顕著な、対人関係の乏しい慢性統合失調症患者を対象に心理劇グループを結成し、以来、自発性の向上および対人関係の改善を目的に心理劇を実施してきた。そこで得たさまざまな知見[1]は、精神科クリニック・デイケア利用者を対象とした心理劇に活かされ、さらに新たな気づきを得て今日に至っている。

そこで本稿の主旨として、ひとつの事例を紹介し、実践から導き出された知見を通して、精神科デイケアにおける心理劇の、特に方法論について論じる。

1　心理劇の目的

精神科における心理劇の目的は、その患者の様態や環境（入院、外来）によってさまざまである。上記で述べたように、入院患者を対象とした心理劇グループでは、自発性を高め、対人関係を改善することによって社会復帰（退院）をめざすことが主な目的である。

しかし、社会生活に必要なある程度の自発性と対人交流のある精神科クリニックのデイケア利用者にとっては、生活の質の維持・向上として〈再発予防〉や〈就労・復職支援〉などが心理劇の目的となる。また中里が「デイケアは通過点であるどころか、到達点である患者も少なくない」[2]と述べているように、デイケア利用の長期化に伴って遭遇する彼らのさまざまな対象喪失（死別、役割の喪失、加齢に伴う喪失など）に対して、〈喪の作業〉というテーマを扱い、社会のなかの「生活者」として支援することもデイケアならではの心理劇の目的である。

2　心理劇の構造

本節で述べる心理劇の構造は、筆者が実施しているXクリニックの精神科デイケアにおける心理劇の構造である。デイケア利用者は、統合失調症、気分障害、広汎性発達障害、その他である。

(1) 参加者

心理劇の参加者は、心理劇に興味・関心があるか、または就労を目標に主治医から勧められている利用者である。参加人数はデイケア体制が見直されて以降、12名前後で、基本的にはオープングループだが、ほとんどのメンバーは固定されている。ここに紹介する事例の参加人数は、体制の見直し以前で、22名である。なお、心理劇にとって適当な参加人数は、一人ひとりに目が行き届き、治療的により有効な働きかけができるという点では15名前後である。

(2) スタッフ

スタッフは3名（男性1名、女性2名）で、うち2名は公認心理師・臨床心理士、1名は臨床心理士である。交替で監督、補助自我、記録係を務める。筆者の経験から、記録はセッション全体や参加者の振り返りに重要である。

(3) 時間と場所

時間は月1回、2時間枠で行っている。頻度は週1回が一般的だが、可能な範囲で実施すればよく、時間は参加者の集中力やそのときの状況にもよるが、1～2時間以内に終了することが望ましい。場所はクリニック内のデイケアルームで行うが、参加者が自由に動ける空間と人数より少し多めの椅子があれば十分である。

3　すすめ方

心理劇には3つの手続き、つまり、①ウォーミングアップ（心身の緊張を解し、ドラマへの準備をする）→〔主役選択〕→②ドラマ（主役にとって必要なドラマを展開し、「今、ここ」で可能な目的を達成）→③シェアリング（主役の気持ちを分かち合う）がある。しかし、グループの初期や初参加者がいる場合、また経験の浅い監督が行うときは、ウォーミングアップを中心に行い、シェアリングで終える、といった柔軟なすすめ方が肝要である。要は、「今、ここ」での状況を関与しながら観察し、介入することが大切で、ドラマにこだわる必要はない。この姿勢は、特に精神科臨床において入院、外来を問わず重要である。

心理劇を始める前に、監督は、参加者に心理劇とは何か（即興劇を用いた集団心理療法）、何のためにやるのか（自発性の向上、相互理解と人間関係の改善など）、そして約束事（ここでのやりとりは他言しない）があることを説明し、参加者が目的意識をもって安心して参加できるよう努める。

4　心理劇の実際：事例

この事例[3)]の主役は、気分障害の36歳の男性Aで、デイケア利用年数は13年である。参加人数は22名（統合失調症、発達障害など）。スタッフは4名（当時）で、うち臨床心理士3名、看護師1名である。事例提示にあたっては、Aの同意を得ている。

なお紙幅の関係上、プロセスを損なわない程度に要約し、ドラマのすすめ方やその場の雰囲気・状況などは（　）内に、ウォーミングアップの活動として、右端に太字でグループ全体での活動を《全体の活動》、他者との相互交流を《他者との活動》、個人に向き合う活動を《個人の活動》と記した。

1）ウォーミングアップ

（記録者以外は全員円陣に座っている）

監督：おはようございます。（心理劇の説明）それでは立って、身体を伸ばしましょう。最初にどなたか紹介してくれる人、それをみんなでやりたいと思います。《全体の活動》

D：はい、首が凝っているので首回し（Dが号令をかけ、全員で首回し）。

監督：（5人に紹介してもらった後）それでは大きなひとつの輪になって左隣の人の肩を揉んであげてください……今度はお返しに右隣の人の肩を揉んであげてください。《全体の活動》

監督：では、隣の人と2人一組になってください。《他者との活動》

（ジャンケン・ゲーム。笑い声が上がる。“今の気分”を尋ねると、“面白かった”“心がやわらかくなった”などの感想）

監督：では、〝最近やって良かったこと〟を各自考えてください。《個人の活動》

そして、今組んだ人とそれをやりとりしてください。《他者との活動》

（12組中、AとBの組に相互交流がないので2人にたずねると、Aが何も浮かばないとのこと。少し時間をとるも、Aは〝浮かばない〟と困惑気味に返答。そこでまず、他の11組に互いに相手の内容を紹介してもらう）

監督：紹介、ありがとうございます。みなさん（全員に）、Aさんが最近やって良かったことがないと困っておられるので、みなさんのなかでAさんの最近やって良かったことを知っている人いますか。《全体の活動》

C：はい（大声で挙手）。携帯直したでしょ（向かいのAに大声で話しかける）。

監督：携帯直したんですか？（Aのところへすっ飛んで行く）《個人の活動》

A：濡らしちゃって、修理に出して、自分で修理代貯めて、直すのに払った。

監督：そうだったんですか。修理したことがAさんの良かったことですね。

〔主役選択〕

監督は、まだ紹介していないBにB自身のやって良かったことを紹介してもらう。その後、Aに携帯電話の修理を本当に「やって良かった」と実感してもらうため、Aに主役を勧める。Aは同意し、その他全員も了承する。

2）ドラマ

テーマ：最近やって良かったこと——携帯電話の修理

すすめ方としては、必要に応じてそのつど場面設定し、役割は他メンバーが自発的にとる。使用する基本技法として、監督は、終始困惑気味なAに時には「ダブル」として関わり、サポートする。すすめていくなかでの「役割交換」「ミラー」は、Aの役割混乱を懸念し、使用しないことに決める。

【場面1】携帯電話を濡らし、修理

A：あっ（携帯電話をかける仕草）、携帯が濡れてしまった……、電話がかからない（何回か電話をかける動作）……どうしよう……（困った表情、口ごもる）。

（携帯電話を買った店の店員から、基板がダメなので1カ月ほど修理にかかる、修理代は9000円ちょっと、と告げられる。所持金はゼロのため、毎週日曜の朝に看護主任から2000円もらうなかから、飲みたいジュースを我慢し、貯める）

監督：それでは、今日は日曜日の朝、朝食を食べに行ったところから。

【場面2】小遣いを貯める

（Aは、看護主任のところへ小遣いをもらいに行く）

主任：おはよう。お小遣いの日だね。はい、2000円（わたす動作をする）。

A：ありがとうございます。（受け取って財布に入れる動作）

（監督は、図5-2のように円陣に座っている観客の内側を1周すると1週間となる場面を設定し、観客全員には、ジュースを勧める〈自動販売機（自販機）役〉と貯金をするAに声援を送る〈デイケア仲間役〉のいずれかを演じてもらう。監督はAのダブルとしてAと歩きながら、自販機の誘惑に葛藤するAの気持ちを引き出し、デイケア仲間の声援に頑張ろうとするAを励ます）

自販機：ジュースおいしいよ！（図5-2）

仲間：携帯が待ってるよ！

ダブル：ジュースも飲みたいし、みんな飲んでいるのに……貯まった？

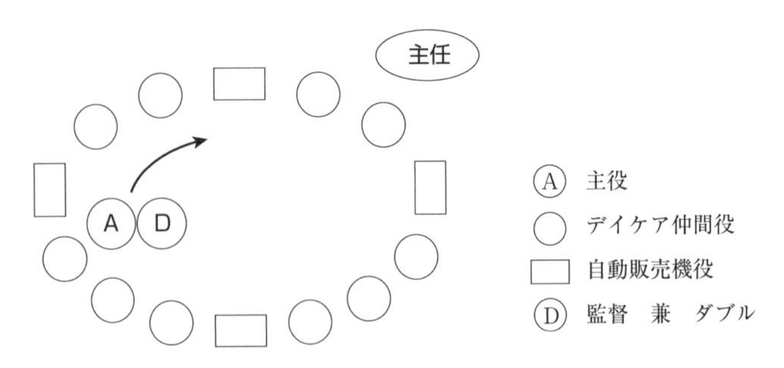

図5－2 場面2：小遣いを貯める

（5周し、修理代が貯まったところで世話人と携帯電話の店へ行く）

【場面3】携帯電話との再会

（店員が身分証明書で確認し、携帯電話をわたす。Aは9500円を払う）

監督：どうですか。やっと携帯電話が戻ってきて、大切な携帯ですね。

A：苦労しました（はっきりした口調で）。これから、大切に使おうと思った。

監督：苦労した甲斐のある良いことがあったんですね。

A：Cさんから助け舟を出してもらえて良かった。思いつかなかったので。

（それぞれ役割をとった人は役割解除を受け、観客席に戻る）

【場面4】携帯電話からのメッセージ

監督：それでは、みなさん（観客に向かって）、修理から戻ってきたAさんの〈携帯電話〉になって、電話の今の気持ちをAさんに伝えてくれませんか？

（観客全員は、図5-3のように、自発的に実際のAの携帯電話を手にし、電話の気持ちをAに伝える）

携帯電話1：A君の携帯で良かった。（図5-3）

携帯電話2：苦労してお金を貯めてくれてありがとう。

（携帯電話役全員からのメッセージが終わる）

監督：Aさん、今、どんな気分ですか？　そして携帯に何て？

A：携帯がそう思ってくれて、ありがたい言葉をかけてくれて嬉しい。大切にするね（携帯電話を見て）。

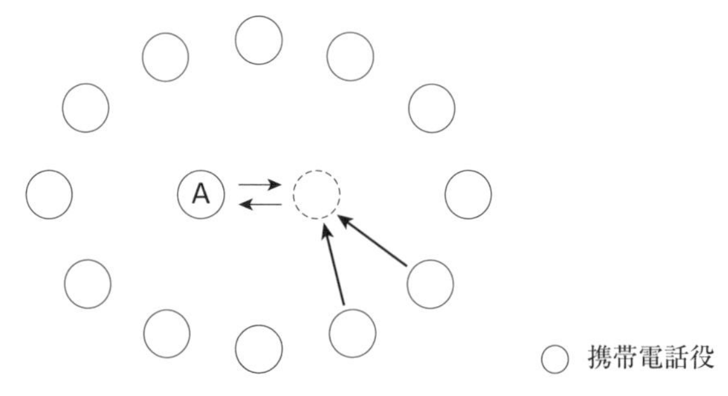

図5－3　場面4：携帯電話からのメッセージ

監督：携帯電話も喜んでますね。Aさん、ありがとうございます。

（携帯電話の役割解除）

3）シェアリング

監督：Aさんのドラマに参加して共感したことや、同じような経験をしたことがあれば、それをAさんに伝えてくれませんか？

参加者1：自分が大事にしているものがああいうふうに思ってくれたらいいなって思った。

（全員が感想も含めシェアリングを行った後、Aに拍手して終了）

5　要点と考察
――心理劇の方法論の視点に立って：個別性から一般性へ

以上、精神科デイケアにおける心理劇の事例を紹介した。一事例ではあるが、本事例は、入院患者も含め精神科で行う心理劇の代表例と考えている。心理劇の必要性を感じつつも、〝心理劇は難しい〟と言って参加を渋る患者に対して、無理強いはしないものの、監督はどうしたら参加してもらえるのか悩む。これは参加者側の問題であるが、他方、治療者側も、シナリオのない即興劇は患者に不安を喚起させ、傷つけてしまうのではないかと恐れ、〝心理劇は難しい〟と言ってこのユニークな治療技法を敬遠する傾向がある。「ウォーミングアップのすすめ方」や「主役の選び方」、「ドラマの展開や終え方」など確かに難しい。また観客役の参加者が居眠をしたり、場面に無関心な態度をとると、参加者もスタッフもやる気を失ってしまう。

それでは、以上のような両者側の問題を少しでも打開するためにはどうしたらよいのか。筆者はそれがその場限りの個別性ではなく、初学者であれ経験者であれ、誰がいつ、どこでやっても有効となるような一般性、普遍性をもった打開策を模索し続けてきた。そこで紙幅の関係から、紹介した事例を方法論の視点に立ち、以下の2点について考察する。

(1) ウォーミングアップのすすめ方——単一型ウォーミングアップから構成型ウォーミングアップへ

心理劇におけるウォーミングアップの研究[4)-7)]から、ウォーミングアップは極めて重要なプロセスである。そのねらいは、集団場面で安心感を獲得し、心身の緊張を解して自由な自己表現を可能にするためである。

事例では、ストレッチ・肩もみを全員で行う《全体の活動》→じゃんけんを2人一組で行う《他者との活動》→「最近やって良かったこと」を考える《個人の活動》→それをじゃんけんをした相手と紹介し合う《他者との活動》、とすすめた。ウォーミングアップで重要なのは、活動内容の組み合わせ方、すすめ方である。Rutan & Stone は、集団精神療法をすすめていくうえでリーダーは、グループ全体（group-as-a-whole）—対人関係（interpersonal）—個人（individual）の3つの間を柔軟に行き来しなければならないと述べている[8)]。本間・茨木は、これら3つに基づく活動を《全体の活動》《他者との活動》《個人の活動》とし、それらを組み合わせてすすめていくウォーミングアップを「構成型ウォーミングアップ」（以下、「構成型」ともいう）、ひとつの活動、特に《全体の活動》のみですすめるウォーミングアップを「単一型ウォーミングアップ」（以下、「単一型」ともいう）とした[7)]。両者ともグループの「凝集性」や「安心感」、「次の活動への動機づけ」が高まるが、構成型のほうがより有意に高まることから、事例でも構成型ウォーミングアップを用いた。Aがただ一人「最近やって良かったこと」を思い浮かべられず、終始困惑したとき、これはひとつの危機的状況ととらえることができるが、Cが間髪を容れずに〝携帯直したでしょう〟とAに話しかけたことは、他者への関心と、集団の凝集性を示唆していると考えられる。Aは、〝Cさんに助け舟を出してもらって良かった〟と語っていたが、監督もCに助け舟を出してもらい、そのおかげで危機的状況を脱することができた。

ところで、本事例のグループは、ほとんどが心理劇経験の長いデイケア利用者だが、心理劇未経験でお互い知らない者同士のグループでは、〝楽しかった〟と楽しい気分を体験することが、その後の参加意欲や動機づけを高めるうえで重要になってくる。したがって、新しいグループの最初の1～2回はよりプレイフルな単一型ウォーミングアップを行い、その後構成型を用いることが効果的といえる[9]。

(2) 主役中心の全員参加型心理劇

本事例の参加人数は、デイケア利用者が22名である。主役Aを除くと21名全員が「補助自我」として〈自販機〉や〈デイケア仲間〉、最後は全員〈携帯電話〉と、何らかの役割を担って参加した「主役中心の全員参加型心理劇」である。筆者は、健常者のみならず、精神科臨床においても〈主役〉を演じることは大変重要であると考えているが[1]、主役にとって必要な補助自我の体験も同様に重要と考えている[3]。〈自販機〉や〈デイケア仲間〉としてのAとのやりとりは「ごっこ遊び」のようで、〈観客〉でいるよりもAの「(ジュースを) 飲みたい」気持ちや「我慢」の気持ちをより共感させる。それゆえ、〈携帯電話〉としてAに対する感謝の言葉が我も我もと出てきたのであろう。全員の心が躍っているようで、遊び心の伝わってくる一場面である。誰か一人が〈携帯電話〉となり、Aに気持ちを伝えるよりも、Aにとっても参加者にとっても治療的に意味深い。携帯電話役は一人でなくてもいいのである。自販機もいたる所においてあるので、何人でもいい。「主役中心の全員参加型心理劇」は主役のためだけにあるのではなく、主役のお役に立てたこと、すなわち「愛他主義」[10]に喜ぶ補助自我のためでもある。

モレノは、「集団療法の方法として用いられる場合では、集団内の他の患者たちが互いに補助自我の役割を果たすとよい。そうすると、ある個人を中心に据えたセッションの場合でも、サイコドラマが始まると集団内の他のメンバーを巻き込んでいく一方、他のメンバーもこの補助自我の機能から治療的利益を得る。このことがその場にいるすべてのものの学習を一段と強化する」と述べている[11)]。

（事例は、主役、参加者の同意を得、文献3に掲載した事例を引用し、本書用に修正した）

引用・参考文献

1）茨木博子「慢性分裂病者に対する心理劇の臨床心理学的研究（博士論文）」上智大学、1997.
2）中里均「デイケアの基本問題」、山口隆・浅田護・菊地寿奈美編『集団精神療法的アプローチ――治療集団と学習集団の続け方』集団精神療法叢書、1994.
3）茨木博子「精神科クリニックにおけるロール・プレイング」、『臨床心理学』10(3)、2010、p348-353.
4）Blatner, A. *Foundations of Psychodrama.* 4th ed., Springer Publishing, N.Y., 2000.
5）Kipper, D.A. Spontaneity and the Warming-up Process in a New Light. *Group Psychotherapy,* 20, 1967, p62-73.
6）岡嶋一郎・針塚進「心理劇におけるウォーミングアップ体験尺度を通してみたウォーミングアップ様式と体験の関係性」、『心理劇』4、1999、p69-77.
7）本間美智子・茨木博子「集団心理療法におけるウォーミングアップの体験内容とその治療的意味について――ウォーミングアップ体験尺度から」、『心理劇』13、2008、p29-43.
8）Rutan, J.S. and Stone, W.N. *Psychodynamic Group Psychotherapy.* 2nd ed., Guilford Press, N.Y., 1993.
9）西森教貴・茨木博子「サイコドラマにおけるウォーミングアップの進め方――構成型及び単一型ウォーミングアップの比較検討」、『心理劇』24、2019、p45-59.
10）Yalom, I.D. *The Theory and Practice of Group Psychotherapy.* 4th ed., Basic Books, 1995.
ヤーロム・I・D（中久喜雅文・川室優監訳）『ヤーロム　グループサイコセラピー――理論と実践』西村書店、2012.
11）Moreno, J.L. *Psychodrama: vol.3, Action Therapy & Principles of Practice.* Beacon House, Beacon, N.Y., 1969.

（茨木博子）

COLUMN 3

心理劇と森田療法

アムステルダムでモレノ生誕100周年を記念して開催されたIAGPの大会のときに「森田、モレノ、増野」の演題でプレゼンテーションをした。そして、30年後の2019年同じテーマで、筆者が森田療法を学んだ高良興生院の跡地にできた就労センター「街」で講演会を行った。今回は、筆者が新しく開発した「増野式サイコドラマ」の基本に森田療法があるという内容で記すことにする。

1　森田療法とは

森田療法は、森田正馬（1874～1938）が開発した精神療法である。森田は日本の精神医学の父と呼ばれている呉秀三の下で精神医学を学び、慈恵会医科大学の最初の精神科教授となり、当時難治とされていた対人恐怖および赤面恐怖などの神経質症の治療法としての森田療法を創始した。

森田は、神経質性格の人は完全欲が強く、治そうと努力することで、ますますそのことに固執し、それが症状の固定化と悪化を形成していることに気づき、それを中止し、「人から良く見られたい」という欲望の背後にある「生の欲求」を他の方法で強化するようにした。外部の刺激を禁止する「絶対臥辱」と呼ばれる、刺激のない状態をつくり、それを持続させることで生まれてくる〝何か役立つことをしたい〟という思い「生の欲望」に気づかさせ、それをうまく引き出しながら、不安をあるがままに受け入れて、日常生活に取り組んでいけるような生き方を教えたのである。森田の後を継いだのが、慈恵医大の高良武久教授であり、高良興生院を開いて森田療法の開発に取り組んだ。筆者も、慈恵医大の精神科教室の大学院生として、この高良興生院で森田療法の指導を受けたのである。

2　モレノと森田の共通点

アムステルダムの学会では、森田療法とサイコドラマの共通点をあげて報告をした。

①　両者共に、現在を問題としていて過去は問わない。here and nowが問題となる。これは、フロイトの精神分析を対象としているのであって、当時、日本においても、アメリカでもフロイトの精神分析が主流であった。それに対して、モレノは、フロイトの授業を受けたときに、「私は、暗い面接室で心理分析をしたりしない。太陽の下で、街のなかで、皆が神を演じられるように援けるのだ」と

言ったことになっている。一方、森田も「精神分析」が過去の性的体験を課題とするのは有害であるとして、学会の度に精神分析の重要性を主張する東北帝国大学丸井清泰教授との論争は学会の名物にまでなったといわれている。

② どちらも行動に重きを置いている。モレノの心理劇がアクションに重きを置いているのは言うまでもないが、森田療法でも行動が重要になっている。不安は当然あるものとして、不安を取り去ろうと努力をすることが症状を固定化するのである。したがって、不安のままに行動がとれればよいのである。高良先生の竹買いの話が有名である。竹を買いに行くことになった入院患者が、不安を感じないで買い物ができたことを喜ぶと、高良は、良い竹を安く購入できたときが成功なのであり、不安がなくても、悪い竹を買ってきたら失敗なのだ、と話した。それが事実本位なのである。

③ どちらも、自分の生活を自己開示して、それを材料にして指導を行っている。モレノは自分の幼児期の試みをサイコドラマの原点としているが、森田も自分の幼児期の地獄絵恐怖が原点だとしている。そして、自分の神経質克服の体験が森田療法を思いつくきっかけとなっている。どちらも自己の体験がこの治療の完成に役立っている。

3 増野式サイコドラマの誕生

筆者が考案した「増野式サイコドラマ」では、最初の話し合いで、いろいろな不安が語られても、それはそのままにして課題にはせず、ドラマの段階では切り替えて、自分の楽しい体験をドラマにする。例えば「もう一つの地球」に生まれていたら何をしているかをドラマにして、ファンタジーの世界を展開する等して課題を取り上げないのは、森田療法の〝治そうとしない〟態度をヒントにしているからである。このように、森田療法の理論をバックにした心理劇といえるのである。不安には触れず、クライエントのプラスの面や楽しい面をドラマにして、クライエントのポジティブな側面を強化するのである。

森田療法が治そうとする無駄な努力をやめて「生の欲望」を強化するように、主役のポジティブな面を強化する心理劇が増野式サイコドラマなのである。

（増野 肇）

第６章

対人援助職者養成のための心理劇

対人援助職者には、人間関係において専門的知識や態度・技能を、相手からの要求に応じて即座に生かすことが求められる。一方的に理解して関わるのではなく、対人援助職者自身が、何を感じ・考えているかを意識化し、同時に、相手が求めていることを感知し・寄り添い、共に課題に向き合うなかで初めて「関係性における援助」が実現する。

心理劇による養成の利点としては、一般的に「リハーサルができ、やり直しがきく」「見られる存在としての自分に気づく」「ノンバーバル・メッセージの重要性を実感できる」などを挙げることができる。

本章では、心理臨床、保育・教育領域、医療関係、ケアワークなど、各領域の特色をふまえての、対人援助職者の資質養成を紹介する。

第1節では「関係」をキーワードに、心理臨床者養成の資質として、豊富な関係体験、多面的な関係認識、鋭敏な関係洞察、適正な関係操作、関係責任の遂行の5つを掲げ、養成技法を紹介する。第2節では心理劇導入の目的を、「感じ方、振る舞い方が育つ心理劇」「保育・教育の技術を磨く心理劇」「理論と実践を結びつけて学びを深める心理劇」と分類し、実践例を紹介する。第3節では、ロール・セオリーに基づくサイコドラマによりロールのアセスメントを行い、ロールシステムの変化をねらいとする訓練プログラムを紹介する。第4節では、認知症指導者養成研修などにおいて適用するロール・プレイングのすすめ方の留意点を掲げながら、ケアワーカーが自らの振る舞い方に気づき、意識化するのにロール・プレイングが有効であることが論じられる。

第1節　心理臨床者養成のための心理劇

心理臨床者（臨床心理士、公認心理師など）の資格獲得をめざし、社会で心理師としての役割をはたしたいという志をもった院生や学生は多い。そのため彼らは多くの講義を受け書物を読み、知識を豊かにする努力を重ねている。だが、臨床者は知識をもっているだけでは十分ではない。援助を必要としている人々と出会い、専門家として相手との関係において発展的に振る舞うことが求められている。そうした人々と出会い、振る舞う場として臨床実習の場が院生、学生には用意され、専門家としての行為を学ぶ機会はある。その体験は貴重であるが、あくまでも実習生として外接的な関わりでしかない。実際に一人の専門家として現場に立ったとき、さまざまな個性をもった人々と出会い、どう振る舞ったらよいか迷うことは多いといえる。対人関係的役割は、絶対に正しいといえる行為の仕方はないが、臨床者は、専門性を求められる状況において、適切と判断した行為を選択・決定しなければならず、そのためには行為の可能性を豊かにもつことが望まれる。

1　心理臨床者養成のための心理劇の目的

J.L. モレノが開発したサイコドラマを外林大作とともに心理劇として日本に紹介し独自に発展させていった松村康平は、「相談者への要請」すなわち臨床者の資質として以下の５つを挙げている[1)]。

豊富な関係体験、多面的な関係認識、鋭敏な関係洞察、適正な関係操作、関係責任の遂行。

これらの資質の養成のために心理劇・行為法による学習の果たす役割は大きい。本節では、このような臨床者の資質養成と心理劇のつながりと可能性について述べていく。

(1) 豊富な関係体験と心理劇

「相談関係の発展に参加して、発展をもたらす関係の変動を体験しなければ相談関係の変革者（相談者）であることは困難である」[2)]

〈心理劇のなかで、豊かな演者体験を重ねること〉

（ここでいう演者体験とは、心理劇のなかでふるまう体験ということであり、主役体験という意味ではない）

私たちは日常生活を通してさまざまな役割関係体験をしている。だが、その関係体験は、私たちの生活状況のなかの限られたものといえる。例えば、大学生に関して言えば、彼らの人との役割関係体験は、家族における息子や娘としての体験、大学のなかでの教員やクラスメイトやサークルなどの仲間との関係、バイト先での上司やスタッフ間の関係などが挙げられるが、どれもが現実規定性の強いものといえる。心理劇ではどうだろう。

心理劇では、多様な場面状況が設定可能であり、その場面でとることができる役割は、余剰現実における役割体験であり、現実に規定され尽くされない自由な体験である。現実には女性である演者が男性の役割をとって振る舞ってみる、現実には息子である演者が母親の役割をとって振る舞ってみる。そうした多様な体験において、現実規定性を超えて、新たな体験が成立する。一般に、臨床者としてベテランと初心者の実践上の振る舞い方の違いに関して、長い経験を重ねているか否かであるといわれている。しかし、心理劇をとおして得られる多様な役割体験は、さまざまな立場・役割の人々が、どのように感じ行動しているかを自らの体験として獲得していくという特徴をもつ。心理劇をとおして多様な関係体験を重ねることは、長い実践経験をとおして得られる経験値が重要であるといった見方を超えることにつながる。

また、振る舞い方の多様性を育てるにも、心理劇における豊富な役割体験は大きな意味をもつ。例えば、子どもとの関わり経験のない人が、プレイセラピーで子どもと関わる状況に参加したとき、どうしたらよいかわからず、壁際に立ち、不安そうに子どもを見ているといった場面に出会ったことがある。心理劇のなかで、自らが子どもになって振る舞ってみると、プレイルームのみえ方が変わったり、子どもとしてそこにいる大人にどうしてほしいかが感じられたり、遊びの楽しさに没入したりといったさまざまな関係体験を重ねることができる。

(2) 多面的な関係認識と心理劇

「相談活動に参加するものは、関係体験をしながらそれを超えて、自分も参加している関係のしかたを認識しなければならない」[2)]

〈関係体験を整理する枠組みをもつこと〉

多くの関係体験を重ねても、その体験を、その場限りのこととして日常生活に戻ってしまっては、専門家養成のための体験の意味が減じてしまう。心理劇の体験をした後、感想を問うと「面白かった」「楽しかった」といった情緒的な感想のみが語られることがある。情緒的な感想ももちろん大切である。しかし、心理臨床の専門家として振る舞う力を育むためには、自分も参加していた関係のしかたを意識化し、言語化し、その意味を認識的に整理していく必要がある。その整理の枠組みとして理論的な枠組みが必要である。そのためには、心理劇・行為法を研究法として発展してきた関係学の理論が役立つ[3,4)]。

(3) 鋭敏な関係洞察と心理劇

「相談関係の発展の方向を洞察して、相談活動を促進しなければならない」[2)]

〈関係に参加しながらその関係の発展の方向を洞察していくこと〉

学びの過程をふんでいくと、演者体験・観客体験だけでなく、補助自我や監督として状況に参加することが必要になってくる。心理劇における監督の役割は、そのドラマのテーマを明らかにしたり、演者の役割を決めたり、場面を設定したり、場面の展開を見守ったり、場面にストップをかけたり、新たな状況を加えていったり、役割交換を図ったり……とさまざまな役割・状況操作を行っていく。その際には、心理劇の参加者にとってどのような関係体験が用意されることが必要であるか、また、今ここに動いている場面状況がこの先どのように発展していくかといった方向性を洞察する必要がある。「今、ここで」どう動くことが、状況や参加している人たちとの関係に発展をもたらすかを洞察する、こうした関係洞察の力は心理劇のなかで経験しながら育てていくことができる。また、補助自我は、演者と監督の間に立ち、演者に即しながら、監督の意図しているであろう方向性をとらえ、その場面に関わっていくという重要な役割であり、補助自我体験を重ねることは、臨床場面に起きてくることを洞察し、「今、ここ」の相談者とカウンセラーと、そこに成立する課題の三者関係を未来指向的に発展させていく力の形成に役立つ。

(4) 適正な関係操作

「相談活動の道程を、意図的に操作できる技法が必要である」[2)]

〈関係操作の技法を身につけること〉

さらに心理劇の監督には、関係操作の技法が必要とされる。操作という言葉を聞くと、人が人を思い通り動かすというようなニュアンスを感じるかもしれない。しかし、心理劇における関係操作は、参加者個人を操作するのではなく、役割を操作したり、場面状況を操作するというように関係に関わり、変化を生み出すための操作である。役割交換による場面転換を例に考えてみよう。

例えば、父親と母親と息子の場面が展開していたとする。その発展の方向性をとらえていた監督は、「今だ」と判断し父親の役割をとっていた演者に母親の役割を、母親の役割をとっていた演者に息子の役割を、息子の役割をとっていた演者に父親の役割へと役割の交換を指示する。演者は驚きをもってその指示を受けとめるかもしれない。だが、監督は、この場面展開によってより豊かな関係体験が演者にもたらされると判断し、「今だ」と場面転換を図る。そこでは監督は関係操作に対する関係責任をとりながら振る舞うのである。こうした関係の発展の方向を洞察して判断し、行動することは、心理臨床の現場では常に問われる資質である。

(5) 関係責任の遂行

「相談者は相談関係を発展させることに誠実でなければならない。関係を維持し、発展させなければならない。関係に適応し、適応をこえた変革・創造をもたらすことが、相談者の責任においてなされなければならない」[2)]

〈責任をもって状況判断し、行為する。その判断・行為には説明責任をもつ〉

心理劇の参加者、特にその方向性を担う監督は、その場に生起するさまざまな状況に誠実に関わり、関係を発展させる責任を遂行していく。心理臨床者の養成のためには、小さなグループでの監督体験を重ね、自らがなした監督としての判断を他の参加者がどう受けとめたかについてもシェアし、学びを深めていく必要があるといえる。

2　心理臨床者養成のための心理劇の構造

筆者は、臨床心理士・公認心理師など心理臨床領域における専門家をめざす大学院生たちと心理劇を生かした授業を展開した。

基本的に授業で実践する心理劇は、主役中心のものではなく、参加者の全員参加を基本とし、行為の可能性を広げることを目的とする。したがって、総監督として教員が関わりながら、参加者全員でのウォーミングアップで始まり、その後、3～5人のグループに分かれ、心理劇によるワークを何度か体験し、グループ内でシェアリングを重ねる。最後はグループ全体で、その日全体のシェアリングを行って終結する。90分という限られた授業時間のなかでの実施であることから、ウォーミングアップに20分、心理劇ワークに40分、シェアリングに30分という目安で運営する。また授業全体からみると、心理劇・行為法による授業は年間で5～6回しかできない。そのため、院生から自発的に心理劇の研究会を授業外で行いたいとの提案がなされ、実施したこともあった。

ウォーミングアップでは、参加者一人ひとりのその日の課題を明らかにする。それは、その日の心理劇において何を得たいと考えているかを問うものであり、そのうえで、行為へのウォーミングアップを行う。

また、それぞれのグループでのシェアリングには、随時教員が加わり、発言の意味を深めたり、参加者個人やグループへのサポートを行う。

3　心理臨床者養成のための心理劇の実際

以下に心理劇ワークの実例を2つ挙げ、考察を加える。

実例1：「おとぎ話の先の人間関係の相談心理劇」

1）目的

役割取得から、役割関係体験を経て、関係認識を成立させる。

2）経過

①3～4人のグループをつくる。

②それぞれが、自分の思いつくおとぎ話の終わった後の人間関係的な悩みを想像する。例えば、シンデレラの結婚後の夫である王子との関係での悩み、桃太郎の帰還後のサル・キジ・犬との関係の問題等々を考え、出し合う。

③各グループでそのうちの1つの問題に焦点化し、役割を決める。役割は、問題を提案した人、その相談を受けるカウンセラーの役割、記録者の役割の3つである（4人グループの場合、1名は観客）。

④インテークの場面。カウンセラーが、クライエントを迎え入れ、相談を始める。

⑤5分から10分、インテーク面接を展開する。記録者は逐語録をとる。

カウンセラー（以下CO）：こんにちは。よくいらっしゃいましたね。

相談者（以下CL）：こんにちは。

CO：今日はどんなことでお困りになってここにいらっしゃいましたか？

CL：息子のことで困っています。息子は鬼退治をして有名になりました。でも、鬼ヶ島から持ち帰ってきた宝を独り占めし、それで遊び暮らしています。うちは農業をしているのですが、まったく手伝ってくれることもなく、逆に私たちをこき使ってなんでも思うようにしようとします。私はもう疲れてしまって、どうしていいかわかりません。

CO：息子さんとの関係に困っていらっしゃるのですね。もう少し詳しくお話をうかがっていいですか？　息子さんは、今何歳ですか？

CL：○歳です。それで……。

⑥総監督がストップをかける（段階が進んだ時点では、グループに監督の役割1名を加え、場面設定をしたり、場面の展開にストップをかけたり、役割交代を指示するといった監督の役割訓練もする）。

⑦グループで、それぞれの感想を出し合う。

（ここでは、演者体験をした後の情緒的なシェアをしていく。例えば、「○○の役をとっていて、苦しくなった。そのとき、COに『大変でしたね。苦しかったでしょう』と言われて泣きたくなった」等々）

⑧逐語録をもとに、今展開した場面の振り返りを各グループで行う。

（ここでは、相談場面の経過を細かくとらえ、カウンセラーの発言とクライエントに成立した思いについての気づきを話し合っていく。また、この面接で、明らかになったことと、今後のカウンセリングの方向性についても話し合う）

⑨同じグループで、役割を交換して新しい心理劇による相談場面を展開する。

⑩全体で、今日の体験から学んだことを一人ずつ発言する。

3）特色および考察

①この技法では、彼らが共有しているおとぎ話を基盤に、カウンセラーとクライエントの役割をとることになる。院生たちにとってカウンセラーの役割、クライエントの役割を取得し、演じることは緊張を伴うことであり、最初のうちは役割取得に困難を感じる院生もいた。しかし心理劇は、現実とは異なり、失敗も問題ではなく、むしろうまくいかなさを感じつつその体験から学び、徐々に役割を楽めるようになっていく。役割取得から役割演技、さらに役割創技へというプロセスから多くを得ることができる。

　現実のカウンセリング場面は、カウンセラーの一言によってクライエントとの関係が否定的な方向に向かうこともある真剣勝負の場といえ、やり直しはきかない。しかし心理劇では、カウンセラーの関わりをクライエントがどう感じたかがシェアされることによって、新たな関わりの可能性を発見できる。うまくいかないことがあったとしても、それは自己の課題がみえてくるという前向きな方向で受けとめることのできる機会となる。

②おとぎ話の主人公が、過去にどのような人間関係のもと、どのような困難に出会い、どのように解決していったかという過去を参加者が共有していることがこのワークの特色である。したがって、インテーク場面においても過去を詳しく聞く必要がなく、相談者が現在どのような困難を経験しているかに焦点を当てることができる。その困難を傾聴したり、共感したり、またグループで体験をシェアしながら新しく気づき合うという特色が生かされ、その過程で多様な関係認識を成立させることができる。

③おとぎ話の主人公になったり、主人公をとり巻く周囲の人々の悩みを聞いたりする状況は、現実から離れ、余剰現実の世界に遊ぶこととなる。そこでは自由な役割のとり方が可能になる。自発性が発動し、これまでの振る舞いを変えてみる実験の場となるともいえる。

役割を交換しながら何度も同じような場面や役割を繰り返し体験するなかで、創造的に新しい役割のとり方を見出していく。

実例2：「空き椅子技法による、日常的な自分とカウンセラーとしての自分との対話」

1）目的

自己を分化させ、カウンセラーの役割をとる自分と日常的な自分とのやりとりを通して、自己に関する気づきを深めたり、広げたりする。

2）経過

①2つの椅子を向き合う形で用意する。

②1つの椅子に座りカウンセラーの役割をとり、相手の椅子に座っている人を想定して話しかける。「今、どんな気持ちですか？」とか「どんなことに困っていますか？」等々。

③カウンセラーの役割から離れ、立ち上がり、もう1つの椅子に座って自分として、カウンセラーからの問いかけに答える。

④自分の話したいことを話し、止まったところで立ち上がり、反対の椅子に

座って、カウンセラーの役割をとる。今、相談している自分が話したことをカウンセラーとして整理したり、カウンセラーの役割としてさらに聞きたいことを問いかける。

⑤反対の席に戻り、カウンセラーからの問いかけに、自分の思いを語る。

⑥こうした役割交換を何度も繰り返し、自己に関する発見を促していく。

3）特色および考察

①カウンセラーには、クライエントと関わり、その関係の発展に責任をもちながら、同時にその関係に参加している自己に成立する状況をもとらえながらいることが求められている。そのためには自己の分化が必要である。

②この技法では、観客はいない。そのことによって、安心して自分自身の課題や悩みを言語化してみる。そしてカウンセラー役をとった自分がそれに共感したり、整理したり、何らかのアドバイスを加えたりしていく。そのプロセスを通して、自己に関する気づきを増やしていくところが特徴といえる。

4　要点と考察

心理劇は、状況に参加している自己に直面する活動である。心理劇のなかで多様な自己に気づき、そこに展開する多様な関係に気づくことができる機会といえる。若い学生・院生たちが、想像したこともない役割を演じてみて、演じた自分に驚いている場面に出会うことがある。そうした関係体験を重ねて、柔軟に振る舞うことのできる自己の幅を広げていくことができるところが心理劇の特徴といえるであろう。

ほとんどの学生・院生は心理劇の体験が初めてであり、役割取得・演技が難しいケースもある。しかし、そうした硬さをもったまま心理臨床という場面で専門家としての役割をとることは難しいといえるだろう。細やかなウォーミングアップの必要性と、どのような役割のとり方をも受容しながら肯定的にすすめていくことによって徐々に行為の可能性を広げていくことが、監督の関係責任として大きい。

心理臨床者は、他者に出会い、他者との関係を発展させ、他者がもっている課題を共に解決する役割といえる。今、出会っている、その人は、その人一人で存在しているわけではない。その人はその背後にさまざまな人々、さまざまな状況を抱えて今ここにいる。その人の話を聞きながら、心理劇の場面をみるかのようにその人の生活場面の状況がみえてくる。そしてその変容の可能性もみえてくる。そうした資質を育てるために、心理劇を通して学ぶことは心理臨床者の養成に欠くことのできないものと考える。

引用・参考文献

1）松村康平『心理劇——対人関係の変革』誠信書房、1961.
2）松村康平「相談者論」、竹内硬・松村康平編『臨床心理学』朝倉書店、1964.
3）日本関係学会編『関係学ハンドブック』日本関係学会、1994.
4）日本関係学会編『関係〈臨床・教育〉——気づく・学ぶ・活かす』日本関係学会、2011.

（春原由紀）

第2節　保育者・教員養成の心理劇

近年、保育者・教員には「確かな実践力と豊かな人間関係力」[1)]「知識を有機的に結びつけ構造化する力」「新たな課題に対応できる力」「組織的・協働的に諸課題の解決に取り組む力」[2)] 等の多面的な力が求められている。

保育者・教員は、子どもの一人ひとりへの理解を深め、子どもたちにとって生活や遊び・学びの場面での総合的な経験が個と集団の育ち合いの経験となって成長していくように、直接間接に関わり環境構成を試みる。また、保護者を支え連携し、保育者・教員でチームを組み、地域と協働し、保育・教育を進める。常に新たな状況や課題を踏まえて、自ら学び工夫を重ね、「保育・教職実践力を高める」[3)] 必要があり、心理劇が活用されている。そのねらいは、①状況を把握する力や人間関係基礎力の基礎となる感性や振る舞い方を育てる、②保育・教育技術を磨く、③実践と理論を往還させながら理解を深め身につける、④適切にかつ臨機応変に振る舞うために、子ども理解や状況把握に基づいた組織的・協働的な課題解決力を身につける、等である。

これらの保育者・教員としての基本的あり方を「身につける」にあたり、机上の学びと実習だけでは限界がある。一方、心理劇を活用した授業を通して、実際に振る舞い、感じ、考えながら学びを重ねることは、保育者・教員としての基本的あり方を身につけ、保育・教職実践力を高めていく方法としてたいへん期待できる。ここでは、筆者が担当している心理劇を活用した授業実践を紹介する。

1　保育者・教員養成教育での心理劇の構造

(1) 対象者とスタッフ、時間的・空間的な条件とグルーピング

1クラス（25～50人）の学生に、授業担当教員1人で行う。

教室は、机と椅子が黒板に向かって並ぶスクール形式の講義室である。そのため、a. 着席したまま隣席の2～3人で演じる、b. 7～8人を1グループとして、机を移動させ1教室のなかに小さな空間を何カ所かつくりグループごとに同時進行で演じる、c. 教室の半分ほどの空間をつくり、数グループが交互に演者や観客になる、等の方法がある。

時間的制約としては、舞台空間づくり、ウォーミングアップとドラマ、シェアリング、ディスカッション、現状復帰を含めたすべてを授業時間枠の90分のなかで収める必要がある。

(2) 保育者・教員養成教育の心理劇における留意点[4)]

授業で心理劇を行う場合の留意点は次の3点である。

①授業のねらいに沿って学修効果が上がること、同時に、一人ひとりの学生にとっても心豊かな心理劇体験が成立するように、配慮する。

②心理劇体験からの気づきや発見を学びの糧とするために、心理劇を演じた後にシェアリングとディスカッションの2段階で学びを深める。まず、シェアリングでは、それぞれの役割体験による感想や気づきを共有する。その後、心理劇の役割体験を踏まえて、授業の課題やねらいに沿ったディスカッションを行い、創造的、建設的、発展的に発想することに重点を置く。

③心理劇による役割体験や場面設定への配慮をする。過去の体験にとらわれすぎず、心理劇体験をもとに発展的に発想するためには、現実の場面と劇中の場面をしっかり区別する必要がある。そのために、実名を劇中で使用しない、劇の終了後はデロール(役割解除)し、「役」から離れ「素の自分」に各自が戻ることを意識して行う、場面設定ではあえて現実場面の再現をしない、検討したい要素を入れた架空の場面を設定する、等に留意する。

2　心理劇の事例

(1) 事例1：感じ方、振る舞い方が育つ心理劇[5)] ——子どもの目線の体験

1) ねらい

「子どもの目線に立つ」ことをイメージしながら、実際に、同じ目の高さと、異なる目の高さの2通りでのやりとりを体験し、それぞれの感じ方の違いを実感し、子どもの内面に近づくきっかけのひとつとする。

2）実践

①ウォーミングアップ

全員が黒板を向いて着席している状態で、学生は隣同士で挨拶し和やかに自己紹介をする。授業者は学生に、実習生役、子ども役の2人一組をつくること、途中で役割を交代し両方の役を体験することを伝え、初めの配役を決める。

②ドラマ

「実習生が子どもに自己紹介をする」という場面設定で、①実習生が子どもに立ったまま話しかける（子どもはしゃがんで遊んでいる）、②子どもの横に座って目の高さを合わせて話しかける、の2通りを体験する。役割交換し、保育者・子どもの両方の役を体験する。着席した状態を「しゃがんでいる」、立った状態を「立っている」こととして、目線の高さを変化させて劇を行う。

場面1：立ったままの実習生が、遊んでいる子どもに話しかける。

実習生「こんにちは。何をして遊んでいるの？　今日から先生になるお勉強のために○○園に来たの。先生の名前は△△です。よろしくね」

子ども「うん」（……ちらっと実習生を見上げるが、子どもの関心はすぐに手元の遊びに向かい、会話がなかなか続かない）

場面2：実習生が、遊んでいる子どもの横に座ってから話しかける。

実習生「（横に座って）こんにちは」子ども「（遊びながら）こんにちは」

実習生「……一緒にやってもいい？」（遊びと会話が弾むなか、自己紹介をする）

③シェアリングとディスカッション

2人一組で感想をシェアリングした後、演じて気づいたことをディスカッションした。子どもの目線で体験を共有するとは、保育者と子どものそれぞれにどう感じられることなのかを実感をもって理解することができた。役割交換により、保育者と子どもの両方の体験ができた。また、立つ／座るという簡単な違いだけでも、一人ひとりの感想にニュアンスの違いがあることを感じ、一人ひとりを尊重しようと実感した、等の気づきがあった。

3）効果

学生の感想からは、保育者が子どもと話すときの姿勢や目の高さを変えただけでも子どもにとっては保育者の印象や、保育者と子どもの関係性、その後の展開も大きく変わる等を、体験を通して理解したことがわかった。また、保育者と子どもの視点等、同時にいくつかの視点で多面的に状況を把握する感性や意識の分化、相手との関係性を意識した振る舞い方が意識化された。

(2) 事例2：保育・教育の技術を磨く心理劇
――「模擬保育での絵本の読み聞かせ」

1）ねらい

保育園や幼稚園での実習場面を想定して模擬保育を行う。どのような内容やすすめ方が子どもにとって意欲がわき、理解しやすいかを検討し、教材研究や保育・教育技術の向上をめざす。ここでは、「絵本の読み聞かせ」の場面設定で、保育者役と子ども役を役割交換しながら計5回の模擬保育を行う。

2）実践

①ウォーミングアップ

まず5人一組のグループをつくる。1回めの保育者（1人）と子ども役（4人）と、その後の役割交換の仕方を相談して決める。1回めの保育者役は、園児の年齢等の設定を伝える。そのほかのメンバーは子ども役となり、名前、性別、子どもの性格や仲間関係を設定する。車座、扇形などどのような座り方にするかは保育者役が設定する（2回め以降は、順に保育者・子どもの役を交換しながら、同様の手順で進める）。

②ドラマ

90分の授業時間内で多くの学生が保育者役を体験できるよう、各グループ同時進行して保育場面の心理劇（模擬保育）を行う。保育者役は、子どもに呼びかけ、語りかけ、手遊び歌を歌ったりしながら、絵本の読み聞かせに入る。保育者と子どものやりとりの仕方は、各保育者役によりさまざまである。例えば、「座ってください！」「お帰りの支度ができたら、集まってね」「今日は、何のお話を読もうかな」などである。保育者役は、表情、仕草、言葉等を駆使したコミュニケーションを意識して読み聞かせをする。子ども役は、絵本そのものや子ども同士の会話を楽しんだり、時にはトラブルも発生したりと、劇が展開する。

③シェアリングとディスカッション

まず、役割体験の感想のシェアリングを行った。子ども役は「どの本にするかみんなで話して一緒に考える時わくわくした」など、感想や保育者の動きについて気づいたことを共有した。保育者役は、子ども役の感想を聞き、また模擬保育のなかで迷ったこと、困ったこと等を伝えた。その後、模擬保育の授業のねらいに沿ってディスカッションを行い、「子どもにとってこのように言ったほうが伝わりやすいのではないか」等と、保育内容や教材の検討、保育の進め方、子どもへの関わり方の改善策のヒントを得た。

3）効果

心理劇で保育者や子どもの役割をとり模擬保育を行うことで、実習に近い体験ができた。さらに効果的だったのは、役割交換により子どもの視点で体験したことも含めて模擬保育を検討できたことである。子どもそれぞれの居方や感じ方を実感し、子どもの一人ひとりへの理解と生活や遊びの場面状況を踏まえながら保育技術を磨くいう学びがあった。

(3) 事例3：理論と実践を結びつけて学びを深める心理劇

――「アクションガイド」理論的枠組み学習のための心理劇[6,7]

1）ねらい

状況判断力および実践力の基礎となる理論的枠組みを学ぶ。子ども理解や状況理解のための視点をもち、その時々の保育場面を俯瞰し、体験を整理して保育者としての関わり方を工夫できるようになることをねらいとしている。

2）実践

①ウォーミングアップ

6～7人一組のグループに分かれる。授業者は、学生が実習等でしばしば出合う保育場面を例に、子どもの気持ちの読み取りのための着眼点、子ども同士・子どもと保育者の関係性のとらえ方の類型的把握、状況判断の視点等の、理論的枠組みの説明をする。そして、学生は、事例「砂場での4歳児の子どものいさかい」について、自分が保育者ならその場面でどのように振る舞うかを、まず各自で考える。その後、グループでの心理劇を行った。

②ドラマ

心理劇を、各グループ並行して、1場面5～10分を目安として、先ほどの事例の続きの場面から保育者の振る舞い方を変えて3通りほど行う。

劇中での保育者の関わりは、砂を投げつけた子どもAを叱る／泣き出した子どもBの世話に専念する／子どもA、B双方の思いや理由を聞く／子ども同士で解決できるか離れたところから見守る／他の保育者を呼んで連携し、いさかいの仲裁とクラス全体の担当等に分かれて進める等、さまざまであった。さらに、保育者がいさかいに対応している間に新たなトラブルが起こる／周りの子どもたちに助けられていさかいが解決する、等の展開があった。

③シェアリングとディスカッション

シェアリングでは、砂を投げた子どもA役「せっかくつくった砂山を壊されたのに自分が叱られて悲しかった」、泣いた子どもB役「山があったので思わず登ったら山が崩れて『まずい』と思った。そのときにAの投げた砂が目に入って、痛くて泣いてしまった」、周りの子ども役「先生に、自分たちのほうにも来て、って言いたかった」、子どもの安全を優先した保育者X役「保育者は子どもがけんかで怪我をしないようにと思い引き離したが、子どもたちは納得できずにいた」、2人の子どもの思いを聞こうとした保育者Y役「2人の子どもから話を聞こうとしたが、他の子どもたちの思いや行動に気づかずトラブルが続出してしまった」、子どもたちと共に解決をめざした保育者Z役「保育者が焦っていたら、周りの子どもの言葉や働きかけに助けられ、子どもと一緒に考えていくことができた」等が共有された。その後のディスカッションでは、理論的枠組みと具体的場面を照らし合わせることによる気づきとして、具体的場面で理論的枠組みを応用することの有用性と、子どもの視点からの意義、さらに、子どもおよび保育者にとって、より発展的な展開のための工夫について検討が行われた。

3）効果

心理劇でさまざまな保育者の関わりを試み、子ども役からの感想も踏まえて理論的枠組みと参照させながら学ぶことで、場当たり的な対応や形式的なマニュアルに沿っての対応ではなく、理論的枠組みを状況判断の羅針盤として活用しつつ、役割体験からの実感や子どもの視点も含めた着想を得て、学びを深めることができた。

(4) 事例4：多面的な状況理解を基に組織的・協働的課題解決をめざす心理劇──「可能性探索の心理劇」

1）ねらい

状況を総合的に柔軟にとらえ、さまざまな展開可能性を探索し振る舞う力を培うことをめざして、場面設定に複数の検討課題を盛り込んだ心理劇の展開を基に事例検討を行う。

2）実践

①ウォーミングアップ

7人一組のグループに分かれる。グループごとに、検討したい課題を出し合い、1～3つの課題を選ぶ。そして、そのすべての要素を含むように、架空の園、人物にて、場面設定する。その後、同時進行でグループごとに心理劇を行う。

あるグループは、a. 個別支援が必要なマイペースな子どもへの関わり（A児）、b. 子どもの怪我への対応（C児）、c. 複数の子どもたちへの同時対応（A～E児）を課題とした。そして、架空の事例「昼食場面の子どものトラブル」の場面を設定、心理劇で展開した場面を3つの視点から検討することにした。

②ドラマ　「昼食場面の子どものトラブル」（架空の事例）

4歳児クラス、子ども5人（A、B、C、D、E児）と保育者2人（新任担任T_1とベテランの補助保育者T_2）が1テーブルに座り、昼食が始まった。

マイペースで偏食のあるA児とT_2、他の子どもたちとT_1がそれぞれ会話しながら昼食をとる。仲良しのB児とC児がふざけながら食べていると、B児の手がC児の肘に当たり、C児が持っていたフォークが口のなかに刺さり血が出た。その瞬間を見ていなかったT_1が、C児に「どこが痛いの？」などと声をかけるが、C児は動転して答えない。D児、E児が口々にフォークが刺さったときの様子を傍らのT_2に説明する。責任を感じたB児は黙りこむ。一方でA児は「食べ終わった」とT_1に報告する。このような混沌とした状態に、新任担任のT_1は子どもたちへの対応に焦り、T_2に助けを求める。T_2がC児に付き添い「痛かったね」などの声をかけながら保健室へと向かう。T_1は、他のそれぞれの子どもたちに応じながら、なんとか昼食が終わる。

③シェアリングとディスカッション

シェアリングでT_1は、個別支援が必要なA児の偏食や怪我、けんかの対応を「クラス担任としてうまく処理する」つもりで劇に臨んだが、型どおりのけんかの仲裁とはいかず苦労した。その一方で、他の子どももそれぞれに思いや意見、アイディアがあることに気づいた。ディスカッションでは、a.子どもの個々の特色に応じた対応、b.怪我の処置、c.いさかいへの対応、のほか、d.チーム保育における保育者連携の実際、e.保育者の基本的立場が「子どもの管理」ではなく「子どもの育ちの援助」であることの確認、f.子どもの気持ちや提案に注目し保育を工夫することが子どもの主体性や思考力等の生きる力の基礎を培うことにつながること、等の気づきも得られた。

3）効果

検討したい課題に焦点を当てた架空の設定をした心理劇において、実際の保育場面同様のさまざまな状況が重なって展開するなかで、保育者がそのつど状況判断を迫られることとなった。学生の感想からは、各保育者やそれぞれの子どもの役割体験を基にディスカッションを行うことで、基本的な保育者としてのあり方「子どもの育ちの援助」を保育のなかで実践すること、それぞれの子どもの思いをとらえ理解しながらの集団全体への関わりと安心安全が両立する具体的な工夫、保育者間の連携等、実践に即した理解が深まった。

3 要点と考察――保育者・教員養成における心理劇の効果

前述のように、保育・教職実践力を高めるねらいは、①状況を把握する力や人間関係基礎力の基礎となる感性や振る舞い方を育てる、②保育・教育技術を磨く、③実践と理論を往還させながら理解を深め身につける、④適切にかつ臨機応変に振る舞うために、子ども理解や状況把握に基づいた組織的・協働的な課題解決力を身につける、等である。

心理劇の役割体験について、学生の感想からは、実際に役の上での感情や感じ方をとてもリアルに感じていることがわかる。保育者・教員としての感じ方、物事のとらえ方を心理劇のなかで体験、試行し、役割交換で保育者と子どもの両方の視点からの体験を重ね、感想を共有し、子どもや保育への理解が深まった。また、役割体験に基づいたディスカッションにより、多面的状況理解や判断、理論の学びも深まった。監督を経験した学生の感想からは、客観的な視点から保育場面を観ることで、役を演じている人では気づけない新たな見方を発見したことがわかった。子どもや保育者等の視点に加え客観的な視点も含め、物事を多面的にとらえることの大切さを学ぶ効果も得られたことが明らかになった。

以上のように、心理劇を保育者・教員の養成課程で活用することにより、情緒・認識・行為の一体的な学び、すなわち「感じ、考えながら振る舞う、振る舞いつつ、感じ考える」ことが身についていくことが明らかとなった。保育者・教員としての基本的あり方を身につけ、保育・教職実践力を高めていく方法として、心理劇はたいへん有効であることが示唆された。

引用・参考文献

1) 文部科学省中央教育審議会「今後の教員養成・免許制度の在り方について（答申）（教職実践演習（仮称）について）」、2008.
2) 文部科学省中央教育審議会「これからの学校教育を担う教員の資質・能力の向上について――学び合い、高め合う教員育成コミュニティの構築に向けて」、2015.
3) 小原敏郎「保育実践力を育む保育・教職実践演習」、小原敏郎・神蔵幸子・義永睦子

（編著）『保育・教職実践演習　第2版――保育者に求められる保育実践力』建帛社、2018.
4) 黒田淑子「心理劇の特質――ドラマ探訪」朝日クリエ、2008.
5) 神蔵幸子・義永睦子「保育実践力を育む方法と内容Ⅲ――ロールプレイング・心理劇」、前掲書3.
6) 義永睦子・小原敏郎・神蔵幸子「心理劇による教職実践力育成プログラムの開発に向けてⅡ――理論的枠組み学習のためのアクションガイドの活用」、『関係学研究』37巻1号、2010.
7) 小原敏郎・義永睦子・神蔵幸子「学生の教職実践力の育成をめざす授業実践」、『心理劇』16巻、2011.

（義永睦子）

第3節　医療従事者・心理支援者養成の心理劇
「ロール・セオリー」に基づいたトレーニング

対人援助職者が心理劇を仕事で活かすには、その技法を学ぶことのなかには必然的に自己理解も含まれる。即興的な表現を促す心理劇は人間関係のあり方の探求を得意とする格好な方法で、治療や個人的成長に高い効果を生む。それゆえ、医療従事者や心理支援者がクライエントの治療や訓練や教育に心理劇を活用しようとするときには、自らも主役体験を積み、自他の理解を深めながら理論と実践を統合した体験的な研修や訓練が求められる。医療従事者や心理支援者は、治療という観点からどちらかといえば病理的な側面に関心が偏りがちにならないだろうか？　しかし、クライエントを全人的にとらえ、病理的側面だけでなく健全な側面も認識して受容することが治療的な結果に繋がることを私たちは知っている。

ここに紹介するロール・セオリー（役割理論）とは、モレノの役割理論をAANZPA（Australia and Aotearoa New Zealand. Psychodrama Association; オーストラリア・アオテアロア＝ニュージーランド・サイコドラマ協会）でさらに発展させたものをいい、米国のビーコンのモレノ研究所でTEP（Trainer, Educator and Practitioner）を取得したオーストラリア人のクレイトン（Clayton, G.M.）が理論と訓練体系を練り上げたロールの分類方法などを含むものを指す。それに基づいたAANZPAによるサイコドラマ（以下、サイコドラマ）の特徴は、人格のすべての側面に焦点を当てながら、健全な側面もロールとして積極的に認識し統合していく方法であり、筆者がAANZPAで長年実践的に学びながらトレーニングに応用しているものである。

1　トレーニングの目的

このトレーニングの目的は、医療従事者や心理支援者がロール・セオリーに基づいたサイコドラマを実際に活用できるようにするために必要な建設的なアイデンティティとわざを磨き、監督や補助自我としての能力を身につけることである。

モレノは「自発的で創造的な行動の可能性が無限であることが人間の本性を示している」[1)] と考え、そして人格は多元的なロールから成り、人はロールをこなせる広い範囲をもっていて、それを用いて適切なときに適切な行動がとれることが健全さであるとみなす。モレノのロールの概念は、他の人や物が関わっている特定な状況で、人がどのような振る舞い方をするのか人のその反応の仕方に起こるさまざまな要素を理解する試みを意味し、私たちがお互いを観察し経験していることの意味を見出そうとするものである。

ロール・セオリーに基づくこのトレーニングは、まさにモレノのその考えを実現するための具体的かつ機能的な方法であり、このトレーニングの目標は、医療従事者や心理支援者が自己や他者のロールをできるだけ多く認知し、味わい、受容し、そして人生をより満足なものにすることである。ロール・セオリーは、人との関わりが重要な意味をもっている広範囲の人を対象にした人間に根本的な現象を扱う方法と思想をもっていることをクレイトンはトレーニングの著書[2,3)] のなかで強調する。

ロール・セオリーでは、人が表現したロールを動作や言葉で描写する方法とアセスメントの方法を学ぶ。言葉でのロールの描写は、その場のその人の関係性を表すための名詞に形容語句を伴い「温かい友達」「理屈っぽい学生」「爆発しそうな火山」のように表す。アセスメントに用いる2種類のロールの分類法のうちの一つは、ロールを①適切に発達した、②発達しすぎた、③未発達な、④葛藤した、⑤欠けている、に分ける。もう一つは、ロールを①前進的（progressive）、②対処的（coping）、③破壊的（fragmenting）の3種類に分け、それぞれの下位分類がある。トレーニングを受ける人たちは表

表6－1　主役のロールシステム表（2018年）

前進的ロール PROGRESSIVE ROLES		対処的ロール COPING ROLES			破壊的ロール FRAGMENTING ROLES	
よく発達した Well Developed	発達しつつある Developing	妥協的 Moving Toward	逃避的 Moving Away	対抗的 Moving Against	消えつつある Diminishing	変わらない Unchanging
母親が必要だったと訴える。	母を許して感謝し受け入れる。	母を拒否していたことを認める。	自分の否定的態度を認め諦めようとする。	相手の無関心さを嘆いて訴える。相手の言い分に反論する。	不満をぶつけながら相手を批判し否定する。	

現されたロールや、ロールを構成する各部分を統一したロール・システムをセッション後に図や表にして記録する（表6-1）ことを積み重ねていく。そうしていくと、彼らのある期間のロールの変化と成長発展をたどることができる。彼らのロールの体験に基づく理解をクライエントや周りの人々との関わりのなかで活かすことによって、彼らは人々の人生をより豊かな満足できるものにしていくことに貢献できるであろう。

2　トレーニングのためのサイコドラマの構造

(1) 対象者

対象者の基本的な条件は、「サイコドラマに興味関心をもち生活や仕事に活かそうと思っている人」というゆるやかなものである。ロール・セオリーは「人と関わることが重要な意味をもつ人には誰にでも役に立つ方法」と考えるからであり、トレーニング・グループであっても初心者を受け入れる場合もある。

(2) スタッフ

スタッフは、監督とトレーナーを務める男女2人体制。クレイトンからロール・セオリーを学んだアディクション（依存症、嗜癖）系の精神科専門医である男性スタッフは、他の関連領域の方法を用いて治療的なセッションの監督もする。スタッフである筆者はAANZPA認定のサイコドラマティストであり、現在もAANZPAの研修を積んでいる。

(3) 方法（回数、セッション時間、すすめ方）

トレーニングは月に1度、日曜日の午前10時から午後4時30分まで。4月から翌年3月までの1年間は基本的に同じメンバーのクローズド・グループ。年間行事としてAANZPA講師による3日間のワークショップを年2回、2日間の合宿を年1回実施。ロール・トレーニングとサイコドラマのセッションの監督の訓練と、補助自我の練習や主役体験を並行して行う。

3　ロール・トレーニングのすすめ方[2)]

ロール・セオリーに基づくサイコドラマは、広義のサイコドラマのなかにロール・トレーニングを含むが、両者の違いはサイコドラマが主役の人格全体に関わる複数のロールを展開するのに対し、ロール・トレーニングの目的は人の振る舞い方や考え方のなかの生きづらさの原因になっている1つか2つのロールに焦点を当て、よりうまく振る舞うことができるようにすることが基本である。ロール・トレーニングはいくつかの段階を追ってすすめる。

1）ウォームアップの段階

ある特定の振る舞い方に焦点を当てるようにグループを動機づけ、グループ全体が興味をもっている人間的な関心事を見つけて主役を選ぶ。

2）出来事の最初の上演の段階

主役の特定の関心事を演じるが、みんなが主役とともに感じることができるような的確な場面を演出できるかどうかは監督の技である。

3）ロールのアセスメントの段階

ロール・セオリーのアセスメントを用いながら、最初の場面で主役が演じたロールについて、監督と主役が話し合う。適切な振る舞い方を伸ばすことにも重きを置き、その後で主役の振る舞い方のいろいろな側面に焦点を当てていく。主役に自己アセスメントをしてもらってもよい。

4）ロール・トレーニングのプログラムの計画の段階

ロールのアセスメントを基に、主役がある特定の能力を伸ばすために必要な時間を現実に即してアセスメントしてトレーニングのプログラムの計画を立て、このセッションでワークするロールに焦点を当てる。

5）再演すること：いろいろなサイコドラマの技法を適用する段階

場面設定、ロールへのインタビュー、役割交換、ミラーリング、モデリング、具象化、最大化など、モレノによって開発されたいろいろな技法を可能な限り適用しながら、状況を再演する。

6）ロール・テストの段階

ドラマが満足できる何らかの方法で上演できたときにドラマは終わり、その後のロール・テストでは新しい振る舞い方を試すために主役は難しい状況に直面させられ、ストレスの下でも耐えられるように強化される。

7）グループ内への再統合の段階

主役のワークがグループの皆とどのようにつながっていたかを分かち合うことでセッションを終了する。

ロール・トレーニングの監督の訓練では、場面のなかで瞬時に表現されるロールをとらえる基礎的な力を養いながら、インタビューの仕方やロールのアセスメントの方法を学び、短い展開のなかにも含まれ得るサイコドラマのさまざまな技法や要素を用いて、ロールを展開するドラマを監督する練習をする。

4　トレーニングの実際——トレーナーの介入の必要性

ここに取り上げるサイコドラマのさわりの一部分は、監督が行き詰まってトレーナーに援助の介入を求めたときの例である。母親とのテーマのサイコドラマで主役が母親と役割交換を何度も繰り返すうち、やりとりは膠着した。トレーニングでは、トレーナーは監督がドラマのなかで主役のロールに適切に焦点を当てて展開できているか等、さまざまな観点から必要なときに介入する。

（補助自我が演じた主役と母親の繰り返しの部分は省略されている）

主役：（母に）あなたは自分の親のことばかり。私たち家族に目を向けてくれないわ。

母（役割交換して主役が演じる）：あなたはいいじゃない。みんなで仲良くやっているんだから。私に何をしろというの？　あなたはもう、よい大人でしょ？

主役（役割交換して自分に戻って）：（母の言葉を聞いて監督に向かって話し出す）そう言われるとそうだと思ってしまう。

監督：お母さんにそのことを伝えてください。

主役：そう、そのとおり。私はもう大人なんだし、そんなこと求めなくてもいいかもしれないね。でもね、私が独立して出て行くときくらいは、少しは母親らしくして見送ってほしかったのよ。

母（役割交換して主役が演じる）：（独り言のように）確かに私はあなたを見送ってこなかったかもしれない。

監督：それを娘さんに伝えてください。

母（母のロールになっている主役が演じる）：私はお父さんと仲よくしているあなたたちのなかに入ることができなかった。邪魔しないほうがいいと思ったのよ。私が離れていて何が悪いの？

主役（役割交換して自分に戻って）：でもね、私ね、父親には話せないことで悩んでいることがいっぱいあったのよ。母親に聞いてもらいたいと思うことがいっぱいあったよ。

母（役割交換して主役が演じる）：でも、私にはなつかなかったじゃない。

主役（役割交換して母から自分に戻って）：なつかせてくれなかったからよ。私はあなたに小さいときからなつけなかった。父親じゃなくて母親に聞いてもらいたいことだっていっぱいあったのよ。

監督：お母さん、今何を感じていますか？　娘さんが本当の気持ちを伝えてくれていますよ。

母（役割交換して主役が演じる）：（監督に話す）娘がそういうふうに感じて

いるんだろうとは思っていました。でも、私もわからないんです。どうやっていいのか、やり方がわからないんです。

監督：娘さんのことはわかっていたんですね。そう伝えてください。

母（母親のロールのなかの主役が演じる）：私だってどうしていいかわからないのよ。私は一人っ子で、母親は病気でずっと寝込んでいたし、父親は仕事で忙しくしていた。だから私もひとりぼっちだった。どうしていいかわからないのよ。

主役（役割交換して自分に戻って）：う～ん。（ドンドンと床を踏み鳴らす）

監督：足のドンドンを言葉にしてください。

主役：う～ん。私はもっと懐に包んでほしかった。母親らしさがほしかった。でも自分がされたことがないからわからないのよね。

母（役割交換して主役が演じる）：どうしたらいいかわからないのよ。

トレーナー：（ここでドラマの進行が止まり、行き詰まって介入を求めた監督に対し）ここで余剰現実という技法を使って主役に「理想の母」を演じてもらったらどうでしょうか？　主役にはその考えがあるはずですね。

監督：今、提案があった「理想の母」にあなたがなってみてください。

主役：（最初は戸惑いながらも試行錯誤を繰り返しながら、一緒にショッピングを楽しんだり、いろいろ学校の話を聞いて優しく包み込んでくれる母親を、子どもになっている自分と役割交換しながらひとしきり演じる）

監督：（理想の母親に抱き抱えられ愛おしく頭を撫でられている主役に）理想のお母さんに愛情をいっぱいもらってどうですか？
本当のお母さんに何か伝えたいことはありますか？

主役：こういうことを味わいたかった。

母（主役が演じる）：（主役が突然に実の母親になって割って入り）私も頑張っていたのよ。食事だって健康に気をつけて頑張って作ってきたつもりよ。

主役（役割交換して自分に戻って）：確かにお母さんの料理は美味しかった。だけど、温かいかいぬくもりみたいなものがほしかったのよ。

母（役割交換して主役が演じる）：そうね。確かにそうね。ごめんね。（主役を抱きしめる）私もわからなくてごめんね。

主役（役割交換して自分に戻って）：（実母と抱き合って）気持ちいい。こうできてよかった。お母さんも温かいぬくもりをもらっていなかったのよね。（抱き合ったまま）ありがとう。

トレーナーが余剰現実の技法を提案したのは、膠着した主役のロールをほぐし、ロールの範囲を広げるためである。主役は理想の母を演じながら、もう片方で突然に実の母親の母なりの真実に気づき、そのとき主役のロールは自発的に変化する。実の母への不満や飢餓感は、母の立場を理解し互いに許容し合うロールに変化し、主役と母親との関係性が新たな方向に急展開してドラマは終結した。余剰現実のなかで主役が温かい母に包み込まれる体験によって、主役のなかの共感と許しと感謝を伴う母への新たなロールが触発され創造された。表6-1（241ページ）は、上記のドラマ部分で主役が表現したロールを筆者がロール・システム表に書き入れてみたものである。

5　要点と考察

ロール・セオリーに基づくトレーニングは、医療従事者や心理支援者が自分の課題と向き合い内面的な変容を通してロールの幅を広げ、対人援助の能力を高めようとするものである。彼らが安全安心に表現できる小集団でのサイコドラマのトレーニングのなかには、多くの成長を促す要因がある。サイコドラマの技法のすべては、ウォーム・アップを高めロールの表現を促すためにあり、表現することが成長発達や治療的な効果をもたらす。「ダブルとミラーとロール・リバーサルは個人の精神的な発達に貢献する」[4)]。サイコドラマでは「主役の世界を構成する過程で、現実を通り抜け、それを超えるあらゆる道（余剰現実）をたどる」[5)]。余剰現実は、主役に新しくより広がった現実の体験を供給し、主役のロールの範囲を押し広げる。クレイトンは「ミラーにはその人の全部を映すべきである」と言い、人間関係でうまく機能していない側面だけでなく、まず第一に適切に振る舞うことができている側面への認識を発達させるべきであることを強調した。〝クライエントの身になって〟を掲げる医療従事者や心理支援者が、クライエントの人格を全人的にとらえ、クライエントの病理的側面だけでなく健全で肯定的な側面にも積極的に焦点を合わせることができれば、クライエントの成長や治療にだけでなく広く周りの人々とのよりよい関係づくりの本質をつかむであろう。彼らの成長発達の成果は、ロールやロール・システムの変化として明確に現れる。主役や補助自我としてトレーニング仲間が表現した広範なロールが人格のなかに統合されていく姿は、自己認識の深まりや対人的な相互作用の豊かさといった形に現れてくるが、私たちは仲間同士としてその感動と喜びを分かち合うのである。

引用・参考文献

1) Fox, J. *The Essenntial Moreno.* Springer, N.Y., 1987.
ジョナサン・フォックス（磯田雄二郎監訳）『エッセンシャル・モレノ——自発性、サイコドラマ、そして集団精神療法へ』金剛出版、2000、p75.

2) Clayton, G.M. *Enhancing Life & Relatioship.* ICA Press, Australia, 1992.
マックス・クレイトン（中込ひろみ・松本功訳）『ロールトレーニング・マニュアル——のびやかに生きる』二瓶社、2013.

3) Clayton, G.M. *Living Pictures of the Self.* ICA Press, Australia, 1993.

4) 前掲書１（翻訳書）、第６章、p103.

5) 前掲書１（翻訳書）、第２章、p49.

（中込ひろみ）

第4節　ケアワーカー養成の心理劇

1　ケアワーカー養成の目的とR・P

本節の目的は、「心理劇（ロール・プレイング）」（以下、R・P）（注1）を用いてのケアワーク研修の目標を明確化することにある。ケアワークは、対人援助としてケアを提供する仕事のことである[1]、とされている。ケアワークについての知識をもっているか否かということと、その知識を適切な場面で適切に応用することができるということはイコールではない。その違いを理解することが研修を効果的に行うためには必要である。

現場のケアワーカーは日常業務に追われ、毎日繰り返される業務の多さ・煩雑さゆえに、終わりなき日常の繰返しのような感覚をもってしまうことは十分に考えられる。

しかし、目の前で起きているケアのなかでの行為は、実はその時一度きりしかないのである。ところが私たちは、例えば徘徊が起こると、その行為に対して「またか……」と認識してしまう可能性が高い。実際には同じ徘徊という行為のように感じても、当人は、笑いながらの徘徊もあるし、泣きながらの徘徊も行う可能性が高い。つまり、一つひとつの行為（この場合徘徊）には何らかの意味があり、同じにように見えても同じ行為ではない。筆者はこれを「一回性」と呼び、研修ではこのことを改めて考え、感じてみることをめざす。その体験をした後に現場に戻ると、新たな視座を現場のなかに獲得できる可能性があり、またこの仕事を選んだときの思いを改めて感じ、そこに参加している者同士の共感（エンパシー）を得るといった、効果を見出すことができる。

そこで、現場のケアワーカーがこのような「一回性」を理解したうえで、知識・理解が十分に備わっていても、介護場面に適切な知識を使いながら対人援助を行うためには、それに加えて状況に応じること、いわゆる「即興性」が求められる。この場合の「即興（性）」とはimprovisationよりimpromptuに近いと考えられる。両語ともに即興という意味をもつが、improvisationは「予測抜きの活動」、それに対してimpromptuは「準備されている」とか「目の前で」であることから[2)]、ここで考えたい即興性は、準備されたなかでの知識を組み立てて、その場で行動を組み立てるということになると予想される。

つまり、ケアについての知識や、やり方がある程度備わっているうえで可能となる即興性が重要であることが、R・Pを用いることで明らかになると予測される。また、これらの一回性と即興性とともに、ケアの対象者が記憶などの障害によって役割を保っていくことが難しいこともあり、対象者との関係性を考えていくためには、対象者とケアワーカーとの関係を推察したり創造（想像）したりといった、関係性を創り出すこと（創造性）も求められる。これらの要素（一回性、即興性、創造性）はR・Pの要素としても重要なものと考えられている。R・Pを研修で用いることで、日常で行っているケアワークのなかに感情的側面を再確認し、新たな関係性・役割を発見して、現状をより意識化し、再考する端緒となる可能性が考えられる。

2　R・Pの構造

(1) 人的要素

対象者：ケアワーカーを養成する場面では、対象者は現任者やケアワーカーになることを志している人である。現任者のなかでも、経験を積んでいるケアワーカー、初心者や志している人に近い経験をもつケアワーカーなど、その方々の職業経験や実際の年齢・性別なども研修をすすめる場合には考慮する。

対象者の役割：対象者の役割は、演者（舞台で演じる人）、観客、監督、で構成される。

1）演者（舞台で演じる人）

ケアワーカーは、業務のなかでは相手との関係を保ちながら働いているが、限られた時間のなかで必要な業務を優先しなくてはならず、その時々の気持ちや、自らやケアの対象者についての役割などに視点を向けることは難しいと考えられる。演者になることで自分の状態を改めて意識することが大切になる。例えば、相手から自分自身が見られていることについて注意を向けることが可能となり、それをきっかけに、自らの役割や感情などを改めて意識する可能性が高くなることが期待される。もちろんR・Pに慣れていないために演者という役割を引き受けることのできない場合もあるかもしれない。そのためにもウォーミングアップ（後述）をしっかりと行うことで、演じることへの抵抗感を少しでも低減し、役割を体験することが求められる。

2）観客

演者以外の参加者が観客となる。観客は、演者の役割を外から見ることになるので、演者を記録をつけるように見る可能性が考えられる。演者は、どのような感じ・感情を抱いたのかということを積極的に表現していくことが大切になる。行動を記録するような見方はもちろん大切であるが、どのような感情を演者や自分自身が抱いたかを振り返る。そのことにより、行動に伴う感情があることをはっきりと意識することができるようになる。そして、その視点をもって研修後の日常を見ることが重要になる。特に、劇化の場面が介護場面であると、観客の感想は自分も体験しているので行動の良し悪しにこだわり、その時に何を感じていたかを振り返れない場合もある。監督は積極的に「感じたことを教えてください」などと、参加している時点の感情に注意を向けるようにすることが必要である。

3）監督

ケアワーカー現任者同士で行う研修である場合、現任者が必ずしも監督の役割を特別に訓練されているわけではない。監督の役割は、ケラーマン（Kellerman, P.F.）[3] が述べているが（注2）、介護者同士の研修場面では、監督役は参加者の話を聞く・話の整理をしてグループを運営し、きっかけをつくる進行役となることが多く、一般的に示されている心理劇の監督役割（第

2章4節-3参照）を求めることは難しいと考えられる。一方で、ケアの知識や経験で上位にある者が監督を務める場合、介護はこうあるべきといった知識に拘泥してしまったり、審判・行司的になることも推察される。この点がケアワーカー養成のR・Pを実施する際の留意点である。演じることに慣れていない者が参加しているようであれば、後述するウォーミングアップで参加者の状態を監督としてよく観察し、参加者の状態を把握することが必要であろう。

(2) 環境的要素：R・Pが行われる場所

R・Pを行う研修会場は、教壇のような場所も考えられるが、そのような段差がなく、「舞台」という場所を意識しにくい場面が多く見られる。そこで、例えば幅のある色の付いたテープを床に貼るなどして、舞台という場所を参加者（演者、観客）に明確に示すことも必要である。空間の意味（日常ではない演じる場所）を明確にすることによって、そこで演じられる役割をより明確化し、参加者の意識を積極的に変化させることも大切であろう。

(3) 方法

ここで紹介するR・Pは、ウォーミングアップ、劇化（ドラマとも呼ばれる）、振り返り、から構成されている。

1）ウォーミングアップ

ケアワーカーは介護に直接役立つ内容や知識についての答えを期待して研修に参加することが予測される。劇化の際には、現実の介護場面から離れることが難しい場合もあり、そのためにもウォーミングアップは重要である。例えば、役割などに伴う感情が生じるような準備ができているか、見えないものを見たり、聞こえない音を聞こうとするような状態になっているか、という点が重要と考えられる。劇化の際に、パイプ椅子をベッドの一部と見なしたり、普通の声で話したことを高齢者がしゃべっているように聞くことができるような準備はなされたか、という点についてウォーミングアップを通して伝えることが大切である。

2）劇化

基本的には即興で行うことが重要であり、演者体験や観客体験を覚えていられる範囲のなかで行うことになる。場面が、どのような場所で、何時なのか、登場する演者の名前・年齢・性別・関係性はどうなのかなど、監督は演者と相談しながら、これらの設定を観客にも明らかにしていく。また、同じ短い場面を、繰り返して演者に演じてもらうこともできる。そうすると、意味のある体験になる可能性が高い。

3）振り返り

体験したことを発表し、振り返る。はじめに演者と観客に感想を求める。できるだけ参加者の多くに発表を行ってもらうようにする。よく起こりがちなのは、演者の演じた内容や行為について観客として感想を述べる際に、良し悪しを表明し評価的になったり、記録のように事実のみを述べたりすることである。特にケアの場面の劇化では、その傾向が強くなることが考えられる。監督はその点を勘案し、観客の視点を観客自身の感情的な部分や、演者のもっていると考えられる感情的な変化に向けるようにする。例えば、「○○の場面を観ていて、ご自身はどのように感じましたか」など、観客の視点を、演じた内容の良し悪しではなく、そこから引き起こされた部分（感情など）を意識させることが大切になる。振り返りについては、次の具体例で詳述する。

3　R・Pの実際

(1) 事例１：認知症指導者養成研修におけるR・P

認知症指導者（注3）の多くが高齢者施設等に勤務しながら、認知症介護実践研修等における講師の役割を担っている[4)]。研修のなかで、R・Pを行えるように認知症指導者養成研修においても、必要に応じてR・Pの講義・実践的演習を実施している（2020年現在、仙台・東京センターにて実施）。これらの指導者は、認知症についての知識・介護経験は豊富であるが、R・Pの知識・経験については必ずしも豊富であるとは言えない。そこで、次のようにすすめる。

1）R・Pについての知識的理解

まず、R・P（心理劇を含む）の基礎的な講義を行う。

2）ウォーミングアップ

次にウォーミングアップを行う。参加者に高齢者体験を指示する。参加者全員が今まで人生のなかで一番印象に残った高齢者を思い出して、その方になってみるという体験を行ってみる（年齢はそれぞれの方に合わせる。男性であれば太郎さん、女性であれば花子さん、などとする）ことを説明し、高齢者をその場（高齢者施設・自宅など）で演じる。あまり長い時間ではないが（それぞれ1分間程度）、参者全員が役割体験をするということに意味がある。

3）劇化

複数の参加者（はじめは関係性が理解しやすい2名が望ましい）に協力を求め、役割、その役を演ずる場所（施設・自宅・その他の場所）と時間（午前・午後など）を決め、観客にわかりやすく伝え、演者とイメージが共有できるようにする。演じる側は、舞台となる場所（テープなどで可視化することで区切られた場所）で場面の用意ができたら、監督の指示で劇化を始め、監督の指示で劇化を終了する（1分程度）。

劇化では、高齢者の役とその高齢者を介護する役を演じることが多くある。認知症指導者にしてほしいのは、高齢者同士の体験や、介護者同士の相談場面、または演じたい場面を自由に設定して演じることである。というのも、高齢者役と介護役を演じる場面では、介護役割の行為の良し悪しに視点が集中する可能性がある。そして、介護者の役割が適切ではないと判断された場合は演者に対する糾弾へ発展してしまう可能性も考えられるので、場面設定と振り返りには特に配慮を要する。

これは、日頃悩んでいる介護者が、研修という場面で明日からでもすぐ使える知識や、良い介護とは何か求めようとする真面目な態度によるものと考えられる。一生懸命考えることは決して間違ってはいないが、劇化のねらいは仕事上の役割の練習をすることではない。周囲の人との役割・関係性を一回性・即興性のなかでどのように発展させて、創造的に考えることができるかに注意を向けることが劇化のねらいである。

４）振り返り

振り返りは、劇化が終了した直後に演者役に感想を求める。具体的には、「劇化を終えて、どのように感じていますか」などと問いかけてみる。このとき、多くの演者は、自分が何をしたか（行為）についてはしっかり振り返ることができる。特にケアワーカーは、日頃から介護記録が求められていることが多いため、見た行為や自らの行為についても、記録のように語ることが多く見られる。そこで、あえて監督としては、その行為を行ったときの気持ちについて聞いてみる。つまり、行為だけが存在するわけではなく、そのときの気持ちや気分も携えて私たちの行動は成り立っている、と考えられるようにすることが大切である。思い浮かばなければ、無理にはたずねなくてよい。

また、個別の劇化の振り返りとは別に、研修の終了時点の前に全体としての振り返りも可能であればするとよい。その場合には、ケアワークの答え合わせということではなくて、今日の体験から感じた感情を中心に振り返ることが大切であろう。

(2) 事例2：職場内研修の例

職場内で研修を行う場合には、ケアワーカーとしての役割を身につけることが主眼である研修（以下、研修A）と、ケアワーカーとしてさらに役割を創造的に拡張していくことが主眼である研修（以下、研修B）が考えられる。

１）ウォーミングアップ

研修Aでは、ケアワーカーとしての役割について適切な判断が下せるかも含めて考える機会としての研修であることを参加者に確認する。例えば、「今日の研修では、ケアワーカーとして行動を行う際の判断基準を考えてみましょう」などの声かけに続いて、日頃職場で気がついたこと、職場内のチームで考えてほしいことなどを話し合い、ウォーミングアップとする。

研修Bでは、例えば「今回の研修では正解が提示されるわけではなく、いつもは感じられない感情などを感じて考えてみましょう」などの声かけと、ケアワークを直接的対象とせずに、ケアワーク中の一回性・即興性や、その後に起こる感情に焦点を当てる研修であることを伝える。その部分の理解を参加者に求めたのち、介護現場で気づいたことや問題点などを話し合う。

2）劇化

研修Aでは、あらかじめ今回の研修で理解してほしいことを劇化し、その劇化が行える参加者を研修企画側のなかに演者として準備する。基本的には、準備された演者に劇化を担当してもらうが、可能であれば研修参加者に劇化の参加者を募る。行動として行ったほうが良い正しさがあるのだ、ということを理解してから劇化する。つまり、劇化のなかに積極的に行うことが求められる行動と、行わないほうがよい行動があることに気づく・考えられる、ということが大切である。

研修Bでは、演者たちは監督と短時間（1分間程度）で、相手の役割で感じてみたい場面や、問題と感じている場面を相談して創りだす。劇化の参加者は自由に募り、正しさは求めないということを確認して、それらの部分を劇化する。つまり劇化のなかでは、正しさ・間違いといった観点から判断するのではなく、どんな場面でも創造的で、一回性・即興性があることを意識するということを、演者・観客・監督の間で共通理解するが必要である。

3）振り返り

研修Aでは、劇化が繰り返されたとしても、劇化の結果は他の演者と比較対象にせず個人のなかの変化に注目し、振り返りを行う。また間違いに気づけた、気づくきっかけを得た、ということが学習として大切で意味があると述べることも大切である。

研修Bは、同じ劇化が繰り返されたとしても、劇化は一つひとつが創造的であり、それを体験する・観ることでの感じ（感情）を表明することを通じて、例えば「今感じていることは体験前に感じていたことですか、いろいろ考えていたことと、感じたことはどのように違いますか」など、改めてケア場面の一回性・即興性・創造性について意識化する振り返りを行う。

4　要点とまとめ

ケアワーカー養成のＲ・Ｐ研修を行うにあたっては、参加者の日頃の役割・感情といった部分の気づきに焦点を当てることを目的にするか、技術・技の習得といった部分を目的として考えるかについての違いを明確にして研修をすすめ、その中心となる部分にそって確実に実行していくことが重要である。さらに、参加者（ケアワーカー）の参加目的や介護についての能力は、できる限りでよいので、把握しておくことが大切と考える。参加者が積極的かつ安全な状態で研修に参加するための条件の一つとしては、劇化が行われる時点で参加者が十分にウォーミングアップされているか、について確認することがあげられる。

ケアワークを行っていくことは、ケアに必要な動きに加えて感情を携えているはずであるのに、それを忘れてしまっているかのような状態が日常的に見られることは残念である。ケアワーカーが創造的で意味のある実践者であることを取り戻すためにも、行為と感情を同時的に体験可能な心理劇（Ｒ・Ｐ）の研修は行われる必要がある。創造的な場面に立ち会うことができるケアワーカーが一人でも増えるような研修にするために、認知症指導者養成にＲ・Ｐを取り入れることで、その部分をかなえていくことが、現在求められていると考える。

注１：心理劇は個人の心の内面の分析であるとされるが、ロール・プレイングについては参加者の社会性の発達・教育・指導面を強調するということに違いがあるという台（文献5）の指摘を参考に、本稿では心理劇（ロール・プレイング）をＲ・Ｐと表記していくこととする。

注２：本邦においては外林（文献6）にまとめられている。

注３：認知症指導者とは、認知症介護実践者研修、認知症介護実践リーダー研修を受講・修了した上で、認知症介護研究・研修センター（仙台・東京・大府）において実施する認知症介護指導者養成研修（講義・演習149時間、職場実習４週間、他施設実習3。5日）を修了した者である。なお、このなかにＲ・Ｐの講義演習の時間も含まれる。また現在、当該研修は、標準シラバスが作成され、全国で内容を統一して実施されている（文献4）。

引用・参考文献
1) 中島健一・中村考一『ケアワーカーを育てる「生活支援」実践法――生活プランの考え方』中央法規出版、2005.
2)「即興（性）」、佐々木健一『日本大百科全書〈14〉』小学館、1987、p177-178.
3) Kellerman, P.F. *Focus on Psychodrama: The Therapeutic Aspect of Psychodrama.* Jessica Kingsley Publishers, 1992.
P.F. ケラーマン（増野肇・増野信子訳）『精神療法としてのサイコドラマ』金剛出版、1998.
4) 中村考一・滝口優子・山口晴保「認知症介護指導者のBPSDに対する解釈の検討」、『認知症ケア研究誌』2、2018、p116-125.
5) 台利夫『新訂　ロールプレイング』日本文化科学社、2003.
6) 外林大作『心理劇』光風出版、1954.

（時田　学）

COLUMN 4

ドラマセラピー

ドラマセラピーは、演劇と心理療法を統合的に用いるクリエイティブアーツセラピーである。適切な感情表現、役のレパートリーの拡大、視点・行動・社会関係の変化などをめざす。医療、福祉、教育の領域で実施されるほか、対人援助職者や芸術家のトレーニングなど、幅広い目的に適用できる。成立に影響を与えた分野は、人間性心理学、行動療法、精神分析、分析的心理学、サイコドラマ、遊戯療法、アメリカの即興演劇、イギリスのドラマ教育、さらにスタニスラフスキーらの演技理論など多岐にわたる。

手法は、即興プロセスを重視するもの（例：ジョンソンの発展的変容）、作品上演に焦点をあてるもの（例：エムナーの自己開示劇）、架空を扱うもの（例：既存の物語劇）、現実を扱うもの（例：モレノのサイコドラマ）、社会変化を促すもの（例：ヴォルカスの歴史の傷の癒し）など多種類があり、対象者や目的に合わせてセッションを組み立てる。また、ドラマセラピストは演技トレーニングを受けており、しばしばクライエントとともに演じながらセラピーをすすめる。

〈事例１：児童養護施設〉

筆者が開発した「受容とミラーリングの即興ドラマ」で、子どもたちは筆者が演じる「親」をいじめたり殺したりすることで激しい感情を表現するドラマを重ねていった。約２年のプロセスを共に歩んだ結果、攻撃性の大幅な減少、ドラマ内と現実生活での他者をいたわる言動、初期に全くみられなかった創造性、そして「親」を赦すドラマなどが出現した。

〈事例２：高齢者施設〉

「重い認知症」といわれていたＢさんは、無表情で、他者との交流がないようにみえた。しかしドラマでは表情豊かになり、交流を大いに楽しんだ。すると、セッションに参加した職員たちの「Ｂさんのイメージ」が変わり、「認知症」というラベルがはがされ、ドラマが上手で面白い人だという噂が非参加職員に広まると、Ｂさんの普段の様子や、職員たちとの関係性も変化した。

ドラマセラピーでは、参加者の多面的な表現を通して相互交流を発展させていくので、他者を全人的に理解することが可能になる。筆者は、アドボカシー（権利擁護・支持）の一環として、日常的に関わる援助者たち（医師や看護師、施設の職員など）にもセッションに参加して一緒に演じてもらっている。これにより、利用者の多側面、隠された能力などが認識される。ドラマという同じ土俵で共に活動すると、援助・被援助という非対称の関係から自由になり、固定化された視点や関係が変化するのだ。前述の事例のように、利用者への思い込みや既存イメージを再構成させるという点でも意義がある。

ドラマセラピーの中心概念は、現実の自分を直接、表現できないときでも、「役」がそれを可能にし、さらにより深い洞察に導くということである。「演劇における役は、人を保護すると同時に解放する」（エムナー、2007）からだ。また、象徴を使うことで、安全に、より豊かな表現や新たな探索ができる。

良い効果を生むためには、当然セラピストの関わり方や手法の特性が影響するが、それ以上に重要なポイントは、プロセスを漸次的にすすめていくアプローチにある。相互交流的な「劇遊び」から出発し、演劇的な「場面演技」、個人の状況を扱う「ロールプレイ」、さらに内面深くに潜んでいる問題を探索する「最高潮に達する演技」、そして収束につながる「ドラマ的儀式」へと進行させる。前述事例における変容においても大事な役を担ったのは、すべて初期段階において、心身が解放される遊びの活動と、さまざまな架空の役を演じるワークを積み重ねたという点であろう。そこで培われたクライエントの柔軟な即興力や創造性は、現実の生きる力に変わる。

引用文献

・R. エムナー（尾上明代訳）『ドラマセラピーのプロセス・技法・上演――演じることから現実へ』北大路書房、2007.

（尾上明代）

おわりに

本書は、「心理劇の本質や方法を改めて明らかにし、心理劇の良さを社会に発信しよう」という、日本心理劇学会の方針に基づき、執筆者の先生方と共に、相談、検討しながら、編集作業を進めてまいりました。本書を手にした読者の方々が、心理劇に興味をもち、体験してみよう、職場や家庭で心理劇をしてみよう、と少しでも感じていただければ本書出版の目的がはたせたことになり、望外の喜びです。

感謝の気持ちをこめて、編者から一言お伝えしたいと思います。

○学生時代に初めて出会った心理劇の記憶は鮮明で他に類のないものでした。集団、自発的な役割、実際の行為による体験は、新たな自分への誕生を促したと気づかされます。本書を通して心理劇への探求が進み、実践、生活、研究等に活用していただければと願っております。(吉川晴美)

○精神科病院で心理劇を初めて体験したとき、初対面の患者さんとこんなにも親しくなれるのかと感動しました。それは、無限の拡がりをもった舞台で演じるさまざまな役割をとおしての触れ合いによるものではないか、と改めて思います。本書を初学者、経験者の方々の道標として活用していただければ幸いです。(茨木博子)

○心理劇は技法展開に目が向きがちですが、編集をとおして、技法の背景にある理論、人間への見方などを学ぶことの大切さを再認識いたしました。誰もが参加者からの協力を得て自分の人生の主人公になることのできる心理劇の一端が少しでも皆様に届けば嬉しく思います。(土屋明美)

最後になりましたが、本書刊行にあたりお世話になった方々および慶應義塾大学出版会編集部の西岡利延子さんに、多大なご尽力とご支援をいただきました。ここに記して、御礼申し上げます。

2020年9月

編者一同

索　引

＊太字は主たる説明箇所。

人名索引

ア～ワ

あ～わ

事項索引

a～z

た行

な行

＊３章～６章の事例紹介における心理劇の技法、構成要素の用語は索引の対象外とした。

執筆者一覧

編著者

土屋明美（つちや　あけみ）［1章1節、1章3節-1、1章4節、2章2節-2、2章3節-5、4章1節］
東京薬科大学監事。日本心理劇学会理事長。日本心理劇協会代表。臨床心理士。公認心理師。グループサイコセラピスト。
お茶の水女子大学大学院児童学専攻修士課程修了。相州病院・相州ビナシティメンタルクリニック心理課長、東京薬科大学薬学部教授などを経て現職。
主著『薬学生のための人間の心理と行動理解』（東京薬科大学出版会、2016年）『楽しみを舞台にのせて——ともに創る心理劇』（共編著、ななみ書房、2014年）ほか。

茨木博子（いばらぎ　ひろこ）［1章1節、1章3節-1、1章4節、5章2節］
駒澤大学文学部心理学科教授。すがのクリニック心理課顧問。博士（心理学）。
日本心理劇学会常任理事。日本芸術療法学会理事。臨床心理士。芸術療法士。
上智大学大学院文学研究科教育学専攻博士課程満期退学。針生ヶ丘病院臨床心理士、福島県白河市教育委員会嘱託スクールカウンセラー、すがのクリニック心理課長などを経て現職。
主著『心理学』（共著、新曜社、2014年）、『サイコドラマの現在（現代のエスプリ459）』（共著、至文堂、2005年）ほか。

吉川晴美（よしかわ　はるみ）［1章1節、1章3節-1、1章4節、3章5節］
東京福祉大学大学院社会福祉学研究科・保育児童学部教授。東京家政学院大学名誉教授。
日本心理劇学会常任理事。臨床心理士。
お茶の水女子大学大学院児童学専攻修士課程修了。心身障害児総合医療療育センター心理士、お茶の水女子大学非常勤講師、東京家政学院大学・大学院教授などを経て現職。
主著『人間関係の心理臨床』（共編著、慶應義塾大学出版会、2017年）、『家庭支援の保育学』（共編著、建帛社、2010年）ほか。

共著者（五十音順）　［執筆担当部分］

浅野恵美子	元沖縄キリスト教短期大学保育科教授	［4章4節］
安藤嘉奈子	共立女子大学家政学部教授	［2章3節-3］
石川　淳子	さっぽろ駅前クリニック臨床心理士	［2章3節-5］
磯田雄二郎	高草会焼津病院院長	［1章3節-2、2章2節-1］
岩城　衆子	文京区教育センター主査（心理）	［3章6節］
浮田　徹嗣	横浜市立大学国際教養学部准教授	［2章2節-3］
小笠原美江	臨床心理士	［2章1節-3・4］
岡嶋　一郎	西九州大学子ども学部教授	［2章3節-4］
尾上　明代	立命館大学人間科学研究科教授	［コラム4］
川幡　政道	横浜市立大学名誉教授	［1章2節-1、2章1節-1・2］
小林ひとみ	NPOストレス対処法研究所理事	［1章2節-5］

櫻井　靖史	アイビジョングループ代表	[2章2節-5]
佐藤　　豊	防衛医科大学校心理学科講師	[2章2節-4]
島谷まき子	昭和女子大学大学院生活機構研究科教授	[1章2節-4、2章3節-1・2、2章4節-3]
春原　由紀	武蔵野大学名誉教授	[6章1節]
髙原　朗子	福岡発達障害療育研究所所長	[3章4節]
谷井　淳一	ルーテル学院大学総合人間学部教授	[3章3節]
藤堂　宗継	山崎病院臨床心理士	[2章4節-1・2]
時田　　学	日本大学大学院総合社会情報研究科・商学部准教授	[6章4節]
中込ひろみ	PALラボ主宰	[6章3節]
信田さよ子	原宿カウンセリングセンター所長	[4章1節]
早川　裕隆	上越教育大学大学院学校教育研究科教授	[3章2節]
針塚　　進	筑紫女学園大学人間科学部特任教授	[1章3節-4]
前田　　潤	室蘭工業大学大学院教授	[4章2節]
牧　　裕夫	作新学院大学人間文化学部教授	[2章1節-5]
増野　　肇	ルーテル学院大学名誉教授	[1章3節-3、4章3節、コラム3]
宮崎　良洋	米子病院リハビリテーション室デイケア主任	[コラム2]
武藤　安子	横浜国立大学名誉教授	[1章2節-2]
諸江　健二	アンジェ心療クリニック院長	[1章2節-3、コラム1]
矢吹芙美子	元共立女子大学教授	[3章1節]
横山　太範	さっぽろ駅前クリニック院長	[5章1節]
義永　睦子	武蔵野大学教育学部教授	[6章2節]

＊2020年9月現在。

監修
日本心理劇学会　Japan Psychodrama Association
1984年「日本心理劇連合会」が発足、毎年1回連合会を開催。その後、同連合会は発展的解消をし、1995年に「日本心理劇学会」として発足。心理劇に関する研究の推進、心理劇の技術の向上、心理劇の専門家の育成と交流、実践の拡大と啓発を目的とする。主たる活動は、毎年1回の大会開催、研修会開催、学会誌「心理劇」発行。
学会ホームページ http://www.psychodrama.jp/

心理劇入門
——理論と実践から学ぶ

2020年10月30日　初版第1刷発行
2021年 9 月15日　初版第2刷発行

監　修————日本心理劇学会
編著者————土屋明美・茨木博子・吉川晴美
発行者————依田俊之
発行所————慶應義塾大学出版会株式会社
〒108-8346　東京都港区三田2-19-30
TEL〔編集部〕03-3451-0931
〔営業部〕03-3451-3584〈ご注文〉
〔　〃　〕03-3451-6926
FAX〔営業部〕03-3451-3122
振替 00190-8-155497
https://www.keio-up.co.jp/
装　丁————岡部正裕（voids）
印刷・製本——中央精版印刷株式会社
カバー印刷——株式会社太平印刷社

Printed in Japan　ISBN 978-4-7664-2703-5